Friedenserziehung

Schriften zur politischen Didaktik
Band 11

Die Bände dieser Reihe stehen ausschließlich in der Verantwortung ihrer Verfasser oder Herausgeber. Eine übergeordnete Gesamtredaktion erfolgt nicht.

Friedenserziehung
Eine Einführung

Herausgegeben von Christel Küpper im
Auftrag der Studiengesellschaft für
Friedensforschung e.V., München

Mit Beiträgen von Wolfgang Maser,
Walter Tröger, Bernhard Claußen

Leske Verlag + Budrich GmbH, Opladen 1979

Die vorliegende Veröffentlichung wurde durch die Unterstützung der Berghof-Stiftung für Friedens- und Konfliktforschung, München, ermöglicht.
Der Herausgeber:
Christel Küpper, Psychotherapeutin, Vorsitzende der Studiengesellschaft für Friedensforschung e.V., München.
Die Autoren:
Dr. Wolfgang Maser, Sozialwissenschaftler (Politologe), Bensheim.
Prof. Dr. Walter Tröger, Professor für Pädagogik an der Universität Regensburg.
Prof. Dr. Bernhard Claußen, Professor für Erziehungswissenschaften an der Universität Hamburg.

CIP-Kurztitelaufnahme der Deutschen Bibliothek
Friedenserziehung: e. Einf./hrsg. von Christel Küpper
im Auftr. d. Studienges. für Friedensforschung e.V.,
München. Mit Beitr. von Wolfgang Maser ... —
Opladen: Leske und Budrich, 1979.
(Schriften zur politischen Didaktik; Bd. 11)
ISBN 978-3-322-95520-3   ISBN 978-3-322-95519-7 (eBook)
DOI 10.1007/978-3-322-95519-7
NE: Küpper, Christel (Hrsg.);
Maser, Wolfgang (Mitarb.);
Studiengesellschaft für Friedensforschung

© 1979 by Leske Verlag + Budrich GmbH, Opladen
Satz: G. Beermann, Leverkusen

Vorwort des Herausgebers

Jeder Versuch, in die Probleme der Friedenserziehung einzuführen, muß davon ausgehen, daß sich in den Auseinandersetzungen in Erziehungswissenschaft und politischer Bildung die verschiedensten und zum Teil widersprechendsten Tendenzen zeigen. Es gibt keine Einheit der pädagogischen Theorie. Auf weiten Strecken herrscht Desorientierung und wechselseitige Diskreditierung. Dasselbe trifft zu für die Diskussion im Bereich der Friedenspädagogik, in dem in den letzten Jahren eine fast schon unübersehbare Fülle von Publikationen in Form von Aufsätzen, Sammelbänden und Monographien vorgelegt wurde. Trotz der intensiven wissenschaftlichen Diskussion um Inhalt und Definition des Friedensbegriffes und einer friedenspädagogischen didaktischen Theorie haben die diskutierten Denkansätze bisher noch nicht zu der Annäherung geführt, die es ermöglicht, von einer Theorie der Friedenspädagogik sprechen zu können. Von einer solchen kann darum auch die vorliegende Einführung nicht ausgehen. Sie verzichtet auch auf eine in dieser Richtung zielende Integration der drei Beiträge und beschränkt sich — ausgehend vom gegebenen Diskussionsstand im Bereich der Friedensforschung, Friedenspädagogik und Didaktik — darauf, Problemaufrisse zu einzelnen Aspekten vorzulegen, die Lehrer und Multiplikatoren verschiedener Erziehungsbereiche informieren, zur weiteren Auseinandersetzung anregen und zum Überdenken und Verändern des eigenen Handelns in friedenspädagogischer Absicht motivieren sollen. Trotz der realen Lage, in der sich der Lehrer findet — eingebunden in eine Institution, die schwer zu bewältigenden Belastungen und widersprüchlichen Reformabsichten ausgesetzt ist, desorientiert durch eine ungeklärte Grundlagendiskussion der Erziehungswissenschaft, auf die seine Praxis sich stützen sollte und die Diskrepanzen zwischen der wissenschaftlichen, schulpraktischen und bildungspolitischen Diskussion, konfrontiert mit einer gesellschaftlichen Realität, die durch antagonistische Entwicklungen und antinomische Ideologien charakterisiert ist — wollen die vorliegenden Beiträge Lehrern helfen, ihr pädagogisches Handeln auf den gesamtgesellschaftlichen „Lernprozeß Frieden" hin auszurichten. Diese Bemühungen können sich noch auf eine sehr begrenzte Erfahrung stützen. Über ihren Erfolg oder Mißerfolg wird in den Schulräumen, mehr noch in den Lerneffekten im realen Leben der Lernenden (Schüler wie Lehrer) entschieden.
Im 1. Teil des Buches gibt *Maser* einen zusammenfassenden Überblick über geschichtliche Versuche und Orientierungen im Hinblick auf die Erhaltung des Friedens und analysiert die gegenwärtig bestimmenden Wirklichkeiten. Er stellt Entwicklung, Problemstellungen und Ansätze der Friedensforschung dar und die verschiedenen Modellvorstellungen zur Friedenssicherung. Sein Überblick mündet in die „Erziehung" als eine der Strategien der Friedenssicherung, eine Strategie langfristig wirksamer Bewußtseins- und Einstellungsänderung und der Befähigung, an der Weiterentwicklung der eigenen Gesellschaft sowohl im Bereich der interpersonalen Kommunikation wie im gesellschaftlichen und politischen Bereich mitzuarbeiten.

Troeger geht im 2. Kapitel „Lernziel Friede" davon aus, daß die Einsicht in Form und Ursachen von Unfrieden alle Institutionen, somit auch die Erziehung herausfordert, sich für diesen Lernprozeß zu engagieren. Friedenserziehung ergibt sich seiner Auffassung nach nicht nur als Konsequenz aus der Friedensforschung, sondern auch aus den Intentionen der Erziehung. Erziehung für das Leben muß heute Erziehung für den Frieden bedeuten. Da Friede zur Überlebensbedingung in unserer Zeit geworden ist und Voraussetzung für alle anderen denkbaren Erziehungsaufgaben, ist er schlechthin die wichtigste aller Erziehungsaufgaben. Es gibt kaum ein anderes Erziehungsziel, das auf allen Ebenen des pädagogischen Denkens so anregend und fruchtbar sein kann. Troeger macht gleich zu Beginn seiner Ausführungen deutlich, daß Überlegungen zur Friedenserziehung viel mit Wahrscheinlichkeiten und Vermutungen arbeiten müssen, da Friede und seine Gegenbegriffe Krieg und Gewalt heute höchst komplex und vieldimensional verstanden werden müssen und viele der empirischen und normativen Voraussetzungen von Friede ungeklärt sind. Dies wird besonders deutlich in den Abschnitten, in denen es um die anthropologischen Voraussetzungen und Motive für Friedenserziehung und um das Problem der Begründung von Teilzielen der Friedenserziehung geht.

Claussen stellt in dem Kapitel „Zur Didaktik der Friedenserziehung" den Bezug zur kritisch emanzipatorischen Wissenschaft und ihrem Begriffsverständnis her. Dabei setzt er gewisse grundlegende Kenntnisse der didaktischen Theorie voraus und prüft die verschiedenen didaktischen Modelle auf ihre Verwendbarkeit für die Friedenserziehung. Er charakterisiert eine Didaktik der Friedenserziehung als eine „integrative Didaktik, die von der Erkenntnis ausgeht, daß es sich bei organisierten Lernprozessen um ein vielschichtiges Beziehungsproblem handelt, welches durch Intentionen, Objekte, Methoden und Medien strukturiert wird und verschiedenen Bedingungsfaktoren unterliegt". Dabei verhindert der normative Charakter friedenspädagogischer Didaktik, „eben durch die oberste Normsetzung, daß die didaktischen Strukturelemente willkürlich präzisiert und zueinander in Beziehung gesetzt werden". Claussen sieht Friedenserziehung im Zusammenhang mit der Didaktik politischer Bildung und diskutiert – ähnlich wie Troeger – auch die Reichweite und Grenzen einer politischen Friedenserziehung.

Die pädagogisch-didaktischen Überlegungen dieses Buches sind vorrangig für den Bereich Schule dargestellt, sind aber zum großen Teil transferierbar auf andere Erziehungsbereiche. Die neuerdings stärker ins Blickfeld gerückte Notwendigkeit konkreten Friedenshandelns durch Entwicklung alternativer Modelle in übersehbaren regionalen Räumen konnte noch nicht in die Überlegungen des Buches aufgenommen werden und bedürfte auch im Blick auf die in Entwicklung begriffene Aktions- und Handlungsforschung einer gesonderten Darstellung.

Der Herausgeber dieses Buches, die Studiengesellschaft für Friedensforschung, legte 1976 ein Papier „Zur Strategie der friedenspädagogischen Arbeit der Studiengesellschaft" vor, das nicht nur als Aussage über ihre sachliche und strategische Position, sondern auch als Unterlage für eine gemeinsame Reflexion praxisorientierter Arbeit gedacht war. Sie hält es im Zusammenhang mit den Aufsätzen dieses Buches für sinnvoll, dieses Papier am Schluß des Buches abzudrucken.

Inhalt

Vorwort des Herausgebers 5
I. Wolfgang Maser; Das Problem Frieden
Vorbemerkung 9
1. Friedensideen und Friedenssicherung in der Geschichte 9
2. Friede als Lebensbedingung der heutigen Welt 13
3. Friede als Thema der Wissenschaft 17
    3.1   Anfänge der Wissenschaft vom Frieden 17
    3.2   Fragestellungen und Ansätze in der Friedensforschung 19
    3.3   Fragen nach den Ursachen des Krieges 22
    3.3.1 Aggressionstheorien 22
    3.3.2 Ebene der Nationalstaaten 25
    3.3.3 Struktur des internationalen Systems 25
    3.4   Friedensdefinition bei Galtung, Czempiel, Dencik und Frei 26
4. Strategien der Friedenssicherung 29
    4.1   Friede durch Abschreckung 29
    4.2   Friede durch Abrüstung und Rüstungskontrolle 32
    4.3   Friede durch soziale Verteidigung oder gewaltlosen
           Widerstand 35
    4.4   Friedenssicherung durch Völkerrecht 38
    4.5   Friede durch Erziehung 41
Anmerkungen 43
Literaturverzeichnis 53

II. Walter Tröger; Lernziel Frieden
Vorbemerkungen 59
1. Zur Problemstellung 60
2. Die bisherige Entwicklung der Friedenserziehung 61
    2.1   Drei Ansätze 62
    2.2   Das Verhältnis der Ansätze zueinander 63
    2.3   Zum gegenwärtigen Stand der Diskussion 64
3. Dimensionen des Friedens im Blickpunkt der Pädagogik 65
    3.1   Vom negativen zum positiven Frieden 65
    3.1.1 Die Unterscheidung im Ablauf der Erziehung 66
    3.1.2 Die wechselseitige Abhängigkeit 66
    3.1.3 Die neue Situation: die ökologische Krise 67
    3.2   Vom „Frieden im eigenen Haus" zum Frieden im Großen 68
    3.2.1 Friede im sozialen Mikro-Bereich 68
    3.2.2 Der Frieden im Großen 70
4. Ziele der Friedenserziehung: Friedensfähigkeit 71
Vorbemerkung 71
    4.1   Anthropologische Voraussetzungen 72
    4.2   Motive 74

4.2.1	Angst und Furcht vor dem Krieg	74
4.2.2	Konstruktive Bedürfnisse: homo faber	75
4.2.3	Wege zur Gerechtigkeit	76
4.3	Umorientierung	76
4.4	Kritisches Bewußtsein	77
4.5	Langfristige Perspektiven	78
5. Zielbereiche im einzelnen		79
5.1	Das Problem der Begründung von Teilzielen	79
5.2	Die Suche nach durchgehenden (übergreifenden) Dispositionen	80
5.2.1	Erziehung zur Ich-Stärke	81
5.2.2	Wandlungsfähigkeit	83
5.2.3	Umgang mit Konflikten	85
5.2.4	Politisches Engagement	89
5.2.5	Ausweitung der Solidarität	90
5.3	Information und Aufklärung	92
5.3.1	Friedens-Information als „Aktionswissen"	92
5.3.2	Technik und Zukunft: die ökologische Krise	94
6. Konsequenzen für die Erziehungspraxis		95
6.1	Friedenserziehung als ungelöste Aufgabe	95
6.2	Wandel im Stil der Autorität	96
6.3	Suchendes Lernen	97
7. Chancen der Friedenserziehung		97
Anmerkungen		100
Literaturverzeichnis		105

III. Bernhard Claußen: Zur Didaktik der Friedenserziehung

Vorbemerkung		111
1. Friedenserziehung im Demokratisierungsprozeß		111
1.1	Gesellschaftlich-politische und individuelle Aspekte des Friedens	112
1.2	Frieden als konkrete gesellschaftliche Utopie	114
1.3	Friedensfähigkeit und politische Sozialisation	117
1.4	Strukturelle Momente und Positionen aktueller Friedenserziehung	119
1.5	Emanzipatorische Dimensionen einer kritischen Friedenserziehung	122
1.6	Zusammenfassung	123
2. Friedenserziehung als didaktisches Problem		124
2.1	Von der Notwendigkeit einer Didaktik der Friedenserziehung	124
2.2	Aspekte der Synchronisation didaktischer Theorien und kontroverser Friedensvorstellungen	127
2.3	Kritische Theorie des Subjekts, der Gesellschaft und der Pädagogik als Bezugsdisziplin einer Didaktik der Friedenserziehung	130
2.4	Das Verhältnis von Didaktik und Methodik im friedenspädagogischen Kontext	132
2.5	Allgemeine Probleme und Prinzipien der Konstituierung und Organisation friedensrelevanter Lernprozesse	133
2.6	Zusammenfassung	136
3. Didaktik der Friedenserziehung und politische Bildung		136
3.1	Friedenserziehung als intentionaler Beitrag zur politischen Sozialisation	136
3.2	Die Wert- und Zielproblematik politisch motivierter Didaktik der Friedenserziehung	139
3.3	Friedenserziehung als curricularer Zusammenhang	141
3.4	Gedanken zur Verknüpfung von Bedürfnis, Betroffenheit und Erfahrung	146
3.5	Bedingungen, Reichweite und Grenzen politischer Friedenserziehung	149
3.6	Zusammenfassung	151
4. Kritik der Didaktik der Friedenserziehung im Lichte einer ganzheitlichen Anthropologie des Menschen		151
Anmerkungen		155

Zur Strategie der friedenspädagogischen Arbeit der
Studiengesellschaft für Friedensforschung e.V. 161

I. Das Problem Frieden
Wolfgang Maser u.a.

Vorbemerkung

Dieses Kapitel soll dem in der Praxis stehenden Pädagogen eine Übersicht über die in den letzten Jahren fast unüberschaubar gewordene Literatur zu Problemen der Friedensforschung und über Strategieansätze zur Verwirklichung des Friedens geben. Die beiden einleitenden Abschnitte stellen einen Bezug zwischen den heutigen Bemühungen um den Frieden und den bereits seit der Antike im abendländischen Denken vorhandenen Friedensideen her (1.1 Friedensideen und Friedenssicherung in der Geschichte) und weisen die Abhängigkeit menschlicher Existenz überhaupt von der Friedenssicherung heute und in Zukunft auf (1.2 Friede als Lebensbedingung der heutigen Welt). Im anschließenden Teil wird die wissenschaftliche Aufarbeitung der Kriegs- und Friedensproblematik (1.3 Friede als Thema der Wissenschaft) in ihrer Entstehung, Institutionalisierung, in ihren unterschiedlichen Ansätzen und Fragestellungen sowie Friedensdefinitionen dargestellt. Der letzte Abschnitt bringt eine kritische Auseinandersetzung mit den wichtigsten Strategien der Friedenssicherung (1.4). In der Zusammenstellung wurde versucht, die wichtigsten Ansätze zu erfassen, es wird jedoch kein Anspruch auf Vollständigkeit erhoben.

1. Friedensideen und Friedenssicherung in der Geschichte

Von 1480-1941 wurden in Europa 278 Kriege unter Beteiligung großer Staaten geführt (1). Von etwa 3400 Jahren urkundlich belegbarer Geschichte sind bis heute nur 243 Jahre ohne Krieg in irgendeinem Gebiet der bekannten Welt zu verzeichnen. Die Idee der Verwirklichung des Friedens und der Wunsch nach einer besseren, gerechteren Welt ohne Gewalttätigkeit sind die Folge der Erfahrungen des Krieges. Kriegsführung und Friedensideen sind unmittelbar aufeinander bezogen, ob sie sich in einem konkreten Friedensschluß oder im Entwurf einer gesellschaftlichen Utopie ohne Krieg ausdrücken.

Der folgende kurze Abriß historischer Friedensideen und Friedensstrategien beschränkt sich auf den europäischen Kulturkreis. Besonders in ihm wurden technische, wirtschaftliche, kulturelle und soziale Instrumente entwickelt, die auf Eroberung, Beherrschung und Ausbeutung gerichtet waren. Diese aktivierten aber auch das Bedürfnis nach Frieden und weckten Kräfte, die der Gewalt entgegenwirken sollten.

Die griechische Antike kannte, neben der lange herrschenden Heroisierung des Krieges z.B. durch Homer, bereits kritische Einstellungen zum Krieg bei Hesiod und Thukydides (2), einem aktiven Heerführer und Geschichtsschreiber des Peloponnesischen Krieges (424 v. Chr.).
Die philosophische Schule der Sophisten entwickelte Ideen eines Weltfriedens. Aristoteles untersuchte die Bedingungen innerstaatlicher Unruhen und forderte als Voraussetzung für den Frieden eine gerechte Verfassung. Platon sah als Instrument zur Verwirklichung des Friedens den autoritären Staat (3).
Während es in der griechischen Antike nicht zu einer länger währenden realen Friedensordnung kam, wurde im römischen Imperium versucht, diese Idee zu verwirklichen. Die imperiale Friedensordnung der Pax Romana beruhte auf dem Gedanken des durch einheitliches Recht gesicherten Friedens, der allen Unterworfenen Frieden und Freiheit bringen sollte. Die Pax Romana war mit militärischen Mitteln erzwungen und durch sie garantiert. Sie war nicht Friede und Gleichberechtigung zwischen allen Bürgern des Römischen Reiches, sondern erzwungener Herrschaftsfriede, der schließlich auch mit militärischen Mitteln nicht mehr aufrechtzuerhalten war.
Die Friedensideen des christlichen Mittelalters wurden auf der Grundlage der Theologie von Kirchenvätern wie Augustinus, Thomas von Aquin und Marsilius von Padua formuliert. Gewaltverzicht gegenüber christlichen Staaten wurde gefordert, das Recht auf Krieg gegen Nichtchristen wurde legitimiert. Ähnlich wie in der Antike traten neben die Vorstellungen, daß weltlicher Friede nicht möglich sei, Gedanken, die Frieden als positiven Zustand ungestörten sozialen Lebens (Marsilius von Padua) bezeichneten; als Instrument praktischer Friedenssicherung schlug Dante eine über den jeweils kämpfenden Fürsten stehende neutrale Schlichtungsinstanz vor (4). Um die Jahrtausendwende versuchte der kirchliche Reformorden der Cluniacenser die sich mehrenden Landfehden wenigstens auf bestimmte Tage und Jahreszeiten einzuschränken (5). Erasmus von Rotterdam bezeichnete den Krieg als „Verstoß gegen die dem Menschen von der Natur gegebene Vernunft" wie gegen die Grundsätze der christlichen Lehre (6).
Mit dem Ende des Spätmittelalters und dem Anbruch der Neuzeit, dem Auseinanderfallen christlicher und staatlicher Einheit und der Herausbildung souveräner Territorialstaaten vervielfachten sich die Konfliktherde und Interessengegensätze und damit der Umfang kriegerischer Auseinandersetzungen. Die Interessen der Territorialstaaten wurden nicht mehr in Kategorien des Glaubens, sondern in solchen der Staatsräson bestimmt; Machtpolitik und die Durchsetzung territorialer Ansprüche waren Hauptmotive zwischenstaatlicher Beziehungen. In den Vordergrund des Friedensdenkens und der Friedensvorschläge traten Versuche, durch verschiedene Methoden die staatliche Machtpolitik als Ursache des Krieges einzudämmen.
In die Zeit des ausgehenden 16. Jahrhunderts und beginnenden 17. Jahrhunderts fallen die ersten Ansätze in Spanien durch Suarez und in Holland durch Grotius, das Völkerrecht zu entwickeln; es sollte über dem Recht auf Kriegsführung stehen, das ein Kernstück des Begriffs der Staatssouveränität ist. Die ersten Schritte auf diesem Wege galten dem Bemühen, die Erscheinungsformen des Krieges in rechtlich fixierte Formen zu fassen und den Krieg — wenn er schon nicht abzuschaffen war — kontrollierbarer und kalkulierbarer zu machen. Wie wichtig diese Zielsetzung war, hatten die Greuel des Dreißigjährigen Krieges und die Verwüstungsfeldzüge Ludwig XIV in der Pfalz am Ende des 16. Jahrhunderts gezeigt (7).
Andere Friedensvorschläge setzten auf der politischen Ebene des Verhältnisses der Staaten untereinander an. Der Grundsatz des Machtgleichgewichts, eine von England über Jahrhunderte befolgte außenpolitische Maxime, sollte durch Schutzbündnisse der Schwachen untereinander den Starken die Lust an kriegerischen Aktionen

nehmen (8). Die Politik der „balance of power" konnte nur bei relativ stabilen Bündnisverhältnissen, vorhersehbaren Entwicklungen und konstanten Interessenlagen Erfolg haben. Rousseau und Fichte sahen die Labilität dieser Politik (9) und schlugen zur Vermeidung kriegerischer Konflikte die Schaffung autarker Kleinstaaten ohne gegenseitige Kontakte vor. Die Notwendigkeit internationaler Übereinkünfte und Institutionen, zwischenstaatliche Konflikte mit anderen als kriegerischen Mitteln zu regeln, ist schon damals wiederholt formuliert worden. Die Vorstellungen reichten von überstaatlichen Organen für die europäischen Nationen mit unterschiedlich definierten Befugnissen, von Gesandtschaftsorganen der beteiligten Regierungen mit Schiedsspruchbefugnissen (Sully 1638) (10) und Forderungen nach einem europäischen Parlament, das Exekutive, Legislative und oberster Gerichtshof in einem sein sollte, ohne jedoch wichtige Kompetenzen den nationalen Regierungen zu entziehen (William Penn 1692) (11), bis zu Vorschlägen von Crucé (1623) zu einer internationalen Friedensordnung, der auch die nichtchristlichen Nationen angehören sollten, die alle Streitfragen durch Entscheidung eines permanenten Gesandtenkongresses lösen sollten; zugleich forderte Crucé die Überwindung nationaler Vorurteile durch Entwicklung einer überstaatlichen Loyalität (12).

Früh entwickelte sich die Einsicht, daß Kriege nicht allein durch Vorkehrungen auf der Ebene zwischenstaatlichen Verkehrs zu vermeiden seien, sondern daß die Staatsformen samt ihren innenpolitischen Verhältnissen zu den Entstehungsbedingungen von Krieg und Frieden gehören. Crucé hielt eine monarchistische Staatsordnung mit einer autoritären Wohlfahrtspolitik für eine Garantie des Friedens (13), Sully bevorzugte eine zahlenmäßig exakte Mischung von Erbmonarchien, Wahlmonarchien und Republiken innerhalb einer Föderation (14), ohne sich weiter um mögliche Kriegsursachen infolge der großen inneren Strukturdifferenzen eines solchen Gebildes Sorge zu machen; William Penn, der seine Ideen als Gründer des amerikanischen Bundesstaates Pennsylvania in die Wirklichkeit umzusetzen versuchte, plädierte für einen basisdemokratischen genossenschaftlichen Aufbau der Gesellschaft unter der Herrschaft des Rechts und der freien Übereinkunft der Individuen (15). Darüber hinaus schien ihm die Waffenlosigkeit derart organisierter Staatswesen die sicherste Grundlage für den Frieden (16), so daß er als ein Vorläufer der Idee der Sozialen Verteidigung anzusehen ist.

Adam Smith (1723-1790) versprach sich von intensiven wirtschaftlichen Kontakten und der Garantie des Freihandels unter den Staaten friedensfördernde Wirkungen (17). In der gleichen ökonomischen Denkrichtung bewegte sich Jeremy Bentham (1748-1832), wenn er Krieg und Handel dem Kosten-Nutzen-Prinzip unterwirft und zu der Einsicht kommt, daß Kriege ihre Kosten nicht einbringen (18). Um die Entwicklung des Handels und der Wirtschaft von Rüstungsausgaben zu entlasten, schlug er Abrüstungsmaßnahmen vor, die auch anderen Staaten sichtbar die Angst vor der Bedrohung nehmen könnten. Er schlug die Republik mit demokratischen politischen Rechten als Staatsform vor. Ähnlich Bentham schien auch Kant die Republik die dem Frieden förderliche staatliche Form zu sein.

Der „Ewige Frieden" erschien Kant jedoch allein durch die republikanische Verfassung nicht gesichert. Entscheidend war für ihn vielmehr das Aufgeben der geheimen Kabinettspolitik, — die bei außenpolitischen Entscheidungen auch in Republiken weiterbetrieben wurde —, zugunsten einer Möglichkeit für die betroffenen Bürger, über Krieg oder Frieden mitzuentscheiden. Kant glaubt, daß diejenigen, die die Lasten des Krieges zu tragen hätten, kein Interesse an ihm haben könnten. In einem Bündel politischer Maßnahmen, wie dem Verbot geheimer Klauseln in Friedensverträgen, dem Verbot von Annexionspolitik, der Auflösung stehender Heere und der Beachtung des Grundsatzes der Nichteinmischung in die inneren Angelegenheiten anderer Staaten (19), sah er Voraussetzungen für die Verwirklichung des Friedens.

Marx und Engels analysierten die Ursachen des Krieges auf der Grundlage ihrer historisch-materialistischen Geschichtsauffassung. Als Motor der geschichtlichen Entwicklung betrachteten sie den Kampf zwischen der Klasse der Ausbeuter und der Klasse der Ausgebeuteten. Geschichte ist die Geschichte von Klassenkämpfen; sie sind die Ursache von Bürgerkriegen und von zwischenstaatlichen kriegerischen Auseinandersetzungen. Nach Marx und Engels beruhen innerstaatliche Konflikte auf dem unlösbaren Widerspruch zwischen gesellschaftlicher, von allen erbrachter Produktion, und privater Aneignung des gemeinsam erarbeiteten Mehrprodukts. Dieser Grundwiderspruch als Strukturprinzip kapitalistisch verfaßter Gesellschaften bestimmt die Bewußtseinslage der Bevölkerung, bestimmt Werte, Normen und politische Verfassung einer Gesellschaft. Er ist auch bürgerlichen Demokratien eigen, in denen allen Bürgern zwar formal das gleiche Recht gegeben ist, politisch ihre Interessen durchzusetzen, während dem Proletariat die materiellen Voraussetzungen fehlen. Da das Proletariat in kapitalistischen Gesellschaften seine Interessen nicht durchsetzen kann, ist es die revolutionäre Klasse, in deren objektivem Interesse es liegt, das bestehende System abzuschaffen.

Auf die gleichen Ursachen sind nach marxistischer Auffassung auch zwischenstaatliche Auseinandersetzungen und Erscheinungen wie Imperialismus zurückzuführen. Da das bewegende Motiv kapitalistischer Produktionsweise die Vermehrung des Profits ist, ist die Sicherung von Rohstoffquellen und Absatzmärkten sowie der Kampf um die Ausdehnung der Anteile am Weltmarkt Voraussetzung für eine kontinuierliche profitable Produktion. Die Produktionsbedingungen der nationalen Wirtschaft auf internationaler Ebene muß der kapitalistische Staat unter Umständen auch mit militärischen Mitteln sichern. Für eine dauerhafte Friedensordnung ist deshalb nach Marx und Engels die Abschaffung der kapitalistischen Produktionsverhältnisse eine notwendige Bedingung. (In Ansätzen der kritischen Friedensforschung werden die Marx'schen Analysekategorien, modifiziert durch die Kritische Theorie der Frankfurter Schule, auf die heutige Gesellschaft angewandt; vgl. auch Kap. Ansätze zur Friedensforschung).

Zu Beginn des 19. Jahrhunderts entwickelte sich mit ursprünglich christlichem Hintergrund die pazifistische Bewegung auf der Grundlage des Liberalismus und Sozialismus. Unter dem Einfluß des Quäkertums wurden um 1815 in den USA, in Frankreich und England Friedensgesellschaften gegründet, die sowohl bei der Bevölkerung für Friedensziele warben, als auch bei den Regierungen versuchten, ihren Einfluß durchzusetzen. In einer Zeit des ausgeprägten Nationalismus wurde den pazifistischen Gruppen wegen ihrer internationalen Orientierung antipatriotische Haltung vorgeworfen (20). Diese Orientierung führte seit 1843 zu einer Reihe internationaler Friedenskongresse und 1891 schließlich zur dauerhaften Einrichtung eines internationalen Friedensbüros zunächst in Bern, später in Genf (21). Die 1904 und 1910 gegründeten Nobel- und Carnegiestiftungen nahmen die Arbeit für den Frieden in ihre Zielsetzungen auf. Der Friedensgedanke und die Zielvorstellungen des Pazifismus gelangten durch politische Repräsentanten bis in die bürgerlichen Parlamente. Die Serie europäischer Kriege von 1854-1871 (Krim-Krieg; Krieg Österreich und Preußen gegen Dänemark; Österreich und Sardinien gegen Frankreich; Österreich gegen Preußen; Deutscher Bund gegen Frankreich) hatte einen verstärkten öffentlichen Einfluß der Friedensgesellschaften zur Folge. Im deutschen Sprachraum konnten pazifistische Organisationen erst gegen Ende des Jahrhunderts Fuß fassen. Die autoritäre obrigkeitsstaatliche Tradition, das Fehlen maßgebender bürgerlich-liberaler Kräfte und die ständige Gegenpropaganda, die den Sozialismus als Bedrohung darstellte, hemmten die Arbeit. Eine der führenden

Vertreterinnen des deutschen Pazifismus, Bertha von Suttner, machte mit ihrem Antikriegs-Roman „Die Waffen nieder" zahlreiche Menschen mit den Ideen der Friedensbewegung bekannt (22). Der Pazifismus griff bereits entwickelte Vorstellungen auf und versuchte, sie auf das Krieg-Friedens-Problem der Gegenwart anzuwenden. Grundgedanke war die Schaffung einer weltumspannenden Friedensordnung durch Völkerrecht und die Überwindung der bestehenden Staatenanarchie. Organisatorischer und politischer Ausdruck der Friedensordnung sollte ein Völkerbund zunächst auf europäischer Ebene sein, der unter Beachtung der Nichteinmischung in innere Angelegenheiten die zwischenstaatlichen Beziehungen regeln sollte. Für Streitfälle sollte eine internationale Schiedsgerichtsbarkeit zuständig sein; die bestehenden militärischen Potentiale sollten durch Abrüstung abgebaut werden (23). Zu den ersten sichtbaren Ergebnissen der Friedensbewegung zählt die 1864 geschlossene Genfer Konvention zur Humanisierung des Krieges, deren Verbindlichkeit freilich schwer durchsetzbar war. Auch die Haager Friedenskonferenzen von 1899 und 1907 waren von der pazifistischen Bewegung beeinflußt. Ihre Ziele erreichen sie nicht; statt zu Abrüstung und einer Institution für die friedliche Konfliktbeilegung kam es lediglich zu einer Kodifizierung der Kriegsführung. Immerhin war damit der Gedanke der internationalen Schiedsgerichtsbarkeit in die Diskussion gestellt und begünstigte in der Folge den Abschluß von zunächst zweiseitigen Schiedsabkommen (24). Neben Zielen zur Veränderung der politischen Verhältnisse wurden auch ethische und pädagogische Zielsetzungen entwickelt, die eine Einstellungsänderung des einzelnen zur Gewalt forderten. Zwischen den Weltkriegen wurde der Völkerbund gegründet, der infolge fehlender Sanktionsmöglichkeiten gegen Vertragsbrecher und durch die Beitrittsverweigerung der USA in seiner Wirksamkeit entscheidend geschwächt wurde. Die Verfassung der Weimarer Republik nahm die Regeln des Völkerrechts als integralen Bestandteil auf (25). 1928 kam der Briand-Kellog-Pakt zur Ächtung des Krieges zustande. In der pazifistischen Bewegung entwickelte sich die Richtung des Jungpazifismus oder des organisierten Pazifismus, der das Konzept der Kriegsdienstverweigerung zu verfolgen begann. Nach 1945 sammelten sich die verschiedenen Gruppierungen in der Atomwaffengegnerbewegung und der Ostermarschbewegung, zuerst in Großbritannien und den USA, später auch in der Bundesrepublik. Neben einer Reihe kleinerer Organisationen sind in der Bundesrepublik Deutschland die Kriegsdienstverweigerer besonders aktiv (26).

2. Friede als Lebensbedingung der heutigen Welt

„Der Weltfriede ist keine Frage der Möglichkeit, sondern der Notwendigkeit" (27).
Mehr als ein halbes Jahrhundert ist seit dieser Feststellung Bertha von Suttners vergangen. Die Menschehit aber ist dem Frieden nicht nähergekommen. Zwei Weltkriege innerhalb von dreißig Jahren beweisen die Vorherrschaft von Gewalt und Unfrieden. Ein Ende der epidemisch um sich greifenden Formen der Gewalt ist nicht zu sehen. Mehr als je ist sie Zeichen unserer Zeit. Während die großen Kriege zwischen den Staaten seit 1945 zurückgehen, nehmen die verschiedensten Arten innerer Kriege zu. Für den Zeitabschnitt von 1900-1941 verzeichnet die Statistik 19 internationale und 5 Bürgerkriege; für den Zeitraum von 1945-1970 15 internationale und 82 Bürgerkriege (28). Zu den Bürgerkriegen gehören z.B. die inneren Auseinandersetzungen in Kolumbien von 1948-53, der algerische Befreiungskrieg, der Sezessionskrieg Biafras gegen Nigeria, die Ermordung nahezu einer Million Menschen 1965 in Indonesien, die des Kommunismus verdächtigt waren, die Kämpfe auf den Philippinen, der Kampf kommunistischer Guerillas in Südostasien, die Gewalttaten der palästinensischen

Kommandos, der Stadtguerillas und der Tupamaros in Südamerika, der Krieg afrikanischer Befreiungsbewegungen gegen alte und neue Kolonialherren (29).

Die neuen Formen der Gewalt sind Ausdruck tiefgreifender Wandlungsprozesse und Strukturverschiebungen in der Welt. Als Carl Friedrich von Weizsäcker 1964 analog zu Bertha von Suttner feststellte: „Der Weltfriede ist notwendig" (30), war dies nicht nur Ausdruck einer noch immer gültigen ehtischen Forderung nach Frieden, sondern die Bezeichnung der einzigen Möglichkeit der Menschheit, zu überleben. Das Ausmaß der Bedrohung unserer Welt ist so gestiegen, daß es neben dem Frieden keine Alternative mehr gibt. Die Entwicklung der Technologie und die globalen politischen Wandlungsprozesse der letzten Jahrzehnte haben es der Menschheit zum ersten Mal in der Geschichte möglich gemacht, sich selbst zu vernichten. Kriegsbild und Waffenentwicklung wurden grundlegend verändert. Die großen Einschnitte in Praxis und Theorie des Krieges im voratomaren Zeitalter — die Ablösung der Ritterheere durch bezahlte Infanteristen, die Einführung stehender Heere, schließlich die seit der Französischen Revolution eingeführte allgemeine Wehrpflicht, die militärische Nutzung großräumiger und schneller Verkehrssysteme, Erfindung und Verwendung immer weiterreichender und zerstörerischer Feuerwaffen und die daraus folgenden Strategien totaler Mobilisierung und Vernichtung militärischer und ziviler Objekte (31) — nehmen sich gering aus im Vergleich zu Möglichkeiten und Wirkung des Einsatzes nuklearer, biologischer und chemischer Waffen sowie neuer Trägersysteme.

Eine in zahlreichen Gebieten der Naturwissenschaften vorangetriebene Forschung hat nach der Entdeckung der atomaren Spaltung eine Waffe entwickelt, die in ihren Folgen „tiefer greift als alle Revolutionen und sozialen Umwälzungen unserer bisherigen Geschichte (32). Die neuen Waffensysteme unterscheiden sich in ihrer Zerstörungskraft und in ihren Folgewirkungen für Strategie und internationale Politik grundsätzlich von konventionellen Waffen, wie Panzern, Flugzeugen, Kanonen und Handfeuerwaffen.

Das Zerstörungsfeld nuklearer Waffen ist unbegrenzt. Die ersten und bisher einzigen eingesetzten Atombomben, abgeworfen auf Hiroshima und Nagasaki, hinterließen ein Inferno: „Nach Angaben der UN starben in Hiroshima bis zum Jahre 1950 an den Folgen der Bombe 78 000 Menschen; in Nagasaki starben, bei einer Bevölkerung von 87 000 im Umkreis von 3 Kilometern um den Detonationspunkt der Bombe 27 000 Menschen, also jeder dritte Einwohner. Verwundet wurden in Hiroshima 84 000, in Nagasaki 41 000 (33). Die inzwischen erfolgten Weiterentwicklungen der Massenvernichtungsmittel würden die Zahlen von Hiroshima und Nagasaki um ein Vielfaches steigern. Längst sprechen ernsthafte strategische Kalküle von 100 Millionen getöteter Menschen als Folge eines Nuklearschlages gegen die USA oder UdSSR (34). Der Totalzerstörung der durch thermonukleare Waffen getroffenen Ziele folgen langfristig wirksame Strahlungsschäden. Durch die Entwicklung schubstarker und treffsicherer Trägersysteme ist der Einsatz der Waffen an jedem Punkt der Erde möglich. Die räumliche und zeitliche Begrenztheit der Anwendung konventioneller Waffen ist aufgehoben. Einsatzbereitschaft und Einsatzschnelligkeit der Kombination von H-Waffen und ferngelenkten Trägersystemen läßt den Faktor Zeit in den strategischen Berechnungen immer mehr an Bedeutung verlieren. Selbst die modernen Raketen-Abwehrsysteme bieten nur wenig Schutz gegen massive Überraschungsangriffe. Im Schatten der nuklearen Waffenentwicklung, doch kaum weniger gefährlich, wird an der Vervollkommnung biologischer und chemischer Waffen gearbeitet (35). Sie sind geeignet, Städte und Regionen mit Hilfe geringer Dosen hochwirksamer Gifte, das verschossen oder ins Trinkwasser geschleust werden kann, zu entvölkern oder die Bevölkerung zeitweilig zu lähmen, ohne daß Infrastrukturen und Industrieanlagen zerstört werden. Chemische

Waffen wurden von den Vereinigten Staaten in Vietnam zu Entlaubungsaktionen in großem Umfang eingesetzt.
Die waffentechnische Entwicklung und die alle menschliche Vorstellung übersteigende Bedeutung dieses wachsenden Zerstörungspotentials wird in der Öffentlichkeit und selbst in den Armeen, die damit umzugehen lernen, wenig diskutiert. Als 1977 Nachrichten über die gespenstische Wirkungsweise der neu entwickelten Neutronenwaffe die Gemüter schockierte, konnte die öffentliche Diskussion nach wenigen Wochen wieder abgefangen werden. Die Bevölkerung scheint es vorzuziehen, sich in Vorstellungen einer trügerischen Sicherheit zu wähnen, statt sich die Schreckensbilder eines mit den modernen Waffen geführten Krieges vor Augen zu führen.
Historisch fällt mit der Entwicklung der Massenvernichtungswaffen eine Machtverschiebung in der Welt nach 1945 zusammen. Europa verlor seine Macht an das bipolare System der Supermächte USA und UdSSR, die sich jeweils mit kleineren Staaten zu Paktsystemen zusammenschlossen. Die Weltpolitik ist bestimmt vom Konflikt unterschiedlicher Wirtschafts- und Gesellschaftssysteme. Die jeweilige Vormacht garantiert ihren Satelliten Schutz, allerdings riskierten bisher weder die USA, noch die Sowjetunion angesichts der nuklearen Hochrüstung und der „Overkill—Kapazität" den Totalkonflikt (36). Kriegerische Auseinandersetzungen finden nicht zwischen den Supermächten statt, sondern an den Randzonen ihrer Einflußbereiche, teilweise unter Beteiligung nicht blockgebundener Mächte (37). Die Großmächte bemühen sich auf dem Weg über das Krisenmanagement seit Jahren, Konflikte nicht so weit eskalieren zu lassen, daß sie sich selbst am Ende gegenüberstehen (38). Wohl aber sind sie durch Waffenlieferungen und Militärhilfen an allen Kriegen der letzten 30 Jahre beteiligt gewesen.
Neben der Ost-West-Konfrontation hat sich der Konflikt zwischen den industrialisierten Ländern der Nordhalbkugel, die einst als Kolonialstaaten aufgetreten waren und den seit 1945 in raschem Entkolonialisierungsprozeß befindlichen Staaten der Dritten Welt in Südamerika, Afrika und Asien verschärft. Innerhalb von dreißig Jahren lösten sich die Kolonialreiche England, Frankreich, Portugal, Belgien und Spanien auf und es bildeten sich neue souveräne Staaten, allerdings ohne eine politisch gewachsene Struktur, oft noch geprägt von den früheren kolonialen und feudalen gesellschaftlichen Verhältnissen. Infolge des starken Modernisierungsdrucks durch die Industriestaaten kommt es in diesen Ländern zu tiefgreifenden sozialstrukturellen Umbrüchen, die mit politischer Instabilität und gewaltsamen Entladungen einhergehen. Die politische Unabhängigkeit ist oft nur Schein, weil die jungen Staaten wirtschaftlich weitgehend von den Industrieländern abhängig sind (39) und die in den Handelsbestimmungen fixierte internationale Arbeitsteilung einseitig zu Lasten der Entwicklungsländer geht (40). Besonders getroffen werden dadurch Länder, die weder über eigene Rohstoffe verfügen, noch in der Lage sind, eine funktionsfähige Wirtschaft aus eigener Kraft aufzubauen (41). Entscheidende Determinanten in den meisten Entwicklungsländern sind Bevölkerungsexplosion und Hunger (42). Robert Mc. Namara, der Präsident der Weltbank, hat in dem kurzen Zeitraum eines Jahres von 1973 bis 1974 eine deutliche Verschlechterung der Lage festgestellt: Krankheit, Analphabetentum, Unterernährung, dadurch eintretende Hirnschädigung vorwiegend bei Kindern, 23-30% niedrigere Lebenserwartung sind durch die Entwicklungshilfe von 1960-70 nicht zurückgedrängt, sondern größer geworden (43).
Die Politik der Industriestaaten und der multinationalen Konzerne, durch Kapital- und Investitionspolitik den wirtschaftlichen Aufbau der Entwicklungsländer im eigenen Interesse zu beeinflussen (44), vergrößert die wirtschaftliche Ungleichheit und die politische Instabilität (45). Die Forderung nach Wohlstandsumverteilung zugunsten

der Entwicklungsländer, um eine langfristige wirksame Friedenssicherung zu erreichen, wird von den Industrienationen kaum ernstgenommen. Sie betrachten die Entwicklungsländer vorrangig als Quelle wichtiger Rohstoffe und Nahrungsmittel, Absatzmärkte für industrielle Exportprodukte und Anlagegebiete für Kapital (46). Seit der Krise der Erdölversorgung und der Kartellbildung der erdölexportierenden Länder zeichnet sich in den Ländern der 3. Welt allmählich ein Trend ab, die Umverteilung des Reichtums der Welt nicht von den Industriestaaten zu erwarten, sondern selbst initiativ zu werden. Die Folgen einer solchen Entwicklung auf die übrige Welt sind noch nicht abzusehen.

Das steigende Bewußtsein der *einen* Welt, der Abhängigkeit aller voneinander, könnte zum Aufbau einer Friedensordnung wesentlich beitragen. Die Bildung dieses Bewußtseins wird gefördert durch die Erkenntnis objektiver Faktoren, die für das Überleben der Menschheit bestimmend sind. Wie die vielfach und heftig diskutierte Studie über die Grenzen des Wachstums des Club of Rome (47) demonstriert hat, beginnt sich im öffentlichen Bewußtsein ein Wandel anzubahnen mit der Erkenntnis der Erschöpflichkeit natürlicher Hilfsquellen und der Notwendigkeit, weiteren Raubbau an der Natur einzudämmen. Die ersten praktischen Schritte zur Wiederverwertung industrieller Abfallprodukte setzen noch zu kurz an — obwohl sie unverzichtbar sind —, weil die eigentlichen Schwierigkeiten in der Art begründet liegen, wie und was, mit welchem Rohstoffbedarf zu welchen Zwecken produziert wird und auf welche Nutzungsdauer Wirtschaftsgüter zukünftig angelegt werden. Die Notwendigkeit einer grundsätzlichen Prioritätenverschiebung sowohl der Produktionsstruktur, als auch der gültigen gesellschaftlichen Werte, damit eine Änderung des Verhaltens und der Einstellungen, wird verstärkt durch die drohende Zerstörung der natürlichen Grundlagen unserer Umwelt (49). Fortschritte in Wissenschaft und Technik haben zusammen mit der Ausweitung und Vielfalt industrieller Produktion eine Gefährdung des biologischen Gleichgewichts durch Schadstoffe hervorgerufen, die Luft, Wasser und Erde vergiften. Der Zustand der Flüsse und Seen, ob durch Abwasserverseuchung oder Kraftwerkswärme, die Verschmutzung der Meere durch Öl, Industriemüll, Ablagerung der Überreste von Kampfstoffen, durch ungeklärte Abwässer; die Ablagerung von gesundheitsschädigenden Stoffen in Pflanzen und Tieren oder deren Produkten, die den Menschen als Ernährung dienen, schließlich die wachsende Luftverschmutzung und Lärmbelästigung in Ballungsräumen, die deutlich höhere Gesundheitsschäden als Folge charakteristischer Krankheiten nach sich ziehen, weisen eine Breite und Intensität von Problemen auf, denen sich die Menschheit in ihrer Geschichte bisher nicht gegenübersah. Der hohe industrielle Entwicklungsgrad und damit verbunden ein bisher nie erreichter gesellschaftlicher Reichtum steht einer auf Ungleichheit und Ungerechtigkeit beruhenden Wirtschafts- und Sozialordnung gegenüber. Diese ist geprägt von tradierten kirchlichen und weltlichen, die bestehenden Autoritäten stützenden Normen, überlagert vom ökonomischen Leistungs- und Gewinndenken. Es scheint ausgeschlossen, daß den globalen Schwierigkeiten mit den traditionellen Denk- und Verhaltensweisen und mit den herkömmlichen Wirtschafts- und Sozialstrukturen begegnet werden kann (50). Es ist daher notwendig, daß neue Formen und Inhalte des Zusammenlebens geschaffen werden, die den Widerspruch zwischen individuellem Entfaltungsbedürfnis und gesellschaftlichen Notwendigkeiten auflösen können, und daß angemessene Formen des Zusammenlebens von Gruppen und Nationen entwickelt werden, die die krassen Ungerechtigkeiten und Ungleichheiten abbauen, die Ursachen nationaler und internationaler Konflikte sind (51).

3. Friede als Thema der Wissenschaft

3.1 Anfänge der Wissenschaft vom Frieden

Die Idee, den Frieden zum Gegenstand wissenschaftlicher Reflexion zu machen, erscheint bereits bei Kant und auch in der späteren pazifistischen Diskussion immer wieder als Forderung (52). Praktische Gestalt erhielten die vielerlei Vorschläge zu einer Friedenswissenschaft, die im 19. und in unserem Jarhhundert meist noch von den Einzeldisziplinen, nicht einer fächerübergreifenden Wissenschaft ausgingen (53), nach der Katastrophe des 1. Weltkrieges und hier vor allem im Zusammenhang mit der Diskussion um die Kriegsschuldfrage. Ein äußerer Anstoß kam von der britischen und der amerikanischen Delegation 1919 auf der Pariser Friedenskonferenz. Um die Wiederholung eines Krieges zu verhindern, beschloß man, zur systematischen wissenschaftlichen Erforschung der internationalen Beziehungen je ein wissenschaftliches Institut zu gründen. Dieser Initiative schloß sich Deutschland 1920 mit der Gründung des Instituts für Auswärtige Politik in Hamburg und der Deutschen Hochschule für Politik in Berlin an (54).
In den darauffolgenden Jahren bis 1930 wurden Initiativen, zur praktischen Etablierung einer Friedenswissenschaft ergriffen, so in Oslo, in Frankreich, England und Irland. In Deutschland sollte die 1930 ins Leben gerufene Stresemann-Stiftung die Wissenschaft des Friedens fördern (55). Die Herrschaft des Faschismus ab 1933 in Deutschland und der Zweite Weltkrieg unterbrachen, wie in vielen anderen Wissenschaftsbereichen, auch die Arbeit der gerade entstehenden Friedenswissenschaft. In der Zeit vor dem Ausbruch des 2. Weltkrieges lebte das Interesse für die wissenschaftliche Erforschung von Krieg und Frieden besonders in den Vereinigten Staaten auf. Die Ausbrüche von Haß, Gewalt, Aggressivität in den vom Faschismus beherrschten Ländern, der kollektive Rückfall in für überholt gehaltene Weltbilder und Mythen von Blut, Rasse und Boden, die Unverhältnismäßigkeit einer von industriellen Strukturen geprägten Welt und einer pseudo-agrarisch geprägten Wertskala riefen eine wissenschaftliche Beschäftigung mit diesen Phänomenen unter psychologischer, sozialpsychologischer und antropologischer Fragestellung hervor (56). Historisch-systematische und statistische Arbeiten (57) über Kriegsursachen, Kriegsziele, Kriegsopfer, Kriegshäufigkeit und über das Verhältnis von eingesetzten Mitteln und Erfolgen entstammen den ersten Jahren des 2. Weltkrieges. Der Ausbruch des Krieges lenkte die Aufmerksamkeit erneut auf Themen wie Haß, Rache und Vorurteil und den Zusammenhang von Sozialisation und Aggressivität (58).
Nach dem Ende des 2. Weltkrieges kamen erneut Fragen aus dem Problem Krieg – Frieden, ähnlich wie nach dem 1. Weltkrieg, in die Diskussion. Die UNESCO veröffentlichte 1958 eine Studie „The Nature of Conflict", in der über 1000 bis dahin erschienene Arbeiten zusammengefaßt sind. Die sozialpsychologische Erklärung des Konflikts war vorherrschend: „Krieg entsteht in den Köpfen der Menschen" war das Fazit der Analyse. Als Voraussetzung für den Frieden wurde vor allem die Veränderung des individuellen und kollektiven Bewußtseins, der Abbau von Vorurteilen und Stereotypen gesehen (59).
Daneben entstand im Zeichen des Kalten Krieges und der Entwicklung der Nuklearwaffen eine in ihrem Schwerpunkt militärstrategisch orientierte Konfliktforschung, die den Konflikt als konstantes Phänomen der internationalen Politik verstand. Der Krieg wurde mit neuen sozialwissenschaftlichen analytischen Methoden, wie z.B. der Simulation, theoretisch dargestellt und in generalisierende Modelle gefaßt mit dem

Ziel, Handlungsanweisungen für eine erfolgreiche Bewältigung internationaler Konflikte für die eigene Nation zu erarbeiten (60). Die Frage nach den Ursachen des Konfliktes waren weitgehend aus den Untersuchungen ausgeblendet. Erst seit dem Ende der fünfziger Jahre zeichneten sich Differenzierungen des Konfliktbegriffs ab (61), und der Gedanke der Integration im internationalen System rückte mehr in den Mittelpunkt des Interesses.

Die Einbeziehung der nuklearen Waffen in die militärstrategischen Kalküle nach dem 2. Weltkrieg in Ost und West weckte den Widerstand hervorragender Naturwissenschaftler, vorwiegend Atomphysiker, die es mit ihrem Gewissen nicht länger vereinbaren konnten, an den technologischen Voraussetzungen mitzuarbeiten, die das Spiel mit der Existenz der Menschheit möglich machten. Bertrand Russell veröffentlichte in den Vereinigten Staaten 1955 zusammen mit Max Born, Albert Einstein, J.F. Joliot-Curie, Linus Pauling und anderen einen Aufruf zur Ächtung des Krieges. Um einen nächsten Krieg zu verhindern, der den Autoren nur als atomwaffengeführter Krieg vorstellbar war, wurde zur Zusammenarbeit aller Wissenschaftler der Welt aufgerufen. 1957 konstituierte sich darauf die Pugwash-Konferenz, die mit Beteiligung zahlreicher Wissenschaftler und Abrüstungsfachleuten aus aller Welt in unregelmäßigen Abständen tagt (62). Noch im gleichen Jahr schlossen sich die in Mainau am Bodensee tagenden Nobelpreisträger dem Aufruf an; der Verband Deutscher Physikalischer Gesellschaften beschloß einen generellen Protest gegen die· atomare Rüstung (63).

Als 1956 die Regierung Adenauer im Zuge der Wiederbewaffnung die Bundeswehr mit taktischen Atomwaffen ausrüsten wollte und diese Waffen als Fortentwicklung der Artillerie herunterspielte, regte sich ein breiter außerparlamentarischer Widerstand. In der berühmten Erklärung der Göttinger Achtzehn 1957, unter denen sich die Namen von Weizsäcker, Heisenberg, Hahn, Born, Straßmann u.a. finden, protestierten die deutschen Atomphysiker gegen die Verniedlichung taktischer A-Waffen. Sie wiesen auf deren tatsächliche Wirkung hin, die schon die Vernichtungskraft der Hiroshima-Bombe übertraf, lehnten die atomare Abschreckung als wirksame Friedenssicherung ab und weigerten sich schließlich, unter welcher wissenschaftlicher Tarnung auch immer, an Herstellung, Erprobung und Einsatz von A-Waffen mitzuwirken (64). Von seiten der Befürworter der atomaren Aufrüstung schlug ihnen eine Welle des Hasses und der Empörung entgegen; dies zeigte noch mehr die Einmaligkeit und Bedeutung einer Handlungsweise, die aus wissenschaftsinternen Gründen atomare Rüstungen und Militärkalküle ablehnte und eine andere Option als die für den Frieden ausschloß (65). Ebenso hoch wie dieser politische Schritt zur Mahnung der Welt ist die Arbeit vieler Naturwissenschaftler seit 1957 zu bewerten, die sich für konkrete Maßnahmen in Gestalt internationaler Verträge zum Abschluß eines allgemeinen atomaren Teststopps und zur Nichtweiterverbreitung atomaren Wissens an nichtatomare Mächte eingesetzt haben (66).

Die anfangs vor allem von Naturwissenschaftlern ausgehenden friedenspolitischen und friedenswissenschaftlichen Initiativen führten auch zu verschiedenen praktischen Ansätzen, die in den Genfer Abrüstungsgesprächen und neuen Techniken der internationalen Politik zur Geltung kamen. So erarbeiteten sie Methoden der Rüstungskontrolle, des Krisenmanagements, der Veröffentlichung von Analysen der Rüstungs- und Militärpotentiale, der Kritik der militärstrategischen Planung, der Kriegsfolgenuntersuchung; sie suchten die Diskussion mit Militärpolitikern und durch die Veröffentlichung ihrer Untersuchungsergebnisse mit der kritischen Öffentlichkeit. In die Mitte der fünfziger Jahre fallen die ersten Versuche zu einer Institutionalisierung der Wissenschaft vom Frieden, die noch vom Selbstverständnis der ersten Gründungen mit psychologischer

und sozialpsychologischer Schwerpunktbildung geprägt waren, wie sie sich in der Konfliktstudie der UNESCO ausdrückte (67). Die ersten Institute wurden überwiegend von privaten Organisationen und Privatpersonen getragen und erfuhren keine oder nur spärliche staatliche Unterstützung (68). Seit Anfang der Sechziger Jahre breitete sich die Friedensforschung, die sich erstmals bei der Einrichtung der Abteilung für Konflikt- und Friedensforschung am Institut für Sozialforschung der Universität Oslo so bezeichnete (69), über Kanada, Holland und die skandinavischen Länder aus und erreichte 1970 mit der Gründung der Deutschen Gesellschaft für Friedens- und Konfliktforschung (DGFK) die Bundesrepublik, wo sich Gustav Heinemann bei seiner Antrittsrede als Bundespräsident für die Institutionalisierung der Wissenschaft vom Frieden einsetzte. Der Aufbau einer mit staatlichen Mitteln unterstützten Organisation zur Förderung der Friedensforschung (70) geht, vergleichbar den USA, auf private Initiative zurück (71). Nach einer Übersicht von Karl Kaiser (72) gibt es heute in aller Welt etwa 150 größere und kleinere Friedensforschungsinstitute, die seit 1964 in der Internationalen Friedensforschungsgesellschaft — IPRA — vereinigt sind (73).
Die moderne Friedensforschung bemüht sich um Alternativen zu den traditionellen Forschungsansätzen in den Politischen Wissenschaften, vor allem der Internationalen Politik, die sich mit der klassischen Außen- und Militärpolitik beschäftigte. Diese Teildisziplin wird auch weiterhin ein wesentlicher Bestandteil der Friedensforschung bleiben, vor allem unter den gegebenen Bedingungen des außen- und militärpolitischen Umgangs der Großmächte mit Massenvernichtungswaffen. Die Verlagerung der Fragestellungen der Friedensforschung in andere wissenschaftliche Disziplinen, wie Soziologie, Politologie, Ökonomie, Psychologie, Kybernetik, Pädagogik zeigt jedoch, daß Krieg und Frieden ein umfassendes, viele menschliche Teilbereiche tangierendes Phänomen ist und daß eine adäquate wissenschaftliche Erforschung multidisziplinär aussehen muß.

3.2 Fragestellungen und Ansätze in der Friedensforschung

In der modernen Friedensforschung können zwei wesentliche Ansätze unterschieden werden. Die eine *an der Erhaltung des status quo* orientierte Richtung geht von internationalen und strategischen Fragestellungen aus (74). Ihre Prämissen bestehen vor allem darin, daß „Friede essentiell als Sicherheitsmaßnahmen gegen ein fehlerhaftes Funktionieren der Kriegsmaschinerie" (75) aufgefaßt wird. Rüstungswettlauf und die Strategie der Abschreckung auf dem Hintergrund der nuklearen Bewaffnung sind für sie Bestandteile einer realistischen Politik. Eng hängt dies mit der Annahme einer durch Konflikte bestimmten Struktur des internationalen Systems zusammen (76). Der Ausbruch eines großen Krieges scheint nur durch Abschreckung, Bündnispolitik oder eine Form des Machtgleichgewichts abwendbar zu sein. In den strategischen Studien (77) werden nicht Konfliktursachen, sondern Konfliktverläufe systematisch erfaßt und untersucht, um ein prognostisches Instrumentarium für das politische Krisenmanagement zu erstellen (78). Der rasche Fortschritt der analytischen Methoden der empirischen Sozialforschung und die Entwicklung der Spieltheorie und Entscheidungstheorie wird zu umfassenden Simulationen internationaler Konflikte genutzt (79). Grundmodell des Konflikts ist die Annahme zweier sich gleich mächtig gegenüberstehender Partner, deren Beziehung zueinander auf aggressivem Verhalten beruht und es begünstigt, kooperatives Verhalten jedoch verhindert.
Dieses dem Kalten Krieg nachempfundene Konfliktmodell wird allmählich von einem Modell abgelöst, das Konflikte im internationalen System zwischen nicht gleichrangigen Partnern umfaßt und in dem aggressives Verhalten als Stärkung der Konflikt-

intensität betrachtet wird. Kooperation wird als mögliche Verhaltensweise in das Konfliktmodell ebenso eingefügt wie die Unterscheidung, ob es sich um Auseinandersetzungen zwischen gleichen oder ungleichen Gegnern handelt (80). Grundsätzlich bleibt, auch wenn andere Strategien vorgeschlagen werden, als vorgegebenes Ziel die Erhaltung des internationalen status quo: Friede soll im Zeichen bestehender Machtverhältnisse erhalten werden. Integrierende Strategien sollen in Verbindung mit einer kontrollierten Abrüstung und Rüstungskontrolle, die zunächst die Potentiale militärischer Gewalt vermindern, Frieden sichern (81). Auch Vorschläge zu radikalem, einseitigen Abrüsten (Unilateralismus) bleiben innerhalb dieses Friedenssicherungskonzepts.

Die zweite Richtung, die „Kritische Friedensforschung", übte seit der zweiten Hälfte der sechziger Jahre Kritik an der am status quo orientierten Friedens- und Konfliktforschung, und zwar auf dem Hintergrund des Scheiterns langjähriger Abrüstungsverhandlungen und der Gefahren eines beschleunigten Rüstungswettlaufs (82). Die „Kritische Friedensforschung" akzeptiert weder die vorliegenden Konfliktmodelle, noch deren Prämissen und politische und strategische Konsequenzen. Sie verlegte das Forschungsinteresse auf die innenpolitischen *Ursachen von Konflikten und Gewalt*, auf die Untersuchung der sozialen Strukturen, die konflikterzeugend sind und auf deren Auswirkungen in der internationalen Szene. Aus der Kritik an der Abschreckungsdoktrin (83) entstandene Vorschläge zu einer strukturell orientierten Friedensforschung (84), die von den materiellen Lebens- und Herrschaftsbedingungen der Menschen und Gesellschaften ausgeht und in ihnen die Quellen von Unfrieden, Gewalt und Konflikt erkennt (85). Eine umfassende empirische Untersuchungsarbeit, die Entwicklung von Konfliktlösungsstrategien, alternativen Friedensmodellen und von Realisierungsstrategien sollen vornehmlich in den Schwerpunktbereichen Rüstungsdynamik, Abhängigkeitsstrukturen und Aggressionsproblematik (86) die Ursachen des Krieges und die Bedingungen des Friedens aufzeigen. Die Veränderung derjenigen sozialen, ökonomischen und politischen Strukturen (87), die als kriegsfördernd beurteilt werden, ob auf gewaltfreiem (88) oder revolutionärem Wege (89), ist Ziel der kritischen Friedensforschung.

Konservative, gemäßigte und progressive (90), existenzielle und futurologische (91), negative und positive (92), utopistische und realistische (93) Friedensforschung setzt ihre Akzente auf jeweils spezifische Aspekte, die von der jeweiligen Richtung als die entscheidenden angesehen werden. Die weitgehende Beschränkung auf gesellschaftlich entstehende kriegsauslösende Gewalt und eine hauptsächliche Blickrichtung der Kritischen Friedensforschung auf die Unterprivilegierten (94) wird z.B. nicht von Forschern geteilt, die in der Tradition des Völkerrechts und der Idee der Weltgesellschaft und Weltregierung stehen. Sie halten die Anarchie der Staatenwelt, die im krassen Gegensatz zu den durchgebildeten innerstaatlichen Ordnungen steht, für den Hauptgrund des Krieges (95), weil keine verbindliche Instanzen, ausgestattet mit Sanktionsmöglichkeiten, zur Regelung und Lösung internationaler Interessenkonflikte bestehen.

Meinungsvielfalt und Unterschiedlichkeit der Forschungsansätze vermitteln so den Eindruck einer in sich gespaltenen und über ihren Gegenstand nicht einigen Wissenschaftsrichtung. Das ist Folge einer Reihe von Problemen, vor denen eine in sich noch nicht gefestigte Wissenschaft steht, wenn sie Ursachen des Krieges zu analysieren und Bedingungen des Friedens zu ermitteln hat. Uneinigkeit besteht über das Forschungsinteresse, die theoretischen Ansätze und Methoden in den beteiligten Disziplinen (wie Physik, Mathematik, Chemie, Strategische Forschung, Ökologie, Philosophie, Geschichte, Psychologie, Politische Wissenschaften, Völkerrecht und

Ökonomie). Die thematische Vielfalt der Themen ist fast unübersehbar. „Studien über Einstellungen und Voruteile, Meinungsbildung und Meinungsänderung, kritische Untersuchungen von Glaubenssystemen und Idealen, die Verteilung wirtschaftlicher und politischer Macht, Bildungsprobleme, das Verhältnis von Regierenden zum regierten Volk, soziale Strukturen, Rüstungswirtschaft, Informationsfluß zwischen Gruppen und Staaten, Zusammenarbeit und Entwicklungspolitik, Abrüstung und Kontrolle, Kernwaffenversuche, Waffenhandel, Möglichkeiten des Menschen und Stand ihrer Verwirklichung sind einige wenige ... erfaßte Forschungsvorhaben" (96).

Die notwendig sich daraus ergebende Forderung, multidisziplinär zu arbeiten, vielleicht sogar im Laufe der Zeit zu einer über den Einzeldisziplinen stehenden transdisziplinären Arbeitsweise zu gelangen (97), ist bislang nur sehr unzureichend angegangen und verwirklicht worden (98).

Weitgehende Übereinstimmung zwischen den verschiedenen Richtungen der Friedensforschung besteht in der Einschätzung ihres Charakters als einer wertbezogenen, auf Praxis hin orientierten Forschung (99): „Friedensforschung ist ausgerichtet auf die sozialen Bedingungen der Existenz und Entfaltung jedes Menschen" (100). Vergleichbar der Medizin hat sie die Aufgabe der Diagnose und der Therapie, d. h. der Entwicklung konkreter, praktisch umsetzbarer Konzepte und der Vermittlung von Handlungsanleitungen.

Relativ fortgeschritten ist die Friedensforschung in Analyse und Kritik an kriegs- und gewaltverursachenden Verhältnissen. Zu praktischen Änderungsvorschlägen und einer Rückkoppelung zwischen Theorie und Praxis ist sie bisher kaum vorgedrungen. Kommt Friedensforschung bei der Untersuchung aller Quellen von Gewalt und Krieg zu der Forderung nach Veränderung gesellschaftlicher Strukturen und des internationalen Systems als Voraussetzung des Friedens, wird sie auf Kräfte stoßen, die an der Aufrechterhaltung der derzeitigen Machtverhältnisse interessiert sind (101). Zu diesen Kräften gehört heute vor allem der militärisch-industriell-administrativ-wissenschaftliche Komplex (vgl. Kap. 1.4.1), jene Zusammenballung und Verfilzung von Rüstungswirtschaft, Politik und Wissenschaft, vor deren Eigeninteresse an Aufrüstung und gewinn- und einflußträchtiger Waffenproduktion bereits Eisenhower und Kennedy warnten. Deshalb machen einige Friedensforscher darauf aufmerksam, daß neben nur langfristig durchsetzbaren innen- und außenpolitischen Strukturveränderungen kurz- oder mittelfristig realisierbare Strategien zum Abbau des militärischen Potentials hinzutreten müssen. Sie haben die Funktion der Kriegsverhütung, ohne die grundlegende Strukturveränderungen kaum denkbar erscheinen (102). Jede Strategie für sich weicht bestimmten Fragen aus: Werden Maßnahmen zur Kriegsverhütung empfohlen, bleibt der den Krieg fördernde status quo erhalten; werden gesellschaftliche Veränderungen angestrebt, entsteht revolutionärer Aktivismus ohne die Perspektive der Überwindung militärischer Gewalt (103).

Kurz-, mittel- und langfristigen Zielen der Friedensforschung, der Verhinderung eines nuklearen Krieges, der Durchsetzung von Abrüstungs- und Rüstungskontrollmaßnahmen, schließlich der Veränderung sozialer und internationaler Strukturen, entsprechen die jeweiligen Bezugsgruppen. Für die kurz- und mittelfristigen Zielvorstellungen werden die Adressaten vornehmlich Politiker, Militärs, Technokraten und Abrüstungsspezialisten sein. Das Ziel gesellschaftlicher Veränderungen kann nur erreicht werden, wenn alle Betroffenen einbezogen werden, der Schwerpunkt jedoch auf der Beeinflussung der gesellschaftlichen Gruppen und ihrer Organisationen, der Erziehung und der pädagogischen Institutionen liegt. Es stellt sich für eine langfristig mögliche, am Ziel eines lebenswerten Friedens orientierte Gesellschaftsveränderung die Aufgabe, zunächst

Bewußtseinsveränderungen im Denken der Völker in Gang zu setzen, welche den Wandel zu neuen Formen des gesellschaftlichen Lebens ohne Krieg gestatten. Erziehung und Bildung sind im Prozeß einer langwierigen und mühsamen Überzeugungsarbeit entscheidende Ansatzpunkte beim Aufbau einer friedlichen Weltgesellschaft (104). Umsetzung der Friedensforschung in politisches Handeln nimmt den direkten Weg der Beeinflussung politischer Entscheidungen durch Druck auf die Entscheidungsträger und den indirekten Weg über die Erziehung und Ausbildung (105).

3.3 Fragen nach den Ursachen des Krieges

Wer den Frieden will, muß die Ursachen des Krieges kennenlernen; sie sind ein Schlüssel für jede zukünftige Friedensordnung, denn all jene Faktoren, die zu staatlich organisierter Gewalttätigkeit zur Lösung von Konflikten in der Geschichte und auch in der Zukunft beitragen können, dürfen in einer auf Frieden gegründeten Form menschlicher Existenz nicht mehr vorhanden sein. Frieden wird nicht als bloßes Vermeidungsverhalten, als Eindämmen von Gewalt gesehen; Frieden bedeutet Aufforderung zu positivem Neugestalten, zur Ersetzung kriegsfördernder Faktoren durch friedenssichernde.
Gewalttätigen Auseinandersetzungen zwischen Individuen, Gruppen und Völkern liegen Konflikte zugrunde, die verschiedenartige Ursachen haben. Der Friedensforscher interessiert sich für sie, versucht sie theoretisch zu erklären und generalisierende Aussagen über Konflikte und Konfliktverhalten zu gewinnen. Er bemüht sich, Formen des Konfliktaustrags und der Konfliktlösung ohne Gewalt zu suchen und zu finden. Er orientiert sich nicht am Bild eines konfliktfreien Friedens, der bei der Verschiedenheit von Kultur, Wirtschaft und sozialem Leben eine Utopie wäre und nicht zur Weiterentwicklung notwendiger Veränderung beitragen kann. Die Ursachen der Friedlosigkeit lassen sich auf 3 Ebenen unterscheiden: im Wesen des Menschen, im Wesen des Staates und im Wesen des internationalen Systems.

3.3.1 Aggressionstheorien

Den Versuch, die Ursache des Krieges aus der menschlichen Aggressivität abzuleiten, begründet Alexander Mitscherlich mit den geschichtlichen Erfahrungen von Gewaltsamkeit: „In der Geschichte sind trotz der Vielfalt von Erziehungsformen, Weltordnungen, Sittengesetzen immer wieder Kriege ausgebrochen. Infolgedessen muß die Frage zugelassen sein, ob die menschliche Aggressivität sich, vergleichbar der menschlichen Sexualität, zyklisch zu entladen strebt; und ob die dem Subjekt offenstehenden Wege aggressiver Befriedigung in den affektiven Kontakten seiner Gesellschaft auf lange Dauer gesehen nicht ausreichen, so daß von Zeit zu Zeit ein aggressiver Erregungssturm losbricht, der ganze Gesellschaften erfaßt" (106). *Sigmund Freud*, der Schöpfer der Psychoanalyse, und *Konrad Lorenz*, der Mentor der Tierverhaltensforschung, halten die menschliche Aggressivität für einen konstanten, naturgegebenen Faktor. Freud spricht von einem Todestrieb im Menschen, der dem Lebenstrieb gegenübersteht. Kann er sich gegen diesen durchsetzen, kommt es zu Ausbrüchen der Gewalt (107). Die Umsetzung der Energie des Todestriebs in die Wirklichkeit gelingt nicht bruchlos; in Gestalt anderer Menschen, Gruppen, sozialer Wertvorstellungen trifft er auf Widerstände, die er durch spezifische Formen der Äußerung umgeht, wie Aggression gegen „Feinde" oder gegen sich selbst. Freud räumte einer nachhaltigen Eindämmung der durch den Todestrieb erzeugten Aggression kaum Chancen ein, weil sie zur Naturausstattung des Individuums gehöre. In neuerer Zeit führen Vertreter der Psychoanalyse

die Ursachen aggressiver Verhaltensweisen des Menschen nicht mehr allein auf naturgegebene Konstanten zurück: „dieses Individuum, ..., muß aber als ein Spannungsverhältnis begriffen werden, das sich herausbildet zwischen dem subjektiven Faktor als erster Natur und den gesellschaftlichen Formen ihrer Bearbeitung. Das Subjekt ist nicht bloße Funktion der gesellschaftlichen Verhältnisse, sondern repräsentiert sich auch in den Formen des Widerstands, den innere Natur ihrer gesellschaftlichen Bearbeitung entgegensetzt" (108).
Auch Konrad Lorenz interpretiert die Aggressivität als ein primäres Bedürfnis der menschlichen Natur (109). Ähnlich dem Tier lädt der Aggressionsinstinkt beim Menschen sich selbständig auf, und durch bestimmte Reize werden aggressive Handlungen ausgelöst. Bleiben solche Reize längere Zeit aus, kann sich der Aggressionstrieb auch ungezielt ohne sie entladen und in Gewalttätigkeit Ausdruck finden.
Freud war der Auffassung, daß die zivilisatorische Entwicklung der Menschheit nur möglich gewesen sei, indem die Energien des Unbewußten, des Lebens wie des Todestriebs, auf die gesellschaftliche Arbeit umgelenkt und durch sie kanalisiert und kontrolliert worden seien. Lorenz glaubt, daß die Entwicklung und Dauerhaftigkeit von Gesellschaften auf der Übereinstimmung fundamentaler sozialer Werte mit der Instinktbasis des Menschen begründet ist. Ihm zufolge beruht die Labilität der Menschen in der Industriegesellschaft auf dem Auseinandertreten von Instinktbasis und gesellschaftlicher Entwicklung. Diese für die menschliche Existenz bedrohliche Tendenz ließe sich eindämmen, wenn es gelänge, auf autoritärem Wege durch herausragende Führungspersönlichkeiten Instinktbasis, gesellschaftliche Moral und den zivilisatorischen Prozeß wieder in Übereinstimmung zu bringen.
Beide Konzeptionen der Aggressivität legen pessimistische Schlußfolgerungen nahe; die Wege zur individuellen und sozialen Emanzipation, die Befreiung der Menschen von der Gewalt des Krieges scheinen durch eine im Individuum verankerte Aggressionsneigung verbaut, deren sozialschädlichen Auswirkungen nur durch Einsatz staatlich organisierter Gewalt begegnet werden kann.
Kritik an den Thesen einer naturhaft individuell verankerten Aggressivität als der Ursache des Krieges kommt aus unterschiedlichen Richtungen. In der Diskussion unter Psychologen ist umstritten, ob überhaupt von Trieben oder Instinkten beim Menschen gesprochen werden kann, die aggressive und damit kriegsverursachende Folgen haben, und ob es ausreicht, individuelle Aggressivität als Ursache des Krieges anzunehmen. Auch in der Verhaltensforschung wird die von Lorenz behauptete naturhafte aggressive Ausstattung des Menschen relativiert und differenziert. Abgesehen von der Kritik an der problematischen Methode, Erkenntnisse aus der Erforschung des Tierverhaltens auf menschliches Verhalten zu übertragen und zu verallgemeinern, wird bezweifelt, daß Aggression ein im Menschen selbst angelegter und genährter Trieb ist. Aggressives Verhalten kann zwar in angeborenen Verhaltensweisen wurzeln, das bedeutet aber nur, daß Anlagen vorhanden sind, die darauf zielen, das eigene Interesse zu verteidigen und durchzusetzen; das Erlernen einer jeweiligen Ausprägung aggressiven Verhaltens, die Erzeugung und Manifestation sowie eine negative oder positive Bewertung, sind gesellschaftlich geprägt (109a). Es ist darauf hingewiesen worden, daß kollektive Gewaltanwendung nicht bloß die Summe individueller Aggression sei (110), sondern einer staatlich gelenkten Organisation unterliege und eher als komplexe soziale Reaktion aufzufassen sei, die sich mit der Entwicklung kollektiver und staatlicher Lebensformen ergeben habe (111).
Daß Aggressivität vorhanden und meßbar ist, wird nicht bestritten. Sofern ihr eine Schlüsselrolle für die Erklärung des Krieges zukommt, werden gegen Freud und Lorenz eine Reihe nichtindividueller Produktionsstätten von Aggression genannt. Auffassun-

gen der *Lerntheoretiker* gehen dahin, die kriegsauslösende Aggression als durch das Gesellschaftssystem vermittelte, als erlernte zu begreifen. So kommt dessen innere Struktur und Wirkungsweise ins Blickfeld. Vermittlungsinstanzen sind die Sozialisationsagenturen Familie, außerfamiliäres Erziehungssystem und schließlich die Arbeitswelt. Sie reproduzieren durch ihre inneren Strukturen Aggressivität (112) und geben die gesellschaftlich vorherrschenden aggressiven Leitbilder im Prozeß der Sozialisation weiter (113). Eine noch weithin vorherrschende autoritäre Familienerziehung, welche das natürliche Lern- und Neugierverhalten der Kinder behindert oder unterdrückt, fördert Feindseligkeit und Vorurteile, die zu einer aggressiven Disposition führen, der Gewalt als angemessenes Mittel der Konfliktlösung erscheint. Beengte Wohnverhältnisse, der Arbeitsstreß der Väter, die Hilflosigkeit vieler Eltern ihren Kindern gegenüber, die sich oft in der Anwendung überholter Erziehungs- und Wertvorstellungen auf neuartige Probleme äußert, und die durch den Druck der Arbeitswelt und der Massenmedien untergrabene familiäre Kommunikation lassen vielfach die Flucht in autoritäres Sichdurchsetzen als einzig mögliche Bewältigung einer nicht durchschauten Situation erscheinen (114). Kinder, die in dieser Welt aufwachsen, lernen schnell, daß Aggressivität meist durch Erfolg belohnt wird, und imitieren die Verhaltensweisen ihrer erwachsenen Vorbilder, weil sie auch in ihrer sozialen und beruflichen Umwelt immer wieder die Erfahrung machen, daß Offenheit und Kooperationsbereitschaft als Naivität und Schwäche ausgelegt werden. Das öffentliche Erziehungssystem, die Schule, kann bislang nur in Ausnahmefällen als eine Sozialisationsinstanz eingeschätzt werden, die Selbständigkeit fördert und eine Haltung rationaler und gewaltfreier Konfliktlösung begünstigt. Empirische Untersuchungen des Lehrerverhaltens ergaben in 97 von hundert Fällen autokratische Erziehungsstile, darunter 17% besonders auffällig autokratische und nur 2% sozialintegrative und 1% passiv sozialintegrative Erziehungsstile (115). Das schulische System von Belohnung und Bestrafung, Leistungsdruck durch Notengebung und seit kurzem auch durch den numerus clausus und endlich die soziale Auslese lassen nur schwer das Erlernen demokratischen Zusammenlebens zu (116). Die Schule erzieht zu aggressivem und zu autoritärem Verhalten und reproduziert antidemokratische gesellschaftliche Werte und Normen.

Die in den Sozialisationsagenturen erworbenen und geförderten aggressiven Verhaltensweisen sind nicht in strengem Sinne unmittelbar kriegsverursachend, und ihre unterschiedlichen Entstehungsbedingungen und Äußerungsformen lassen sich nicht direkt zu kollektiven Aktionen bündeln. Latente Aggressionsbereitschaft wird erst in Verbindung mit kollektiven aggressiven Weltbildern und handfesten ökonomischen oder politischen Interessen zu zielgerichteter, in Kriegshandlungen verwendbarer Aggressivität.

Starke innere soziale Konflikte lassen sich unter diesen Bedingungen nach außen lenken (117). Nationale Macht- und Interessenpolitik, die oft nicht mehr als Interessenpolitik der herrschenden Klassen ist, wird unter dem Mantel des Nationalinteresses unversehens zu einer Sache, für die Krieg zu führen sich lohnt.

Den gegenwärtigen Industriegesellschaften wird ein im historischen Vergleich besonders hohes Maß an Aggressivität zugesprochen (118), die sich u. a. in einem wachsenden Prozeß der Militarisierung ausdrückt (119). Die gefährlichsten Waffensysteme werden als defensiv bezeichnet. Aggressionsfördernde Tendenzen werden in diesem Zusammenhang besonders der Arbeitswelt zugeschrieben. Gleichviel, ob es sich um ausdrückliche Kritik des kapitalistischen Wirtschaftsprozesses handelt (120) oder um eine generelle Beurteilung nichtdemokratischer Wirtschafts- und Sozialordnung in Industrieländern (121), erscheint die Arbeitswelt durch die Fremdbestimmung der Individuen infolge der zunehmenden Arbeitsteilung und Zerstückelung des Produktionsprozesses, der

Monotonie der Fabrikarbeit, der physischen und psychischen Belastung als ein Sozialisationsbereich, in dem Unlust, Unzufriedenheit und die Bereitschaft zu affektiven aggressiven Entladungen gefördert werden (122). Eine menschengerechte und adäquate Anpassung des industriellen Produktionssystems an die modernen Gesellschaften ist noch nicht gelungen (123), die Undurchschaubarkeit komplexer Gesellschaften, die verwaltete Welt, in der sich das Individuum nur noch Vollstreckern der Großorganisationen und staatlichen Institutionen gegenübersieht, schafft Angst und Ohnmachtsgefühle, die in Vorurteilen und Aggressivität kanalisiert werden können (124).
Nationale Weltbilder bilden mit den jeweils herrschaftslegitimierenden Ideologien das sozialpsychologische Bindemittel für den Zusammenhalt von in sich inhomogenen Völkern. Aus subjektiver und kollektiver Überzeugung werden der anderen Nation stets die schlechtesten Motive unterstellt, alle Handlungen des Gegners werden mit diesem Schema interpretiert. Es tritt wegen der für richtig gehaltenen Überzeugung eine starke Verengung der Wahrnehmungsfähigkeit ein, positive Signale des Gegners werden leicht übersehen oder als Hinterhalt interpretiert. Weil der Gegner in gleichen Strukturen denkt, wird die Feindseligkeit eskaliert (125). Ideologien sind meist absolut in ihren Zielsetzungen, geraten daher notwendig in Konflikt mit anderen absoluten Ideologien und lassen ausbrechende Gewalttätigkeiten zu Vernichtungsfeldzügen ausarten (126).

3.3.2 Ebene der Nationalstaaten

Auf der *Ebene der Nationalstaaten* werden die Ursachen des Krieges in der nationalen Macht- und Interessenpolitik gesehen, die ihr Ziel nur durch Beschneidung der Macht anderer Staaten zu erreichen strebt, begleitet von Ideologien und verbalen Angriffen. Diese Kriegsursache ist historisch sehr lange zurückverfolgbar und findet mit jedem neuen Friedensschluß wieder Nahrung, weil eine Partei unzufrieden bleibt und auf Abhilfe drängt. Macht und Interessenpolitik ist weithin auch Politik der herrschenden Klassen, die mit den Mitteln nationaler Machtideologien sich als Gemeinschaftsinteresse verkleiden und so die latente, diffuse allgemeine Aggressivität gezielt für sich ausbeuten (127). In diese Kategorie gehören neben den Kabinettskriegen des 17. und 18. Jahrhunderts, die noch ohne kollektive Emotion, eher rechnerisch kühl geführt wurden, z. B. die Napoleonischen Kriege, der I. und II. Weltkrieg, und teilweise auch der Korea-Krieg und der Vietnam-Krieg, bei denen das Moment des Kampfes antagonistischer Weltanschauungen hinzukam. Viele zwischenstaatliche Konflikte in der Dritten Welt werden heute der imperialistischen Außenwirtschaftspolitik der Industriestaaten zugerechnet. Die ökonomische Expansion in die unterentwickelten Regionen beruht nach diesem Erklärungsmodell auf der Notwendigkeit, die national nicht anlegbaren Gewinne in Zonen zu investieren, die hohe Renditen erwarten lassen (128).

3.3.3 Struktur des internationalen Systems

Als spezifisch aggressionsfördernd und kriegsverursachend gilt neben den erwähnten Faktoren die *Struktur des internationalen Systems*. Es ist durch eine extreme Inhomogenität z. B. der Kulturen, Traditionen, Wertvorstellungen, politischen Ordnungsprinzipien, Entwicklungsstand und Machtentfaltung gekennzeichnet. Seine Einheiten, die Staaten, sind nicht analog innerstaatlichen Rechtsordnungen einem Gewaltmonopol unterworfen, das sie zu friedlichem Umgang untereinander zwingt. Die Souveränität des Nationalstaates beinhaltet gerade das Recht, Krieg zu führen. Wenn man unter diesem Aspekt die internationale Ordnung beurteilt, liegt die Schlußfolgerung der Staatenanarchie nahe (129). Wenn das Recht als Garant des Friedens gilt, ist die Rechtsfreiheit in den zwischenstaatlichen Beziehungen, zumindest was die Entscheidung über den Krieg angeht, als eigentliche Kriegsursache anzusehen: „Das System der

souveränen nationalen Einheiten führt notwendigerweise zu Eifersucht, Mißtrauen, Angst, Feindschaft und Haß. Der Preis für nationale Souveränität ist von Zeit zu Zeit ein Krieg" (130). Die Kriegsgefahr ist umso wahrscheinlicher, wenn es sich um rangungleiche (131) oder nichtähnliche Nationen handelt (132). Weltfrieden kann nach diesem Verständnis der Kriegsursachen durch eine Weltfriedensordnung hergestellt werden, die nationale Souveränität zu brechen in der Lage sein müßte (133). Sie könnte aufbauen auf den bereits völkerrechtlich vorhandenen Fundamenten, wie sie in der Satzung der Vereinten Nationen sind, und sich im politischen Bereich auf die Tendenz wachsender industriell-technischer Zusammenarbeit und das gemeinsame Überlebensinteresse aller Nationen stützen (134).
Die wenigen, beispielhaft vorgetragenen Erklärungen der Ursachen des Krieges lassen erkennen, daß es *die* Kriegsursache nicht gibt, sondern wir uns einer Fülle von Ursachen gegenübersehen, die von Fall zu Fall in jeweils unterschiedlicher Intensität anders zusammengesetzt sein können. Krieg kann daher nicht überzeitlich-allgemein erklärt werden. Spezifische Situation und historischer Kontext zusammen gestatten eine Analyse der Hauptursachen im untersuchten Fall, kaum aber eine generelle Theorie (135). Darum läßt sich auch eine Friedenstheorie, in der zuverlässig positiv alle Faktoren auftreten, die an die Stelle der kriegsverursachenden treten, nicht als eine für alle Situationen gültige Theorie entwerfen.

3.4 Friedensdefinitionen bei Galtung, Czempiel, Dencik und Frei

Friede gehört zu jenen Begriffen, die seit alters her meist durch ihr Gegenteil bestimmt, also negativ definiert werden. So hat schon Hugo Grotius in seinem Völkerrechtswerk „De iure belli ac pacis" 1625 den Frieden als Abwesenheit von Krieg definiert (136). Wie in der wirklichen Geschichte, spiegelt die Unsicherheit einer positiven Friedensbestimmung in der Begriffsgeschichte die Dominanz des Krieges als Form gesellschaftlicher Auseinandersetzung. Wenn wir der Argumentation ex negativo folgen, müssen wir, um die Natur des Friedens zu begreifen, nach der Natur des Krieges fragen. Wir stellen dann fest, daß Krieg organisierte Gewaltanwendung zur Lösung zwischenstaatlicher Konflikte ist, und Frieden also die Abwesenheit organisierter Gewalt heißt (137). Damit hat sich das Problem der Friedensdefinition auf das Problem einer Analyse der organisierten Gewalt verschoben, das in der neueren Diskussion der Friedensforschung zum Schlüssel für die inhaltliche Bestimmung des Friedensbegriffs geworden ist. Einen entscheidenden Anstoß für die Debatte gab Johan Galtung mit seiner 1969 erschienenen Arbeit über „Gewalt, Frieden und Friedensforschung" (138), die 1971 Eingang in die deutsche Diskussion fand und besonders von der kritischen Friedensforschung aufgenommen worden ist.
Das Spezifische an *Galtungs Gewaltbegriff* ist seine Unterscheidung von personaler und struktureller Gewalt: „ Den Typ von Gewalt, bei dem es einen Akteur gibt, bezeichnen wir als *personale* oder *direkte* Gewalt. In beiden können Individuen im doppelten Sinn der Wörter getötet oder verstümmelt, geschlagen oder verletzt und durch den strategischen Einsatz von Zuckerbrot und Peitsche manipuliert werden. Aber während diese Konsequenzen im ersten Fall auf konkrete Personen als Akteure zurückzuführen sind, ist das im zweiten Fall unmöglich geworden: hier tritt niemand in Erscheinung, der einem anderen direkt Schaden zufügen könnte; die Gewalt ist in das System eingebaut und äußert sich in ungleichen Machtverhältnissen und folglich in ungleichen Lebenschancen." An einem Beispiel wird der Unterschied verdeutlicht: „Die *Ressourcen* sind ungleich verteilt; beispielhaft stehen die Ungleichheit der Einkommensverteilung und Bildungschancen sowie der Analphabetismus, ferner die Tat-

sache, daß Gesundheitsdienste nur in einigen Bezirken und nur für eine bestimmte Gruppe vorhanden sind und anderes mehr. Vor allen Dingen ist die *Entscheidungsgewalt bezüglich der Ressourcen* ungleich verteilt. Die Situation wird noch weiter verschlechtert, wenn die Personen mit geringem Einkommen zugleich eine mangelhafte Bildung, schlechte Gesundheit und wenig Macht haben — wie das oft der Fall ist, denn diese Rangdimensionen bedingen sich wechselseitig aufgrund der Art, wie sie in der Gesellschaftsstruktur miteinander verklammert sind." „Entscheidend ist dabei folgendes: Wenn Menschen in einer Zeit verhungern, in der dies objektiv vermeidbar ist, dann wird Gewalt ausgeübt, gleichgültig, ob eine klare Subjekt-Objekt-Beziehung vorliegt (wie z. B. früher bei einer Belagerung), oder auch dann, wenn keine solche eindeutige Beziehung existiert (wie beispielsweise bei der Art der Organisation der Weltwirtschaftsbeziehungen heute" (139).

Die Folgerung aus diesen Überlegungen zum Begriff der Gewalt im Hinblick auf die betroffenen Individuen lautet bei Galtung: *„Gewalt liegt dann vor, wenn Menschen so beeinflußt werden, daß ihre aktuelle somatische und geistige Verwirklichung geringer ist als ihre potentielle Verwirklichung"* (140).

In diesem Gewaltbegriff sind zwei Momente zusammengefaßt: Zum einen gestattet er die Einbeziehung auch solcher politischer Unterdrückungszustände in die Kriegsbestimmung, die nicht von offenen, durch Waffen ausgetragenen zwischenstaatlichen Konflikten gekennzeichnet sind; zum anderen ist mit der Unterscheidung von personaler und struktureller Gewalt auch eine Erweiterung des Friedensbegriffs verbunden. Negativer Frieden kann nun bestimmt werden als Abwesenheit von personaler Gewalt, also des heißen zwischenstaatlichen Krieges; positiver Frieden ist die Abwesenheit von struktureller Gewalt, nach Galtungs Verständnis soziale Gerechtigkeit (141). Die Schwierigkeiten seiner Definition hat Galtung selbst gesehen (142). Es kann als sicher gelten, daß z.B. soziale Gerechtigkeit je nach Interessenlage, sozialer Schicht, gesellschaftlicher Rangposition und Kulturkreis unterschiedliche Assoziationen auslöst und je nach konservativer oder fortschrittlich motivierter Auslegung widersprüchliche Inhalte umfaßt (143).

Die Probleme eines sozialstrukturellen Friedensbegriffs haben die Suche nach weniger angreifbaren Definitionen angeregt. Eine der Hauptschwierigkeiten schien die Gefahr einer ideologischen Konzeption des Friedens zu sein. Da sich ein Frieden, der soziale Gerechtigkeit sein soll, vor allem an die bisher Unterprivilegierten, die underdogs, gegen die Privilegierten, die topdogs, richtet, ist ein Krieg der unteren Klassen gegen die Eliten, auch im internationalen Bereich nicht aus einem solchen Friedensbegriff auszuschließen. Der positive Friede würde so über den Weg des „gerechten Krieges" realisierbar werden, was sowohl der inneren Logik des Friedens, als auch den tatsächlichen Machtverhältnissen in der Welt nicht entspräche (144).

Ohne gleich den Sprung in eine sozial gerechte Welt zu machen, die als langfristige Zielvorstellung akzeptiert wird, hält *Ernst-Otto Czempiel* zunächst einen Zustand des Friedens für möglich, der nicht nur Absenz des Krieges, sondern kriegsfreier Zustand ohne hohe Spannung bei verschiedenen Formen der Kooperation und Koexistenz sein soll (145). Die Entwicklung dieser provisorischen Friedensordnung zu einer dauerhaften hängt von den internen Strukturen der beteiligten Systemglieder des internationalen Systems ab, weil sie deren Außenverhalten und damit den internationalen Frieden bestimmen (146). Die interne Struktur wird von einer „Wertordnung des Friedens", einer Axiomatik, begründet. Ihre Leitsätze sind: 1. Erhaltung der Existenz des Menschen und 2. Entfaltung dieser Existenz (147). Frieden und Friedenssicherung sind so eine staatliche Aufgabe im innerstaatlichen Bereich bei gleichzeitiger Kriegsverhütung im internationalen Bereich. Der Friedensbegriff erstreckt

sich in seinem Geltungsbereich auf *alle* Individuen, in seiner Universalität schließt er topdogs und underdogs, Innerstaatliches und Zwischenstaatliches mit ein. Daraus folgt, daß die Entwicklung einer Friedensordnung nur bei absoluter Enthaltung von Gewalt, also auch unter Ausschluß „gerechter Kriege", möglich ist. Die Entfaltung subjektiver Existenz bedeutet die Verminderung struktureller Gewalt und die Erhöhung sozialer Gerechtigkeit (148). Frieden heißt gesellschaftlicher Fortschritt zu einem demokratisch-republikanisch-pluralistischen System. Alle Herrschafts- und Verwaltungsprozesse müssen demokratisch strukturiert sein; die Selbstbestimmung und Freiheit des einzelnen muß sich in der Teilhabe an allen wichtigen sozialen Prozessen, der Gleichheit der Verteilung wirtschaftlicher Güter und in der Veränderung der durch Sozialisation weitergegebenen gesellschaftlichen Normen ausdrücken (149). So verstanden ist der Friede ein Fortschrittsbegriff, das Bild des positiven Friedens ist individuelle Emanzipation aller Menschen.
Freilich kommt Czempiel so wenig wie Galtung um eine maximalistische Konsequenz aus seinem Friedensbegriff herum. Weil seine Forderungen in keinem Gesellschaftssystem verwirklicht sind, ist Frieden mit dem Systemwandel *aller* Systemeinheiten verbunden (150), was unter dem Aspekt der Gewaltfreiheit (151) nur über langfristige kollektive Lernprozesse möglich ist, unter denen die Friedenserziehung einen hohen Stellenwert innehat; auf diese Weise wird die politische Perspektive der Friedenspädagogik deutlich. Czempiel versteht seine Konzeption selbst als Vermittlung zwischen einem status-quo-Frieden, der nur Abwesenheit von Krieg ist und einem revolutionären Aktivismus, der die aktuelle Situation vernachlässigt und nur Fernziele im Auge hat (152).
Eine *revolutionäre Konzeption des Friedens* vertreten *Lars Dencik* und *Herman Schmid* (153). Beide kritisieren, daß die herkömmliche Friedensforschung, die auf der Abwesenheit von Krieg aufbaut und Methoden der Krisenbewältigung zur Stabilisierung des status quo entwickelt, die Konflikte im internationalen System nur zu Ungunsten der Schwachen regeln, nicht aber lösen kann (154). Ihr Friedensbegriff ist auf die Staatenwelt bezogen, seine Inhalte sind weitgehend Galtungs Begriff des positiven Friedens entnommen. In der Forderung nach der Notwendigkeit einer Friedenstheorie als Polarisierungstheorie und Revolutionstheorie (155) wird das überwiegende Problem-Interesse an der weltpolitischen Situation der Dritten und Vierten Welt deutlich. Eine solche Position nimmt den blutigen Konflikt wieder in Kauf, Schmid konzediert gar die Möglichkeit eines totalen Zusammenbruchs des internationalen Systems (156). Es entsteht so die Gefahr, daß nur — wie bei historischen Revolutionen — Herrscher und Beherrschte ausgetauscht und neue Unterdrückungsverhältnisse die alten ersetzen. Das hieße aber, daß das Ziel der Revolution — Abschaffung struktureller Gewalt — nicht erreicht würde.
Eine differenziertere Einteilung des Friedensbegriffs erreichte *Daniel Frei* (157), indem er die Dimensionen „direkte — strukturelle Gewalt" und „negativer — positiver Frieden" untereinander in Beziehung setzt. Für ihn definiert sich negativer Frieden einmal als Negierung von Gewaltanwendung (personale Gewalt) und zum anderen als Negierung struktureller Ungerechtigkeit (strukturelle Gewalt). Entsprechend empfiehlt er, zur Verwirklichung des positiven Friedens einerseits Regeln des gewaltlosen Konfliktaustrags und andererseits Regeln zur Durchführung strukturellen Systemwandels zu entwickeln. Dieser indirekte Weg ergibt sich schon aus der Tatsache, daß eine präzise inhaltliche Definition von Gerechtigkeit ebenso wenig vorliegt wie eine klare Identifizierung von „Ungerechtigkeit". Frei sieht also im Gegensatz zu Galtung positiven Frieden als einen konstruktiven Prozeß, der mehr bedeutet als die bloße Ablehnung oder Abwesenheit einer der Formen von Gewalt.

Er geht von der inhaltlichen Bestimmung des Begriffs weg zur Entwicklung von Regeln, die das Verfahren für Strukturwandel zu bestimmen versuchen und fordert die Forschung auf, die Bedingungen für Anwendung, Verbreitung und Wirksamkeit dieser Regeln zu suchen.

4. Strategien der Friedenssicherung

Strategien zur Friedenssicherung lassen sich aus unterschiedlichsten Motivationen erklären und herleiten. Bestimmende Momente sind u. a. die Analyse und Erklärungsmuster der Ursachen von Friedlosigkeit, die Definition der Inhalte des Friedens und das Aufzeigen von Friedenszielen und Friedensmodellen: all diese Momente beruhen wiederum auf den verschiedenen Ansätzen von Gesellschaftstheorie sowie auf konservativ bis revolutionär orientierten Weltanschauungen. Das Spektrum der Strategieentwürfe reicht von militärischen Strategien bis hin zu Revolutionstheorien, von der Erhaltung der bestehenden Verhältnisse bis hin zu deren völliger Veränderung. Es sollen im folgenden einige der wichtigsten vorliegenden Strategien in ihren wesentlichen Punkten und Mängeln vorgestellt werden.

4.1 Friede durch Abschreckung

Repräsentativ für die Methode, Friede durch militärische Machtbalance zu sichern, ist die Abschreckung des möglichen Gegners durch den Aufbau und die Drohung des Einsatzes eines großen Militärapparates. Die Abschreckungstheorie ist der einzige der vorliegenden Strategieentwürfe, der seit dem Ende des 2. Weltkrieges in mehr oder minder modifizierter Form (158) die Weltpolitik maßgeblich geprägt hat. Sie ist der Versuch, auch unter den Bedingungen der Entwicklung von Kernwaffen und gerade durch die Entwicklung von Overkill-Kapazitäten, militärische Gewalt als traditionelles Machtmittel der internationalen Politik wirksam zu erhalten. Da die nukleare Bewaffnung der Supermächte die Austragung größerer Konflikte ohne gegenseitige Totalvernichtung nicht mehr erlaubt, wird der wirkliche große Krieg durch seine permanente Androhung ersetzt (159). Abschreckung heißt, dem Gegner deutlich zu machen, daß ein Angriff ihn stets mehr kosten werde, als er günstigstenfalls gewinnen kann (160). Eine Reihe strategischer Varianten sollte im Laufe der politischen Entwicklung nach 1945 garantieren, daß dieser Grundsatz aufrechterhalten werden konnte (161). Die Glaubwürdigkeit der Vergeltungsdrohung hing von der Fähigkeit einer auf allen Stufen möglichen militärischen Abschreckung des Gegners ab (162). Begünstigt von der absurden, durch wechselseitiges Mißtrauen genährten Vorstellung der Supermächte, der Gegner habe jeden noch so entfernten Konflikt verursacht (163), suchte man weniger die tatsächlichen Pläne und Handlungen des Gegners in das strategische Kalkül einzubeziehen, als die jeweils schlimmste denkbare Möglichkeit zu antizipieren (164). So entstand nach anfänglich realer Außenbedrohung der beiden Blocksysteme NATO und Warschauer Pakt ein Rüstungswettlauf, der zunehmend in den Sog eigengesetzlicher interner Faktoren geriet (165). Rüstungsforschung und Rüstungsproduktion antworten nicht mehr auf neue Waffentechnologien des Gegners, sondern sind durch ihre Struktur und Ausmaße an eine starre Schematik von Forschung, Entwicklung, Erprobung und Installierung von Waffensystemen gebunden. Entwicklungszeiten sind so ausgedehnt, daß eine rollende Innovation entstanden ist: die Forschung hat Neuerungen schon erzielt, noch ehe die zuvor entwickelten Waffensysteme installiert sind (166). Mögliche Waffengleichgewichte zwischen den

Supermächten können so nicht zur Verlangsamung des Rüstungswettlaufs genutzt werden; weil Forschungsdurchbrüche des Gegners nicht ausgeschlossen werden können, dreht sich die Rüstungsspirale in sich weiter. Sie erstreckt sich auf die Vermehrung und Verbesserung der Waffensysteme (167). Eine Eigengesetzlichkeit in der Rüstungsdynamik ist in beiden Blöcken festzustellen, d.h. sie ist bis zu einem gewissen Grad systemneutral (168).
Die Rüstungskosten wachsen in einem unvorstellbaren Ausmaß. Von 1900 - 1952 steigerte sich die Industrieproduktion der Welt um das 2- bis 4fache, die Rüstungsproduktion um das 10fache (169).
Von 1952 - 1973 wuchsen die Ausgaben für Aufbau, Erhaltung, Ausbau und Forschung auf dem Militärsektor in der Welt von 137 Milliarden Dollar auf ca. 207 Milliarden Dollar pro Jahr. Für 1976 schätzt SIPRI (Stockholm International Peace Research Institute) die gesamten Weltrüstungsausgaben auf 334 - 400 Milliarden Dollar. Den größten Teil tragen die Militärblöcke NATO und Warschauer Pakt, innerhalb des jeweiligen Blocks die Führungsmächte USA und UdSSR. Im genannten Zeitraum stiegen die Rüstungsausgaben für die NATO von ca. 91 Milliarden bis zu einem Stand von ca. 116 Milliarden Dollar 1968 und fielen bis 1973 auf 98 Milliarden Dollar zurück ; für den Warschauer Pakt lauten die Zahlen: 1952 ca. 39 Milliarden Dollar und für 1973 bei relativ kontinuierlicher Steigerung 72 Milliarden Dollar. NATO und Warschauer Pakt bestreiten zusammen ca. 85 % der Weltmilitärausgaben. Im Verhältnis zu den Militärausgaben der NATO und des Warschauer Paktes sind die absoluten Werte relativ niedrig, jedoch sind die Zuwachsraten für Militärausgaben in den Spannungsgebieten der Dritten Welt im Sog der Ost-West-Auseinandersetzung frappierend: Für den Zeitraum von 1952 - 1973 ergibt sich für den Mittleren Osten eine Steigerung von ca. 375 Millionen Dollar auf 8,370 Milliard. Dollar; für Südostasien mit China eine solche von 2.500 Milliard. Dollar auf 9.000 Milliard. Dollar; schließlich für Afrika eine Steigerung von 145 Millionen Dollar auf 2.250 Milliard. Dollar. Gerade die Militärausgaben der Dritten Welt steigen in einem Ausmaß, das zum erwirtschafteten Bruttosozialprodukt in keinem begründbaren und finanzierbaren Verhältnis mehr steht. Diese Entwicklung in der Dritten und Vierten Welt ist ein direktes Abfallprodukt des Rüstungswettlaufs zwischen der Ersten und Zweiten Welt; diese nämlich brauchen Absatzmärkte für ihre Gebrauchtwaffen, die bei jeder Umrüstung auf die jeweils neueste Waffengeneration ausgemustert werden. Auch die Militärausgaben der unterentwickelten Länder schlagen auf diese Weise in den Arsenalen des westlichen und östlichen Militärbündnisses zu Buch.
Die Gesamtausgaben für Rüstungszwecke in der Welt haben im genannten Zeitraum die phantastische Summe von Drei Billiarden, fünfhundertneunundfünfzig Milliarden und 191 Millionen Dollar erreicht (170).
Die seit einigen Jahren zwischen Ost und West eingeleitete Entspannungspolitik und die allmählich konkreter werdenden Abrüstungsbemühungen haben weder in Ost und West die Bedeutung der institutionalisierten Abschreckung gemindert. Die Entspannungspolitik blieb eine Politik ohne Rüstungsbegrenzung oder wirksame Abrüstung. Wie die Vereinbarung von Präsident Ford und Generalsekretär Breschnew 1974 in Wladiwostok zeigt, sind die festgelegten Zahlenwerte über Offensivwaffen so berechnet, daß noch Raum für weitere Expansion bleibt; überhaupt nicht berührt werden Innovationen, das heißt, außerhalb der beschlossenen Zahlenbegrenzungen finden weitere qualitative Rüstungsrunden statt (171).
Die Strategie der Abschreckung und der Rüstungswettlauf haben die Herausbildung eines Machtpotentials begünstigt, das unter dem Begriff *„militärisch-industrieller Komplex"* bekannt ist: ein Zusammenwirken von militärischen, administrativen,

politischen, wissenschaftlichen und industriellen Interessengruppen, dessen Eigendynamik und Machtentfaltung bisher demokratischer Kontrolle nicht hinreichend unterworfen werden konnte. Großforschungsinstitute und Rüstungsindustrie entwickeln in Zusammenarbeit mit politischer Administration und militärischer Führung die den Strategien entsprechenden Waffensysteme, aber ebenso bestimmen sie aufgrund der entwickelten Waffensysteme Strategie und Politik. In der privaten Rüstungsindustrie können überdurchschnittlich hohe und langfristig gesicherte Gewinne erzielt werden, weil der Staat Auftraggeber und Abnehmer zugleich ist, weil die notwendigen Forschungsarbeiten zur Entwicklung neuer Technologien und in der Grundlagenforschung aus Steuermitteln finanziert, in der Rüstungsindustrie also die privatwirtschaftlichen Risiken auf ein Minimum reduziert werden. Es muß daher im Interesse der Rüstungsindustrie und auch im Interesse der von diesen Arbeitsplätzen abhängigen Beschäftigten und ihrer Organisationen liegen, den Rüstungswettlauf fortzusetzen und jeden Versuch einer Politik der Entspannung zu unterlaufen. Neben dem Argument der Erhaltung der nationalen Sicherheit wird der immens hohe Anteil der Rüstungsausgaben an den Gesamtausgaben des Staates gerechtfertigt mit Technologieimpulsen, die die Großforschung in der Rüstungsindustrie bewirkt (172), und mit der Konjunktursteuerungsfunktion, die Rüstungsausgaben haben (173).

Alle diese Argumente stehen einer demokratischen und friedlichen Entwicklung entgegen. Wenn der technologische Fortschritt nur durch Rüstungsforschung garantiert werden könnte und die wirtschaftliche Produktion tatsächlich von der Rüstungsproduktion abhinge (174), wäre die absurde Situation geschaffen, daß gesellschaftliche Entwicklung nur mit dem Risiko der möglichen Vernichtung der Gesellschaft denkbar sein soll. Aus dieser Sicht hat der militärisch-industrielle Komplex friedens- und emanzipationshemmende Wirkung (175). Ein forcierter Rüstungswettlauf hat neben den genannten wirtschaftlichen auch innenpolitische und sozialpsychologische Wirkungen: „Die Bedürfnisse der Militärmaschine oder der militärisch-industrielle Komplex, der Waffen und Drohpotentiale für einzelne Abschreckungsaktionen bereitstellt, transformiert die Industriegesellschaft zur ‚Abschreckungsgesellschaft' " (176). Abschreckungspolitik und Rüstungswettlauf können nur demokratisch legitimiert werden, wenn der Bevölkerung eine dauernde Existenzbedrohung von außen suggeriert werden kann, wenn kollektiv organisierte Massenfurcht und kollektive Aggressivität durch die Vermittlung von Feindbildern und Bedrohungsvorstellungen geweckt werden (177). Die Militarisierung der Gesellschaften durch Abschreckungspolitik (178) schlägt in alle Gesellschaftsbereiche durch.

In den Planwirtschaften der sozialistischen Staaten sind analoge Vorgänge beobachtbar: gegenüber den Versorgungsinteressen der Bevölkerung wird die Schwerindustrie rücksichtslos bevorzugt und die Förderung der Rüstungsindustrie als Motor des industriellen Fortschritts angesehen und eingesetzt.

Die Abschreckungsgesellschaften in Ost und West sind von spezifischen Denk- und Erziehungsmustern geprägt, die wieder als Voraussetzung für weitere Aufrüstung dienen. Im staatsbürgerlichen Unterricht beider Blöcke setzte sich ein Freund-Feind-Denken durch, das sich in den jeweiligen Klischees von Antikommunismus und Antikapitalismus ausdrückte. Der ideologische Gegensatz der Gesellschaftssysteme förderte eine schulische Sozialisation, in deren Folge die Kinder die Welt in Gute und Böse einzuteilen lernen, in Gottlose und Ausbeuter. Die Abschreckungstrategie begünstigte eine idealisierende Darstellung der eigenen gesellschaftlichen Ordnung; Nichtkonformität und Kritik werden vielfach als Nestbeschmutzung interpretiert. Fragen nach der jeweils eigenen Interessenlage anderer Staaten und nach deren daraus sich ableitender Politik werden nicht gestellt. Der Begriff Friede wird nur bejaht, wenn zugleich als gesichert gilt, daß sich die eigene Gesellschaftsordnung weltweit durchsetzt: als Erziehungs- und Sozialisationsziel ist Friede unter dem Vorzeichen der Abschreckung Legitimation für Unduldsamkeit, Feindschaft und weitere Friedlosigkeit. Er begründet die Abneigung gegen die sogenannten „Friedensstörer" und unterstützt den Kampf gegen sie; statt friedensstiftend, wirkt er aggressionsfördernd.

4.2 Friede durch Abrüstung und Rüstungskontrolle

Die Abschreckungspolitik bucht zwar auf ihre Habenseite die unleugbare Tatsache eines bis heute nicht ausgebrochenen großen Nuklearkrieges; aber ihre Folgeerscheinungen: die Verwandlung von Zivilwirtschaften in Rüstungswirtschaften, umfassende Kriegsvorbereitungen und der dadurch ausgelöste Rüstungswettlauf, endlich die innenpolitischen und sozialpsychologischen Rückwirkungen dauernder Furcht- und Aggressionskampagnen gegen den angeblich zu allem entschlossenen Feind, scheinen auf Dauer als Preis für einen bewaffneten Drohfrieden zu hoch. Rüstungskontrolle und Abrüstungsvorschläge wurden entwickelt, um zunächst den Rüstungswettlauf zu bremsen und dann zu einer Abrüstung zu kommen. Das geschah nicht zuletzt deshalb, weil die Rüstungskosten auch die Volkswirtschaften der Supermächte unerträglich belasten.

Versuche, Rüstungskontrolle zu verwirklichen, verdeutlichten schon bald, daß die in den Jahren der Abschreckung entstandene sozialpsychologische Situation zwischen den Blöcken ein tiefreichendes gegenseitiges Mißtrauen geschaffen hatte, zumal die UdSSR bis 1957 noch ein amerikanisches Übergewicht in der nuklearen Rüstung befürchtete. In drei Anläufen, nach dem Krieg zur Rüstungskontrolle zu kommen, wurde kein Erfolg erzielt (179). Von 98 Vorschlägen für regionale Rüstungskontrollmaßnahmen in Mitteleuropa im Zeitraum 1955 - 1965 konnte *nicht einer* beiderseitige Billigung finden. Gegenseitiges Mißtrauen vermutete in jedem Vorschlag den Versuch, einseitige Vorteile zu erlangen (180). Auch Pläne zur Kontrolle der atomaren Energie und der Trägerwaffen blieben erfolglos. Abrüstungs- und Kontrollpläne beider Seiten waren jeweils so angelegt, daß die eigenen strategischen Stärken unberührt blieben (181). Alle Ansätze zu Rüstungskontroll- und Abrüstungsgesprächen in den 50er Jahren schlugen fehl.

Seit Beginn der 60er Jahre bahnte sich allmählich ein Klimawechsel an. Insbesondere die unkalkulierbaren Folgen von nuklearen Bomben-Tests mit immer größerer Sprengkraft und Strahlungsemission führten zu einer Reihe von bilateralen und multilateralen Abkommen (182). Vier Problemkreise der nuklearen Aufrüstung und Bewaffnung suchte man bisher zu lösen:

— die Bannung der Gefahr eines ungewollten nuklearen Schlages aufgrund technischer Defekte oder menschlichen Versagens (Heißer Draht Washington — Moskau 1963, ergänzt 1971), Risikobannung des Nuklearkrieges zwischen USA und UdSSR 1971, Abkommen zur Verhinderung von Zusammenstößen auf und über den Meeren 1972;

— Testverbot für nukleare Waffen (183) in Atmosphäre, Weltraum und unter Wasser 1963;

— Freihaltung von Erdzonen, Weltraum und Meeren (militärische Freihaltung der Arktis 1959, Grundsätze für die Erforschung des Weltraumes 1967; Verbot, nukleare Waffen auf dem Meeresboden zu installieren 1971; nukleares Waffenverbot für Lateinamerika 1967);

— Nichtweitergabe nuklearer Waffen an nuklear nichtbewaffnete Staaten (Nichtweitergabevertrag 1971).

Ein Rüstungsbegrenzungsabkommen zwischen den Supermächten, bezogen auf die strategischen Waffen, ist 1972 mit dem ersten SALT-Abkommen (Strategic Arms Limitation Talks) zustande gekommen und soll durch weitere Abkommen ergänzt werden. Versuche, die Verbreitung nuklearen Materials und nuklearer Ausrüstung zu verlangsamen und ihre Verbreitung einzuschränken sind ebenso wie konkrete Verringerungen des Waffenpotentials bislang gescheitert. Das Stadium der Diskussion, das 1962 mit der Gründung der Abrüstungskonferenz in Genf durch die Vereinten Nationen begonnen hat (184) und sich in Wien mit der Konferenz für Sicherheit und Zusammenarbeit in Europa (KSZE) und den Verhandlungen über eine gleichgewichtige, gleichzeitige multilaterale Abrüstung (MBFR – mutual balanced forces reduction) fortsetzt, ist noch über Resolutionen und Vorschläge nicht hinaus (185).

Die unterschiedlichsten theoretischen Modelle für die Abrüstung sind alle vor die Aufgabe gestellt, das Problem der Sicherheit, das Fundament jeder Abrüstung, zu lösen. Das bezieht sich ebenso auf die Beseitigung des Mißtrauens unter den Partnern, wie auf die Kontrolle von Abrüstungsmaßnahmen.

Die *multilaterale Abrüstung* beruht auf dem Gedanken der Abrüstung – also der quantitativen und qualitativen Verminderung der Streitkräfte und Waffenarsenale – innerhalb einer Region, im günstigsten Falle im Weltmaßstab. Um dabei dem Sicherheitsbedürfnis aller Partner Rechnung zu tragen, soll die Abrüstung gleichmäßig, ausgewogen und gleichzeitig sein. Um dies zu garantieren, soll sie unter gegenseitiger oder gemeinsamer Kontrolle aller beteiligten Staaten durchgeführt werden. Die Schwierigkeiten liegen, wie schon bei der Rüstungskontrolle, im Prinzip der Kontrolle selbst und in den Methoden ihrer Durchführung. Souveränitätsdenken und mehr noch die Furcht, ausspioniert zu werden, lassen direkte Kontrolle – etwa durch Austausch von Militärbeobachtern mit Inspektionsbefugnissen – bisher als unzumutbar erscheinen. Darüber hinaus gibt es keine Übereinstimmung in den Begriffen „gleichmäßig" und „ausgewogen". Sie werden je nach Interessenlage unterschiedlich gewertet. Es war bislang nicht möglich, gemeinsame Maßstäbe zur Bewertung der unterschiedlichen Waffensysteme und ihrer strategischen Einsatzmöglichkeiten zu formulieren (186). Aus solchen Gründen treten die Verhandlungen auf der Stelle und weichen auf Nebenthemen aus, um nicht völlig erfolglos dazustehen und um zur Entstehung eines Vertrauensklimas beizutragen. Erfolge waren bisher nie möglich auf Gebieten, auf denen die waffentechnische Entwicklung schon inganggekommen war, sofern nicht ein indirektes Kontrollverfahren mittels technischer Meßinstallationen gefunden werden konnte.

Mit dem *gradualistischen Konzept* der multilateralen Abrüstung, das sich auf die zwei Supermächte und ihre Paktsysteme bezieht, soll vorrangig das Problem der Furcht vor dem Verlust der Sicherheit bei den Partnern durch Abrüstungsschritte gelöst werden. Es ist, bis zur Herstellung gefestigten gegenseitigen Vertrauens, wesentlich ein psychologisches und technologisches, weniger ein militärisches Konzept. Der Grundgedanke des Gradualismus besteht in der Forderung, zur Herstellung des Vertrauens zwischen den Partnern solle eine Seite einseitig einen für die Weltöffentlichkeit deutlich sichtbaren Entspannungsschritt tun. Dieser muß so beschaffen sein, daß er zwar eine Vorleistung und ein Zeichen guten Willens darstellt, aber bei harter Reaktion des Partners die eigene Verteidigungsfähigkeit nicht gefährdet und zurückgenommen werden kann. Beantwortet der Partner den Schritt ebenfalls mit einer Entspannungsmaßnahme, kann der Prozeß solange fortgesetzt werden, bis gegenseitiges Vertrauen gleichzeitige rasche Abrüstungsschritte erlaubt. Charles E. Osgood hat die Bedingungen dieses Konzepts, das aus sozial- bzw. konfliktpsychologischen Experimenten abgeleitet wurde, in vier Schritten umrissen:

1. Gegnerische Versuche, den status quo mit Gewalt zu ändern, werden entschlossen verhindert.
2. Verändert der Gegner den status quo mit spannungsmindernden Mitteln, ergreift die eigene Seite ähnliche Maßnahmen.
3. Sucht der Gegner Vorteile aus der eigenen Entspannungspolitik zu ziehen, wird mit Vergeltungsmaßnahmen sofort zu harter Politik zurückgekehrt.
4. Beantwortet der Gegner eigene spannungsmindernde Maßnahmen mit ähnlichen Schritten, fährt die eigene Seite ebenso fort (187).

Dieses Konzept basiert also auf der Hoffnung, daß es eine Eskalation der Entspannung geben kann, die — ebenso wie Spannung und Konflikt — durch Maßnahmen einer Seite ingangesetzt wird, weil die andere Seite zu analogen Maßnahmen veranlaßt werde. Offensichtlich muß dabei ein dritter Faktor im Spiel sein, der zu derart analogem Verhalten veranlaßt: die urteilende „Weltöffentlichkeit", die gegen den Aggressor Partei ergreift.

Kritische Einwände gegen Abrüstungskonzeptionen werden mit unterschiedlichen Argumenten vertreten. Bei der Prüfung der Implikationen, die institutionell als Folge der Abrüstung auftreten, scheint es einigen Kritikern zweifelhaft, ob ein internationales Inspektionssystem zur Kontrolle der Einzelschritte realisierbar wäre. Vollzogene Abrüstung erfordere zu ihrer Aufrechterhaltung eine Weltregierung, da eine nach nationalstaatlichen Prinzipien organisierte Welt die Hauptursache der Aufrüstung darstelle (188). Andere argumentieren, der internationale Konfliktstoff sei mit der Abrüstung nicht aus der Welt geräumt (189), weil diese vorwiegend die technischen, nicht die politischen Probleme berühre (190). Rüstung selbst bestehe nicht nur aus Waffensystemen, sondern sei Produkt einer Reihe innerstaatlicher und internationaler Faktoren, als deren Folge die Abschreckungsgesellschaft entstanden sei. Einzelmaßnahmen könnten darum keine Tendenz umkehren (191). Notwendig sei mit dem Abbau der Rüstung auch die Bewältigung zwischenstaatlicher und innergesellschaftlicher Interessengegensätze und der Abbau der Herrschaftsordnungen, die den militärischen Apparat zur Aufrechterhaltung des status quo nötig haben (192). Wesentlicher Teil einer so umfassend verstanden Strategie sei gerade die moralische Abrüstung jener Vorurteilsstrukturen und Freund-Feind-Denkmuster, Stereotypen und Vorstellungen, die Völker voneinander haben: „die moralische und psychologische Abrüstung ist der wahrscheinlich wichtigste und zugleich schwierigste Teil aller multilateralen Abrüstungsvorschläge" (193).

Allen Konzepten zur Abrüstung und Rüstungskontrolle liegt die Beibehaltung des klassischen Begriffs der äußeren Sicherheit zugrunde, der seinerseits auf dem Souveränitätsbegriff aufruht. Der letztere versteht den Staat als recht-schaffendes, daher — außer in freien, kündbaren Verträgen — keinem übergeordneten Recht unterworfenes, also im strengen Sinn rechtloses Subjekt. Dies schließt das ius ad bellum ausdrücklich ein und Vertragsbrüche praktisch nicht aus. Unter diesen Voraussetzungen kann äußere Sicherheit nur auf zweierlei Weisen hergestellt werden: durch Militärverträge (z.B. Beistandspakte) mit eingebauten Garantien gegen Vertragsbrüche und durch mindestens gleichgewichtig einander gegenüberstehende Militärpotentiale. Logischerweise folgt aus dieser Erkenntnis eine umfassende Kritik an den staatstragenden Grundbegriffen der europäischen Neuzeit und die Forderungen nach ihrer grundlegenden und umfassenden Überwindung.

4.3 Friede durch soziale Verteidigung oder gewaltlosen Widerstand

Unter den wissenschaftlich diskutierten Abrüstungskonzeptionen nimmt die soziale Verteidigung eine besondere Stellung ein (194). Während andere Abrüstungs- und Rüstunskontrollvorschläge aus der allseitigen Existenz von Waffenpotentialen den Schluß ziehen, daß gleichgewichtige, kontrollierte oder stufenweise – teils einseitige, teils wechselseitige – Abrüstung ein realisierbarer Weg der Friedenssicherung sei, bleiben sie damit dem militärischen Sicherheitsdenken verhaftet (195); dagegen lehnt das Konzept der sozialen Verteidigung ausdrücklich und umfassend jede Anwendung militärischer Mittel ab. Soziale Verteidigung bedeutet: Einrichtungen und Strukturen einer Gesellschaft in materieller, politischer und geistiger Hinsicht werden gegen Angriff und drohende Fremdherrschaft mit Mitteln nichtmilitärischen, zivilen Widerstandes (wie Gehorsams- und Kooperationsverweigerung gegenüber dem Aggressor, organisierter Selbsthilfe, demonstrativem, gewaltlosem Protest, Demoralisierung des Feindes etc.) verteidigt. Soziale Verteidigung verfolgt das Ziel, einen weltweiten sozialen und kulturellen Wandlungsprozeß einzuleiten, um auf diese Weise Gewaltfreiheit in den internationalen Beziehungen institutionalisieren und zugleich innenpolitisch gewaltfreie soziale und politische Verhältnisse entwickeln zu können.

Die pessimistische Einschätzung internationaler Abrüstungsbemühungen hat den Versuch begünstigt, im Rückgriff auf historische Versuche und Erfolge gewaltlosen Widerstandes eine Theorie sozialer Verteidigung zu erarbeiten (vergl. besonders die Arbeiten von Prof. Th. Ebert, Berlin). Modelle und Vorstellungen wurden an Vorbildern unterschiedlichster Art entwickelt. Zu ihnen zählen die sozialen Bewegungen, die Mahatma Gandhi in Indien und Martin Luther King in den USA anführten; gewaltfreie Widerstandsaktionen der Zivilbevölkerung im Ruhrkampf 1923 gegen die französisch-belgische Besetzung; der Widerstand während des Kapp-Putsches 1920, gegen die Besetzung Norwegens im 2. Weltkrieg und gegen die Okkupation der CSSR durch Truppen des Warschauer Paktes 1968. Diese wenigen Beispiele zeigen, daß soziale Verteidigung in unterschiedlichen politischen Situationen eingesetzt werden kann: sei es die Abwehr militärischer Angriffe auf das eigene Territorium oder die Erkämpfung gleicher Rechte für Minderheiten oder Kolonialvölker. Die Vielfalt der Vorschläge läßt sich auf drei Grundmethoden der sozialen Verteidigung zurückführen (196), die alle von der Konfliktlage ausgehen, daß ein militärisch abgerüstetes und zu sozialer Verteidigung vorbereitetes Land von Truppen eines feindlichen Staates besetzt wird (196a) und die militärische Aggression nach erfolgter Besetzung zum Scheitern gebracht werden muß.

Die soziale Verteidigung mit *symbolischen Mitteln* ist eine Demonstration des Verteidigungswillens. Durch Sabotage, Streiks, Massendemonstrationen, Demoralisierung und Auszehrung der Besatzungstruppen sollen dem Gegner totaler Widerstand angekündigt und Selbstbewußtsein, Verteidigungswille und Solidarität der Verteidiger gestärkt werden und die Entschlossenheit und Kraft der Widerstandsbewegung sich zunehmend festigen. Wenn Streiks und Massendemonstrationen nicht vom Großteil der Bevölkerung des besetzten Landes aktiv oder zumindest passiv unterstützt werden, kann die Besatzungsmacht versuchen, mit Hilfe von Kollaborateuren den Kern des gewaltlosen Widerstands aufzudecken, ihn abschreckenden Repressalien zu unterwerfen, die Bevölkerung einzuschüchtern und den Widerstand zu brechen. Art und Ausmaß des Widerstands sowie sein taktisches Repertoire sind Bedingungen seines möglichen Erfolgs. Nur insoweit die Bevölkerung den Führungsgruppen des Widerstandes den nötigen physischen und psychischen Schutz gewährt, besteht Aussicht auf Erfolg.

Führung, Struktur und Aktionen des sozialen Widerstands dürfen nur in Ausnahmefällen brutalen, abschreckenden Zugriffen der Besatzungsmacht ausgesetzt sein. Der dauerhafte Erfolg gewaltlosen Widerstands hängt nicht zuletzt davon ab, inwieweit es den Kräften der sozialen Verteidigung gelingt, durch Weckung eines moralisch gegründeten Verpflichtungsgefühls die Bevölkerung zu motivieren, an der gewaltfreien Verteidigung teilzunehmen und damit den Druck der Besatzungsmacht und die Angst vor ihr zu unterlaufen.

Die Taktik der *„entziehenden Tätigkeit"* setzt eine durch symbolische Mittel gefestigte breite Widerstandsfront in der Bevölkerung voraus. Ihre Aufgabe besteht darin, den Nutzen der militärischen Besetzung eines unbewaffneten Landes möglichst gering zu halten oder zunichte zu machen. Nach Zeitpunkt und Art der Anwendung lassen sich bei dieser Methode zwei Reaktionskomplexe unterscheiden:

— Blockade und Sabotage zur Verzögerung des feindlichen Einmarsches, z.B. durch Menschen- und Materialmauern an schwer passierbaren Stellen, Sprengung von Brücken und Verkehrsverbindungen, Beseitigung von Infrastruktur, Wirtschafts-, Wissenschafts- und Verwaltungseinrichtungen oder gar die Zerstörung von Betrieben, die für den Feind bedeutsam sind. Von einigen Autoren wird zu bedenken gegeben, ob nicht Maßnahmen, die Substanz und Infrastruktur des eigenen Landes treffen, also selbstschädigend wirken, gemessen am Verzögerungseffekt des feindlichen Einmarsches zu teuer sind. Sie favorisieren daher die zweite Reaktionsmöglichkeit:

— die Verweigerung der Zusammenarbeit mit dem Feind. Die vorgeschlagenen Möglichkeiten unterscheiden sich nach Art, Dauer, Umfang und Intensität und reichen von der totalen Nichtzusammenarbeit (die vermutlich weder im Ansatz noch langfristig realisierbar sein dürfte) über die Weiterarbeit ohne Kollaboration (197) zum Versuch, den öffentlichen Apparat und die Medien bei Nichtbeachtung der Anweisungen der Besatzungsmacht im Sinne der Gesetze und Gewohnheiten des besetzten Landes weiterzuführen. Erhaltung der Versammlungs- Meinungsfreiheit, — notfalls unter Einsatz des Lebens — Reduzierung des Konzepts totaler Nichtzusammenarbeit auf einigen entscheidenden Gebieten der gesellschaftlichen Infrastruktur, gezielte Mißinterpretation von Befehlen der Besatzer („Schweigk-Methode"), demonstrative Unfähigkeit mit gestellten Problemen fertig zu werden und absichtsvolle Verzögerung von Maßnahmen und Entscheidungen der Besatzungsmacht bis zur defensiven Sabotage an Eigentum, technischen Einrichtungen und Institutionen — all dies können Methoden und Taktiken des sozialen Widerstandes sein.

Sie haben den Sinn, neben der Stärkung innerer Widerstandskraft die Kosten für die Besatzung derart hochzutreiben, daß sie in keinem vertretbaren Verhältnis zum erzielten ökonomischen und politischen Nutzen stehen. In dieser Überlegung ergibt sich ein Berührungspunkt mit der Abschreckungsdoktrin, die gegnerische Angriffe teurer als den möglichen Nutzen machen will.

Die dritte Methode der *„untergrabenden Tätigkeit"* bildet die politisch und sozialpsychologisch notwendige Ergänzung zu den beiden ersten Methoden. Sie zielt auf Schwächung und Spaltung des Feindes, auf Untergrabung seiner politischen und ideologischen Fähigkeit, die Besetzung aufrechtzuerhalten. Als Taktik wird vorgeschlagen, Uneinigkeit und Demoralisierung unter den Besatzungstruppen zu erreichen durch aktive Fraternisierung der Bürger des besetzten Landes mit immer mehr Besatzungssoldaten, so daß diese an Recht und Moral ihrer politischen Führung zu zweifeln beginnen. Über geeignete Kanäle kann solches Bewußtsein auch in die Heimat des Feindes oder seiner Alliierten getragen werden.

Ein gutes Beispiel ist die überstürzte Ablösung von russischen Stabsoffizieren und anderem Besatzungspersonal während der CSSR-Besetzung 1968:
Gleichzeitig sollen solche Aktionen der Bevölkerung auch dem Ziel dienen, andere Staaten und die Weltmeinung für sich zu mobilisieren, z.B. durch die Information der Weltöffentlichkeit über Übergriffe einer bewaffneten Besatzungsmacht auf die wehrlose Bevölkerung, oder die Aktivierung befreundeter Staaten, zur Beendigung der Besetzung (198). Es handelt sich also um eine Taktik des Verteidigungskrieges mit umgekehrten Vorzeichen, die den Aggressoren ihre mühelose Eroberung nachträglich wieder abtreibt, indem sie ihnen die Früchte der Aggression vergällt, deren Genuß sabotiert und ihr vorgebliches Rechtsbewußtsein in den eigenen Reihen und vor der Weltöffentlichkeit unterminiert.
Befürworter der sozialen Verteidigung gehen in der Beurteilung der Wirksamkeit und Abschreckungsfunktion auf mögliche Angreifer darin überein, daß die Möglichkeit einer dauerhaften Institutionalisierung des gewaltfreien Widerstands einen breiten demokratischen Konsens innerhalb der Bevölkerung und eine aktive Reaktion der Weltöffentlichkeit voraussetzt. Da gewaltfreie Verteidigung im Unterschied zu hierarchisch-militärischer Führungspraxis ein erheblich höheres Maß an individueller Initiative, Risikobereitschaft, Flexibilität, Übersicht und Eigenverantwortung einschließt, scheint sie umso eher realisierbar zu sein, je umfassender nicht nur die politische Willensbildung, sondern auch andere gesellschaftliche Bereiche demokratisiert sind. Das bedeutet innenpolitisch den Abbau sozialer Privilegien und Machtansprüche, die Entwicklung eindeutig interpretierbarer gemeinsamer sozialer Wertvorstellungen und, im Rahmen einer durchgängigen demokratischen Willensbildung in allen gesellschaftlichen Bereichen, auch die Aufgabe hegemonialer außenpolitischer Ansprüche und den Verzicht auf eine imperialistische Wirtschaftspolitik. Auf diese Weise soll gewaltlose Verteidigung gerade in den hochentwickelten, politisch und wirtschaftlich mächtigen Ländern möglich werden.
Wie die historischen Beispiele zeigen, ist gewaltloser Widerstand in hochindustrialisierten Ländern auf Dauer nie erfolgreich gewesen, und der Angreifer konnte schließlich doch mehr Vor- als Nachteile aus der Besetzung ziehen. Der die ganze Bevölkerung verbindende Konsens zur Bewahrung der nationalen Identität scheint nicht zu reichen, um die für Kollaboration erhältliche Garantie persönlicher Sicherheit sowie deren politische und wirtschaftliche Vorteile aufzuwiegen. Infolge der Verbindung der sozialen Verteidigung mit einem vergleichsweise radikalen innenpolitischen Reformprogramm haben sich deren Vertreter den Vorwurf der „Systemveränderung" eingehandelt (199). Sehen wir von der polemischen Stoßrichtung dieses Angriffs ab — glauben sich doch z.B. die Militärs in ihrer beruflichen Wertschätzung und Existenz bedroht —, so bleiben eine Reihe kritischer Anmerkungen zu diesem Konzept bestehen, mit denen man sich auch zukünftig wird auseinandersetzen müssen.
Was die gesellschaftliche Ebene angeht, wird kritisiert, daß die für die soziale Verteidigung notwendige ideologische und moralische Aufrüstung eine homogene, konfliktfreie, wertübereinstimmende Gesellschaft voraussetze. Aus der Nichtexistenz dieser Bedingungen wird gefolgert, daß die soziale Verteidigung einen Menschentyp verlange, der zu übermenschlicher Opferbereitschaft neige. Gleichzeitig erfordere gewaltlose Verteidigung wegen der überaus differenzierten Maßnahmen zu einer erfolgreichen Durchführung von neuem einen hierarchischen Apparat, der doch gerade grundsätzlich abgebaut werden sollte (200).
Darüber hinaus werden grundsätzliche Zweifel an einer möglichen Abschreckungswirkung auf bewaffnete Gegner laut. Zieht man die Realisierungschancen der sozialen Verteidigung als Ablösung herkömmlicher militärischer Strategien in Betracht, scheint

unbestritten, daß sie allenfalls auf sehr lange Sicht Chancen haben könnte. Solange die weltweite Aufrüstung nahezu ungebrochen weitergeht, können Konzepte, die den Verzicht auf Waffen propagieren, allenfalls von moralischer, nicht aber politischer Bedeutung sein — sofern nicht eine politische Kehrtwendung eintritt. Folgerichtig haben sich die Verfechter dieses Konzepts dem Problem der Basisdemokratisierung zugewandt.

4.4 Friedenssicherung durch Völkerrecht

Das Völkerrecht „ ist letztlich nichts anderes als die Anwendung des allgemeinen Rechtsprinzips der Gleichheit vor dem Recht auf die internationalen Beziehungen". (201). Dieser idealen Bestimmung der Hauptfunktion des Völkerrechts aus der heutigen Zeit geht eine wechselvolle Geschichte voraus. Vorformen heutigen Völkerrechts finden sich schon im Verkehr der griechischen Stadtstaaten untereinander: Rechtsregeln für den Seehandel, Bündnisverträge und Schutz des Fremden sollten einen andauernden friedlichen Verkehr zwischen den Stadtstaaten sichern (202). Während der Dauer des Römischen Reiches — das keine rechtliche Gleichstellung innerhalb seines Territoriums, sondern Hegemonialrecht schuf — und nach seinem Untergang bis zur Entwicklung der Territorialstaaten kann von einer völkerrechtlichen Ordnung als Regelung des Verkehrs zwischen unabhängigen, gleichberechtigten Staaten nicht gesprochen werden (203).
Die Lehre von dem im christlichen Sinne „gerechten Krieg", durch Thomas von Aquin (1225-1274) in Anknüpfung an Augustinus (354-430), die Entwicklung der Territorialstaaten und das mit ihnen entstehende Prinzip der Souveränität führten am Ausgang des Mittelalters und dem Beginn der Renaissance zu den Anfängen des klassischen Völkerrechts (204). Dieses blieb lange an seinen Geburtsraum gebunden (205). Nach dem Zusammenbruch des mittelalterlichen Reiches schuf es für die sich entwickelnden, fürstlich regierten Territorialstaaten den Rechtsrahmen für deren Verkehr untereinander. Während der Blütezeit des Mittelalters bestand dafür keine Notwendigkeit, da der Reichsfriede durch Kaiser und Papst gewährleistet wurde. Durch den Zerfall des Reiches in eine Reihe selbständiger Staatsgebilde stellte sich das Problem der Beziehungen ehemals kaiserlicher Rechtssprechung unterworfener Lehnsherren untereinander. Der Hauptpfeiler, auf dem die Regelung zwischenstaatlicher Beziehungen nun aufruhte, war der Grundsatz der Unabhängigkeit der Territorialfürsten nach innen und außen. Nach innen bedeutete dies Durchsetzung einer Rechtsordnung, nach außen das Recht auf Verfolgung eigener Interessen mit dem Mittel des Krieges. Der Gedanke der Souveränität und des Rechts auf Krieg wurde so unmittelbar verknüpft. Wie es Hugo Grotius (1583-1645) in seinem Hauptwerk „De iure belli ac pacis libri tres" (1625) formulierte, galten Krieg oder Frieden als moralisch gleichwertig (206). Der freien Entfaltung politischer und militärischer Macht waren keine Grenzen gesetzt. Auch die Französische Revolution von 1789 tastete nicht ernsthaft diese Grundsätze des Völkerrechts an. Idee und Existenz der Souveränität bewiesen ihre Lebenskraft; Erhaltung und Sicherung des Friedens waren nicht Rechtspflicht, sondern Ergebnis von Machtpolitik (207). Das Völkerrecht kannte keine Friedenspflicht; es war ursprünglich kein friedenssicherndes Instrumentarium.
Ganz ohne Friedensbezug blieb das klassische Völkerrecht jedoch nicht. Die zunehmende Barbarisierung des Krieges, insbesondere die mit dem Auftreten der Volksheere seit der Französischen Revolution um sich greifenden Verwüstungsfeldzüge, zeigten, wie privates Eigentum und die nicht in Kriegshandlungen verwickelte Bevölkerung mehr und mehr ungeschützt die Kriegsschäden zu tragen hatten. Das Be-

dürfnis nach Eindämmung der verheerenden Auswirkungen militärischer Auseinandersetzungen förderte ein „humanitäres" Völkerrecht (208). Dieses „ius in bello" stellte kein Friedensrecht, sondern Kriegsrecht dar, da es der Versuch war, Kriegshandlungen gewissen Gesetzen zu unterwerfen. Die Pariser Seerechtsdeklaration 1856, die Genfer Rot-Kreuz-Konvention 1864, die Petersburger Deklaration über das Verbot explodierender Waffen unter 400 g Gewicht, die Haager Konvention (Anwendung der Genfer Konvention auf das Seekriegsrecht) 1899 und schließlich das Haager Abkommen von 1907, das in 14 Einzelabkommen die erste umfassende Kodifikation des Kriegsrechts darstellt, gehören zu den Schritten einer Zähmung unkontrollierter Kriegsführung. Auch die prozeduralen Formen friedlicher Streiterledigung vor dem Beginn von Kriegshandlungen wurden als Präventivmaßnahmen ausgebaut. Die diplomatischen Streitbeilegungsmethoden, wie Verhandlungen zwischen den Streitpartnern, die Leistung guter Dienste oder die Vermittlung durch dritte Staaten in einem Konfliktfall sind erprobte und vielfach vertraglich fixierte Mittel (209). Sie sind formlos, elastisch, aber nur erfolgreich, wenn sie von vorgängiger Kompromißbereitschaft beider Parteien getragen sind.

Durch Artikel 37 des Haager Abkommens von 1907 wurde die internationale Gerichtsbarkeit mit bindender Entscheidungskompetenz begründet. Sie ist dem Anspruch nach in Verfahren und Urteil unabhängig von den Parteien; jedoch ist ihre Wirksamkeit begrenzt, weil ihr nur das Recht auf Auslegung, nicht auf Rechtsschöpfung zusteht. Auch ihre aktuelle Funktion hängt von der freiwilligen Unterwerfung der streitenden Parteien unter ihr Verfahren ab. Immerhin gelang es dem Haager Schiedshof, innerhalb der Grenzen einer den Krieg als legitimen Ausdruck der Souveränität billigenden Völkerrechtsordnung, eine Reihe bilateraler und multilateraler Streitfälle zu erledigen (210).

Der 1. Weltkrieg leitete einen Funktionswandel des Völkerrechts ein. Die veränderte Einstellung zum Krieg verwandelte auch die Haltung zum Grundsatz der Souveränität. Mit der Gründung des *Völkerbundes* wurden die Bereiche der Sicherheit, der Abrüstung und auch die Verpflichtung zum Schiedsgerichtsverfahren in allen Streitigkeiten vor Ausbruch eines Krieges in die Kompetenz entsprechender Völkerbundsorgane hineingenommen. Das souveräne Recht zum Krieg wurde beseitigt, indem drohende Kriegsausbrüche zu einer Angelegenheit des ganzen Bundes gemacht wurden (211). Aus einem Recht zum Krieg wurde ein Kriegsverhütungsrecht. Ein nächster Schritt war der Briand-Kellog-Pakt 1928, der alle Formen des Angriffskrieges ächtete (212). Dieses generelle Kriegsverbot ist gleichbedeutend mit einer Friedenspflicht; die Entkoppelung von Souveränität und Recht zum Krieg war völkerrechtlich gelungen, wenn auch die politische Entwicklung durch den schwachen Völkerbund faktisch nicht in Richtung einer Friedenssicherung gelenkt werden konnte.

Unterstützt wurde die völkerrechtliche Wende durch die allmähliche Universalisierung des anfangs nur europäisch wirksamen Völkerrechts auf andere Kontinente und Kulturbereiche, schließlich im Rahmen des Entkolonialisierungsprozesses auch auf die Staaten der entstehenden Dritten Welt.

Schon der Völkerbund begnügte sich zur Sicherung des Friedens nicht mit Organen, die aktuelle Streitfälle gemeinsam lösen konnten, sondern bemühte sich, Integrationsprozesse auf sozial- und wirtschaftspolitischem Gebiete anzuregen und einzuleiten (213). Neben einer Reihe wirtschafts- und währungspolitischer Konferenzen, die zur Klärung der Kriegsfolgen unter der Schutzherrschaft des Völkerbundes stattfanden, ist vor allem auf die 1919 gegründete Internationale Arbeitsorganisation hinzuweisen (IAO), die sich um die Verbesserung der Arbeitsbedingungen in den angeschlossenen Ländern und die engere Zusammenarbeit von Gewerkschaften und Unternehmensverbänden bemühte (214).

Die Völkerbundsidee wurde nach dem II. Weltkrieg von den *Vereinten Nationen* wieder aufgenommen. Durch eine Reihe von Maßnahmen, zu denen vor allem die Einrichtung des Sicherheitsrates und damit die Kompetenz der Großmächte für die Erhaltung des Friedens gehören, durch ausgedehnte wirtschafts-, sozial-, bildungs- und gesundheitspolitische Aktivitäten mit Schwerpunkten in technischen Übereinkommen, ständigen Abkommen und Hilfsprogrammen für Notgebiete und Entwicklungsländer werden intensivere und weitergreifendere Integrationsprozesse gefördert, als sie der Völkerbund je in Gang setzen konnte (215).

Das durch den Briand-Kellog-Pakt ausgesprochene Kriegsverbot, das das Ende der Normen des klassischen Völkerrechts markierte, wurde durch Artikel 2, Absatz 4 der UN-Charta ausgedehnt auf das Verbot der Drohung oder Anwendung von Gewalt (216). Die dadurch begründete Friedenspflicht aller UN-Staaten ist schon in dem Kriterium der Charta enthalten, daß alle friedliebenden Staaten ihr beitreten können. Das Gewaltverbot betrifft auch die Anwendung ökonomischer Zwangsmaßnahmen, wie Boykott, Verweigerung der Meistbegünstigung etc. und enthält zusammen mit der Menschenrechts-Charta der Vereinten Nationen, welche nun auch das Individuum zum Subjekt der Völkerrechtsordnung macht — Entwicklungstendenzen zu internationaler sozialer, politischer, wirtschaftlicher, rechtlicher und kultureller Gleichstellung der Staaten und Individuen.

Ähnlich dem Völkerbund kennt die UN-Charta nicht mehr das „ius ad bellum". Streiterledigung soll zunächst vor dem Internationalen Gerichtshof im Haag versucht werden, dessen Institution weitgehend in die Organisation der Vereinten Nationen übernommen wurde (217). Die Kompetenz des Gerichtshofes ergibt sich — wie früher — nur aus der vorherigen freiwilligen Unterwerfung der streitenden Parteien. Die Erfahrung seit 1945 zeigt, daß der Internationale Gerichtshof weit weniger als zwischen den Kriegen angerufen wurde, und daß die Hauptlast der Bewahrung des Friedens auf dem Sicherheitsrat, der Generalversammlung und dem Generalsekretär ruht. Trotz der bekannten Schwierigkeiten in der Konstruktion des Sicherheitsrates, die keine Aktion beim Veto eines der ständigen Mitglieder zuläßt, sind eine Reihe von Bemühungen der UN zur Friedenserhaltung unterhalb der Schwelle des Nuklearkrieges nicht ohne Erfolg geblieben (218). Erinnert sei an die bis heute andauernden Aktivitäten in der Palästina-Frage seit 1947, die Intervention in der Korea-Krise 1950-1953, die Vermittlungsbemühungen in der Suezkrise und beim Ungarn-Aufstand 1956, die erfolgreiche Intervention gegen die Sezession Katangas von der Republik Kongo 1960-1963. Bei anderen Krisen, wie in Zypern 1964, Vietnam, Nigeria-Biafra 1968/69, der CSSR 1968, spielten die UN nur eine untergeordnete Rolle. Die Aussichten auf ein erfolgreiches Krisenmanagement für die UN steigen immer dann, wenn es sich bei den Streitpartnern nicht um Mitglieder verschiedener Blöcke handelt.

Die langfristige Friedenssicherungspolitik verdankt den UN ebenso wie das kurzfristige Krisenmanagement einer Reihe von Initiativen (219). Nach drei gescheiterten Anläufen — der erste unmittelbar nach Kriegsende 1945 — in dem Versuch, die nukleare und konventionelle Abrüstung und die schwierige und strittige Kontrollproblematik zu diskutieren, gelang es 1961, in Genf eine ständige Abrüstungskonferenz einzurichten, zunächst mit 18, später mit 26 beteiligten Mächten. Einige Ergebnisse der Genfer Arbeit sind die Einrichtung eines heißen Drahtes zwischen den Supermächten und das nukleare Teststoffabkommen 1963, der Vertrag über die friedliche Nutzung des Weltraums 1967, die Erklärung Lateinamerikas zur atomwaffenfreien Zone 1968, der Nichtweitergabevertrag atomarer Waffen an nichtatomare Länder vom gleichen Jahr (der 1970 von der Bundesrepublik ratifiziert wurde), schließlich der Vertrag über das Verbot der Entwicklung, Herstellung und Lagerung biologischer Waffen

1972. Die Abkommen der Supermächte über die Begrenzung strategischer Offensiv- und Defensiv-Waffen (SALT I und II) wurden von den Nicht-Nuklearstaaten der UN gefordert.
Auch ohne die Kompetenzen und Machtvollkommenheit einer Weltregierung zu besitzen, wie sie mancherorts gefordert wird (220), hat das in Organisation und Aktivität der UN sich ausdrückende Völkerrecht der geregelten friedlichen Zusammenarbeit der Völker ein Stück Weg gebahnt. Ungelöst sind aber die Schwierigkeiten, die mit der zunehmenden Verarmung der Dritten Welt, mit Hunger, Unterentwicklung und sozialer und individueller Ungerechtigkeit verbunden sind. Hier sind den UN Grenzen gesetzt, die von ihren Kritikern als entscheidender Geburtsfehler angesehen werden. Dagegen ist einzuwenden, daß es unbillig wäre, das Völkerrecht an den Maßstäben innerstaatlichen Rechts zu messen. Völkerrecht entsteht immer aus einem Konsens der beteiligten (221), ist also ein freiwillig befolgtes Recht und damit in seiner Entwicklung von innerstaatlichen Konstellationen abhängig. Es kann nicht unterschiedliche Ideologien auflösen, sondern allenfalls sorgen, daß daraus resultierende Streitfälle und Gegensätze in einem rechtlich geregelten Verfahren friedlich gelöst werden und allgemeine Bedingungen der Koexistenz geschaffen werden. Was materiell-rechtliche Regelungen im Völkerrecht, wie die UN-Menschenrechts-Charta angeht, läßt sich auf absehbare Zeit keine Durchsetzung in allen UN-Mitgliedstaaten vorstellen. Die entscheidenden Normen sind noch immer aus unterschiedlichen Gründen umstritten. Es bleibt die Hoffnung auf eine Wechselwirkung zwischen den völkerrechtlichen Normen und der herrschenden Praxis. Völkerrecht bleibt auch in der Zukunft der Ausdruck der sozialen Gegebenheiten in der Welt und der jeweils möglichen gemeinsamen Politik der Staaten. Unterhalb der Ebene von Rechtsverbindlichkeiten ermöglichen die UN jedoch auch eigenständige diplomatische Aktivitäten ihres Generalsekretärs und verantwortliche Stellungnahmen aller Mitgliedstaaten zu kriegerischen Ereignissen, wodurch mehrfach diplomatische Lösungen angebahnt wurden.

4.5 Friede durch Erziehung

Zu den bisher dargestellten politischen Strategien der Friedenssicherung tritt die Friedenserziehung. Ihre Einwirkungsmöglichkeiten auf die Realisierung des Friedens sind indirekter und langfristiger Art. Sie zielen auf die psychologischen, gesellschaftlichen und politischen Voraussetzungen einer Friedenspolitik.
Rüstungsbegrenzung, Verhinderung des Ausbruchs nuklearer und konventioneller Kriege mit ihrer meist kurzfristigen Handlungsperspektive verlangen zunächst diplomatische und militärisch-technologische Entscheidungen. Ihre Ausrichtung auf den Frieden aber verlangt einen Bruch mit bisherigen politischen Praktiken, der ohne tiefgehenden Bewußtseinswandel der Verantwortlichen und der sie legitimierenden und tragenden Gesamtgesellschaft nicht vorstellbar ist. Bewußtseinswandel herbeizuführen und zu fördern, die Entwicklung neuer und die Veränderung bestehender Rahmenbedingungen individuellen und kollektiven Handelns möglich zu machen, die Friedensfähigkeit des einzelnen und der Gruppen — auch derer, die sich an den Schalthebeln politischer Macht befinden — zu entwickeln, ist der Erziehung heute als Aufgabe gestellt. Eine umfassende Bewußtseinsveränderung kann unter dem Druck der lebensgefährlichen Lage unserer heutigen Welt, die durch die technologische Entwicklung, die globale Verflechtung aller Interessen und Geschehnisse, die Ernährungs-, Rohstoff- und Umweltkrise und die wachsende Weltbevölkerung bestimmt ist, nicht auf dem Weg einer natürlichen Evolution erfolgen. Sie bedarf des gezielten Einsatzes

aller, auch erzieherischer Bemühungen, um das Bewußtsein von Menschen und Gruppen für die Bedingungen des Friedens zu öffnen und sie zum Engagement für den Frieden bereit und fähig zu machen. Friedenspolitik bedarf der Vorbereitung und Verankerung im öffentlichen Bewußtsein und muß von ihm mitgetragen werden. Die in der bisherigen Erziehung wirksamen Welt- und Leitbilder unserer Zeit waren wesentlich von nationalstaatlichen Vorstellungen geprägt, die seit über 300 Jahren im europäischen Kulturkreis vorherrschend sind. Die Nationen verstanden sich als in sich geschlossene Einheiten. Sie vermittelten Weltbilder, die ein positives Bild der eigenen Nation entwerfen und gegenüber anderen Völkern Vorurteile, Stereotypen und Überlegenheitsgefühle zulassen. In Konflikten mit anderen Nationen wird Aggressivität weithin zur Durchsetzung sogenannter nationaler Interessen als legitim erachtet, Aggressionen innergesellschaftlichen Ursprungs werden auf Minderheiten, die „Sündenböcke", abgeleitet, die „anders" als die Angehörigen des eigenen Volkes sind. Die Angst vor dem Fremden, Unbekannten, Andersartigen, wird intensiviert durch die zunehmende Komplexität, Undurchschaubarkeit und Krisenhaftigkeit des sozialen, ökonomischen und politischen Prozesses in den modernen Gesellschaften. Erziehung zur Einstellungsveränderung gegenüber anderen Völkern und gesellschaftlichen Systemen, zur gewaltlosen Austragung bestehender und zukünftiger Konflikte, Erziehung zur Einsicht in friedenshemmende Strukturen der eigenen Gesellschaft, zur Befähigung, bewußt und kritisch sich selbst gegenüber am gesellschaftlichen und politischen Prozeß teilzunehmen, schließlich auch solidarisch mit anderen an der Veränderung friedenshemmender Strukturen mitzuarbeiten, sind Möglichkeiten, über die Mikroebene der Erziehung Einfluß zu nehmen auf die Marktprozesse der eigenen Gesellschaft und damit auch der Staaten untereinander.

Die Möglichkeiten von Friedenserziehung sollten jedoch nicht überschätzt werden — auch angesichts der allgemeinen Situation unserer Gesellschaft und der Bildungsstrukturen unseres Landes. Friedenserziehung wird ihre eigenen Grenzen ständig mitthematisieren müssen.

In der Erarbeitung ihrer Theroie und der Entwicklung ihrer Strategien steht die Friedenspädagogik erst am Anfang. Ihre vorläufigen Resultate sind noch weniger gesichert als manche der allgemeinen Pädagogik. Das besondere Theorie-Praxis-Verhältnis der Friedenserziehung, das eine permanente Rückkoppelung zwischen pädagogischer und politischer Ebene verlangt, stellt die Theoriebildung vor die Aufgabe, nicht nur die verschiedenen wissenschaftlichen Perspektiven sondern auch die realistischen und zukunftsorientierten politischen Analysen und Postulate miteinander zu vermitteln und in didaktische Prozesse zu übersetzen.

Wohin sich die Friedenserziehung in diesem unübersichtlichen Spannungsfeld entwickelt, wird von den für sie engagierten Pädagogen wesentlich mit abhängen: wird sie eine Erziehung zur Friedfertigkeit und bloßen Anpassung oder eine Erziehung zum selbstbewußten, kritischen, kooperationsfähigen Menschen sein, der in der Gruppe verantwortlich für den Frieden handeln kann?

Das folgende Kapitel „Lernprozeß Friede" wird sich mit Voraussetzungen, Zielen, Möglichkeiten und Chancen der Friedenserziehung eingehend auseinandersetzen.

Anmerkungen

1 Köhle, Klaus, Problemkreis: Krieg und Frieden, Einführung in Grundfragen der internationalen Politik, München 1972, Seite 9
2 Köhle, Klaus l.c., S. 41
3 ebd., eine Idee, die in unserem Jahrhundert von Sartre akzentuiert worden ist
4 ebd., S. 45 ff
5 ebd., S. 46
6 ebd., S. 49
7 Menzel, Eberhard, Das Völkerrecht und die politisch-sozialen Grundstrukturen der modernen Welt, in: Picht, Eisenbart, Frieden und Völkerrecht, S. 410
8 Fetscher, Iring, Modelle der Friedenssicherung, München 1972, S. 36
9 ebd., S. 44
10 ebd., S. 70 ff
11 ebd., S. 111 ff
12 ebd., S. 81 ff
13 ebd., S. 84 u. 87
14 ebd., S. 80
15 ebd., S. 109 f
16 ebd., S. 106
17 ebd., S. 40 f
18 Raumer, Kurt von, l.c., S. 117 ff
19 Fetscher, Iring, l.c. S. 53 f
20 Ebert, Theodor, Friedensbewegung und Friedensforschung — Historische und aktuelle Wechselwirkung, in: Jahrbuch für Friedens- und Konfliktforschung 2/1972, S. 164 ff
21 Mayr, Kaspar, Der andere Weg. Dokumente und Materialien zu einer europäisch-christlichen Friedenspolitik, Nürnberg, o.J., S. 25 ff
22 Suttner, Bertha von, Die Waffen nieder Wien 1966; dies., Lebenserinnerungen, Berlin 1970
23 Scheer, Friedrich Karl, Die Anfänge der Friedensforschung in der historischen Friedensbewegung Deutschlands, in: Jahrbuch für Friedens- und Konfliktforschung 2/1972, S. 175
24 Mayr, Kaspar, l.c., S. 49
25 Menzel, Eberhard, l.c. S. 429
26 Rupp, Hans Karl, Außerparlamentarische Opposition in der Ära Adenauer, Köln 1970, S. 44
27 Suttner, Bertha von, Die Waffen nieder, Wien 1966, S. XI
28 Röling, Bert V.A., Die Lage der Friedenswissenschaft, in: DGFK-Hefte Nr. 4, Juli 1974, S. 35
29 Buchan, Alastair, Der Krieg in unserer Zeit, München 1968, S. 85 ff; vgl. auch Kabel, Rainer, Friedensforschung, Anfänge und erste Ergebnisse, Bonn 1971, Schriftenreihe der Bundeszentrale für Politische Bildung, Heft 88, S. 9f und Matthöfer, Hans, Den Krieg verhindern, den Frieden bewahren, in: DGFK-Informationen 3/74 — 1/75, S. 2
30 Weizsäcker, Carl Friedrich von, Bedingungen des Friedens, Göttingen 1964, S. 7
31 Buchan, Alastair, l.c., S. 56, Köhle, Klaus, l.c. S. 19 ff
32 Picht, Georg, in: Weizsäcker, Carl Friedrich von, Bedingungen des Friedens, a.a.O., S. 32
33 Obermann, Emil, Hg., Verteidigung, Stuttgart 1970, S. 105
34 vgl. beispielhaft Kahn, Herman, Eskalation. Die Politik der Vernichtungsspirale, Berlin 1966 und ders., On Thermonuclear War, Princeton 1960
35 Weizsäcker, Ernst von, BC-Waffen und Friedenspolitik, Stuttgart 1970
36 Buchan, Alastair, l.c., S. 58; vgl. auch Gantzel, Klaus Jürgen, Zu herrschaftssoziologischen Problembereichen von Abhängigkeitsbeziehungen in der gegenwärtigen Weltgesellschaft, in: Senghaas, Dieter, Imperialismus und strukturelle Gewalt, Frankfurt 1973, S. 105 ff, der die Machtverhältnisse zwischen den Blöcken und zur Dritten Welt detailliert beschreibt.
37 Konflikte dieses Typs werden ausgetragen in Korea, zwischen Indien und China, Indien und Pakistan, in Zypern, in Vietnam und Kambodscha.

38 Am Beispiel des israelisch-arabischen Konflikts läßt sich dieses Interesse darstellen, beide Supermächte tun — auch im direkten Kontakt untereinander — alles, um die Entwicklung nicht zu einer erneuten Konfrontation der Gegner kommen zu lassen, die sie zwingen würde, sich kompromißlos hinter ihre jeweiligen Verbündeten zu stellen und so selbst in den Konflikt hineingezogen zu werden.

39 Senghaas, Dieter, Elemente einer Theorie des peripheren Kapitalismus, in: ders., Peripherer Kapitalismus, Analysen über Abhängigkeit und Unterentwicklung, Frankfurt 1974, S. 15

40 ebd., S. 16 f; vgl. auch das wachsende Gefälle innerhalb der 3. Welt, das durch die Investitionspolitik der multinationalen Konzerne entsteht, S. 27

41 Deutsch, Karl W., Macht und Kommunikation in der internationalen Gesellschaft, in: Theorien des sozialen Wandels, Wolfgang Zapf, Hrsg. 1971, Neuwied, S. 475

42 Illich, Ivan zitiert die neueste Entwicklung: „Die Zahl der Menschen, die jährlich hungers sterben, wächst seit 1970 dreimal so schnell, wie die Gesamtbevölkerung der Erde." in: Ansatz zu einer radikalen Kritik am Industriesystem, in: Technologie und Politik 1, Februar 1975, vgl. auch: Heinrichs, Jürgen, Hunger und Zukunft, Göttingen 1969; Myrdal, Gunnar, Politisches Manifest über die Armut in der Welt, Frankfurt 1970; zum Bevölkerungswachstum: Ehrlich, Paul R., Die Bevölkerungsbombe, München 1971

43 Zur Situation des Jahres 1973 in: Senghaas Dieter, Peripherer Kapitalismus, a.a.O., S. 8 f; zu 1974: Aussprache vor dem Gouverneursrat der Weltbank, abgedruckt in: Frankfurter Rundschau, Nr. 237, 12. Oktober 1974, S. 6

44 Vilmar, Fritz, Ursachen und Wandlungen des modernen Imperialismus, in: Senghaas, Dieter, Friedensforschung und Gesellschaftskritik, Frankfurt 1973, S. 93 f

45 Voß, Werner, Friedenssicherung und internationales Gleichgewicht, in: Sicherheitspolitik heute 1/74, S. 195 ff
Einige Daten veranschaulichen die Entwicklung: der Anteil der 3. Welt am Welthandel hat sich im Zeitraum von 1953-1970 von 27% auf 17,6% verringert. Moser, Carsten R., Welthandel als Spiegel internationaler Konflikte, in: Gegenwartskunde, Jg. 23, 1974/2, S. 153. Das durchschnittliche Pro-Kopf-Einkommen in den Entwicklungsländern beträgt nur 10% des Einkommens in Industriestaaten. Während von 1950-1967 die Wachstumsraten des Bruttosozialproduktes in den westlichen Industriestaaten jährlich ca. 3% und in den sozialistischen Staaten ca. 7% betrugen, erreichten sie in den unterentwickelten Ländern nur eine Höhe von ca. 2%: Die Armen werden immer ärmer.
Weißkopf, Thomas E., Kapitalismus, Unterentwicklung und die Zukunft der armen Länder, in: Senghaas D., Peripherer Kapitalismus, a.a.O. S. 168 f u. 190

46 Wolff, Richard D., Der gegenwärtige Imperialismus in der Sicht der Metropole, in: Senghaas, D., Hg., Imperialismus und strukturelle Gewalt, Frankfurt 1973, S. 194
Wolff zeigt, daß die internationalen Investitionen in die Entwicklungsländer in den letzten 20 Jahren doppelt so rasch gewachsen sind wie das Bruttosozialprodukt (194) und daß dies zunehmende Kontrolle anderer Volkswirtschaften bedeutet (198).

47 Meadows, Denis u.a., Die Grenzen des Wachstums, Stuttgart 1972 und zur Kritik:
Picht, Georg, Die Bedingungen des Überlebens. Von den Grenzen der Meadows-Studie, in: Merkur, Bd. 27, Heft 3, 1973 S. 211 ff; Senghaas, Dieter, Menschheit am Wendepunkt, Kommentar zur Studie des Club of Rome, in: DGFK-Informationen 3/74-1/75, S. 42

48 Internationale Abkommen gegen die Überfischung der Meere oder bestimmter Fischartren gibt es schon. Als Modellfälle für die wahrscheinlich sehr tiefgehenden Umstrukturierungsmaßnahmen durch Prioritätsveränderung der Produktion sind sie kaum verwertbar, weil der Komplexitätsgrad der Probleme zu hoch und Folgen und Nebenfolgen weitgehend unüberschaubar sind.

49 Frey, Bruno S., Umweltökonomie, Göttingen 1970; Lohmann, Michael, Was heißt ökologisch denken? in: Merkur, Bd. 27, Heft 1, 1973, S. 53-62

50 vgl. dazu Badura, Bernhard, Bedürfnisstruktur und politisches System Macht, Kultur und Kommunikation in pluralistischen Gesellschaften, Stuttgart 1972; Lefebre, Henri, Das Alltagsleben in der modernen Welt, Frankfurt 1972

51 Assel, Hans-Günther, Frieden in Freiheit: eine zentrale Kategorie politischer Pädagogik, in: Aus Politik und Zeitgeschichte, Beilage zur Wochenzeitung „Das Parlament", B 15, 75, 12.4.1975, S. 23

52 Rogge, Heinrich, Friedenswissenschaft — eine Aufgabe unserer Zeit, in: Soziale Welt, Jg. 2 Heft 1, Oktober 1950, S. 40 f

53 ebd., S. 41

54 Czempiel, Ernst Otto, Die Entwicklung der Lehre von den internationalen Beziehungen, in: Politische Vierteljahresschrift, 6. Jg., H.2, Juni 1965, S. 275 f; vgl. auch Kaier, Karl, Friedensforschung in der Bundesrepublik, Göttingen 1970, S. 14 f
55 Rogge, Heinrich, l.c., S. 42
56 z.B. Sorokin, Pitomkin, Social and Cultural Dynamics, New York, 1937
57 z.B. Wright, Quincy, A Study of War, Chicago 1942
58 vgl. die Studie von Theodor W. Adorno u.a., Die autoritäre Persönlichkeit; vgl. auch Rogge, Heinrich, l.c. S. 38
59 Senghaas, Dieter, Konflikt- und Konfliktforschung. Die Paradigmen der fünfziger und sechziger Jahre, in: ders., Gewalt, Konflikt, Frieden, a.a.O., S. 124
60 ebd., S. 158
61 Lange Zeit waren Konflikte nur unter dem Gesichtspunkt gleichstarker und gleichstrukturierter Partner gesehen worden. Der Eintritt der Dritten Welt in die internationale Politik machte deutlich, daß die Vorstellung sinnvoll nur für die Auseinandersetzung der Supermächte war. Konflikte zwischen reichen und armen Staaten waren dagegen als asymmetrisch einzustufen und insofern auch andere Strategien zur Lösung des Konflikts erforderlich; vgl. Jacobsen, Hans Adolf, Anmerkungen zur Untersuchung internationaler Konflikte, in: Beiträge zur Konfliktforschung 1 + 2, 1971, S. 6 ff
62 Rupp, Hans Karl, Außerparlamentarische Opposition in der Ära Adenauer, S. 67
63 ebd., S. 69
64 ebd., S. 74 f
65 ebd., S. 78 ff; die Kraft dieses Beispiels hat nicht so weit gereicht, um einen namhaften Teil der amerikanischen Intellektuellen wenige Jahre später an wissenschaftlich geplanten Ausrottungsprogrammen gegen die südvietnamesische Zivilbevölkerung nicht teilnehmen zu lassen, vgl. Noam Chomsky, Die amerikanischen Mandarine, München 1969
66 ebd., S. 124; Linus Pauling übergab der UN einen dementsprechenden Antrag mit ca. 10 000 Unterschriften von Wissenschaftlern aus Ost und West. Ein Atomteststoppvertrag wurde 1963 geschlossen, ein Nichtweitergabevertrag 1968; besser, als diese Daten zeigen, lassen sich Weitsicht und Verantwortungsbewußtsein der engagierten Wissenschaftler nicht belegen.
67 1955 Mental Health Research Institute an der Universität Michigan;
1957 Peace Research-Institute in St. Louis, Mississippi, dessen Gründer Theodor Lentz auch der Begründer einer ersten Friedensforschungsprogrammatik war;
1957 das Center for Research on Conflict Resolution, Michigan
68 Kaiser, Karl, Friedensforschung in der Bundesrepublik, a.a.O., S. 27
69 Galtung, Johan, Modelle zum Frieden. Methoden und Ziele der Friedensforschung, Wuppertal 1972, S. 11; es dauerte noch 10 Jahre, bis Galtung an dem inzwischen selbständigen Institut zum ersten Ordinarius der Welt für Friedensforschung ernannt wurde; ebd. S. 11
70 Der Satzungszweck lautet: „Die Gesellschaft entwickelt Programme zur Förderung der Friedens- und Konfliktforschung und der Verbreitung des Friedensgedankens und unterstützt deren Durchführung durch die Bereitstellung von Mitteln", in: DGFK-Hefte, Nr. 1, Mai 1974, S. 5
71 Zu nennen sind hier: Die Vereinigung deutscher Wissenschaftler, Hamburg; die Studiengesellschaft für Friedensforschung, München, die bereits 1958 gegründet wurde; die Forschungsstätte der Evangelischen Studiengemeinschaft Heidelberg; die Gesellschaft zur Förderung der Zukunfts- und Friedensforschung in Hannover
72 Kaiser, Karl, Friedensforschung in der Bundesrepublik, S. 27; vgl. auch Neue Bibliografie zur Friedensforschung, Stuttgart/München 1973, S. 53 ff Hg. Scharffenorth Gerda und Huber Wolfgang
73 Kabel, Rainer, Mobilmachung zum Frieden, Tübingen 1971, S. 16; vgl. auch ders., Friedensforschung, in: Schriftenreihe der Bundeszentrale für Politische Bildung, H. 88, 1971, S. 12
74 Kaiser, Karl, Friedensforschung in der Bundesrepublik, a.a.O., S. 18
75 Rapoport, Anatol, Über die Anwendbarkeit der Friedensforschung, in: Senghaas, Dieter Hg., Kritische Friedensforschung, a.a.O., S. 40
76 Tudyka, Kurt B., Internationale Beziehungen. Eine Einführung, Stuttgart, S. 18 ff Frei, Daniel, Theorien der internationalen Beziehungen, München 1973, S. 143 f
77 vgl. bei General Beaufre, Abschreckung und Strategie, Berlin 1966;
Kissinger, Henry, Die Entscheidung drängt, Düsseldorf 1961;
Morgenstern, Oskar, Strategie heute, Frankfurt 1962
78 Frei, Daniel, l.c., S. 143; daher lehnt Claus Koch eine Aufnahme der sicherheitspolitischen und militärstrategischen Studien in den Bereich der Friedensforschung ab: Bericht über Forschungsvorhaben, Institutionen und Planungen, mit denen Voraussetzungen für eine Be-

gründung der Friedensforschung in der Bundesrepublik gegeben sind. München 1970, S. 13
79 vgl. Deutsch, Karl W., Neue Forschungsmethoden, Modelle, Theorien, in: Theorien des sozialen Wandels, Wolfgang Zapf, Hg., Neuwied 1971, S. 188 ff
80 Frei, Daniel, l.c., S. 164
81 Tudyka, Kurt B., l.c., S. 42; vgl. dazu auch Forndran, Erhard, Probleme der internationalen Abrüstung. Die Bemühungen der Vereinten Nationen um internationale Abrüstung und Sicherheit 1962-68, Frankfurt 1970; ders., Rüstungskontrolle. Friedenssicherung zwischen Abschreckung und Abrüstung, Düsseldorf 1971; ders., Abrüstung und Friedensforschung, Düsseldorf 1971. Zu einer besonderen Variante der Abrüstung, die wegweisend war, siehe Charles E. Osgood bei Frei, Daniel, l.c., S. 170 ff
82 Krippendorff, Eckehardt, in ders. Hg., Friedensforschung, Köln-Berlin 1968, S. 14
83 vgl. bahnbrechend für den deutschen Sprachraum Senghaas, Dieter, Abschreckung und Frieden, Frankfurt 1969
84 Senghaas, Dieter, l.c., S. 229
85 Vilmar, Fritz, Systematischer Entwurf zur kritischen Friedensforschung, in: Senghaas, Dieter Hg., Kritische Friedensforschung, a.a.O., S. 363; der einzige bislang in dieser Forschungsrichtung vorliegende systematische Entwurf
86 Senghaas, Dieter, Friedensforschung: Theoretische Fragestellungen und praktische Probleme, in: ders., Gewalt, Konflikt, Frieden, Hamburg 1974, S. 167 f;
Picht, Georg, Was heißt Friedensforschung? in: Picht Georg und Huber, Wolfgang, Was heißt Friedensforschung? München 1971, S. 14;
Ebert, Theodor, Hg., Ziviler Widerstand, Fallstudien aus der innenpolitischen Friedens- und Konfliktforschung, S. 12 f;
vgl. auch die Berliner Erklärung zur Friedensforschung von 1971, abgedruckt in: Senghaas, Dieter, Kritische Friedensforschung, a.a.O., S. 416ff, und die vorangegangene Erklärung in Kopenhagen von 1969, ebd., S. 271 ff
87 Czempiel, Ernst Otto, Schwerpunkte und Ziele der Friedensforschung, S. 84;
Klönne, Arno, Friede und politische Bildung, in: Werkhefte, Zeitschrift für Probleme der Gesellschaft und des Katholizismus, München, 25. Jg. Juli 1971, S. 206
88 Ebert, Theodor, Hg., Ziviler Widerstand, a.a.O., S. 15 f
89 Schmidt, Hermann, Friedensforschung und Politik, in: Senghaas, Dieter, Hg., Kritische Friedensforschung, a.a.O., S. 26 ff;
Dencik, Lars, Plädoyer für eine revolutionäre Konfliktforschung, ebd., S. 249 ff
90 Ebert, Theodor, l.c., S. 11 ff
91 Röling, Bert V.A., Die Lage der Friedenswissenschaft, in: DGFK-Hefte, Nr. 4, Juli 1974, S. 39 ff
92 Galtung, Johan, Modelle zum Frieden, a.a.O., S. 33 ff
93 Huber, Wolfgang, Friedensforschung — Grundbegriffe und Modelle, in: Picht, Georg und Huber, Wolfgang, Was heißt Friedensforschung? München 1971, S. 39
94 Dencik, Lars, l.c., S. 264, u. Röling, Bert V.A., l.c., S. 53
95 Röling, Bert V.A., l.c., S. 37 ff; vgl. auch ders., Völkerrecht und Friedenswissenschaft, in: DGFK-Hefte, Nr. 4, Juli 1974, S. 3 ff; Galtung, Johan, Modelle zum Frieden, a.a.O., S. 78 f;
Frei, Daniel, Theorien der internationalen Beziehungen, a.a.O., S. 190 ff;
Tudyka, Kurt B., Internationale Beziehungen, a.a.O., S. 62 ff;
Buchan, Alastair, Der Krieg in unserer Zeit, a.a.O., S. 29;
Frei, Daniel, Kriegsverhütung und Friedenssicherung, Frauenfeld 1970.
Diese Kritik wird natürlich auch aus anderer Richtung vorgetragen, z.B. von Menke-Glückert, Peter, Friedensstrategien, Reinbek 1969, S. 126 und 139 u.
Forndran, Erhard, Abrüstung und Friedensforschung, a.a.O., S. 24
96 Kabel, Rainer, Mobilmachung zum Frieden, 1971, S. 25
97 Senghaas, Dieter, Friedensforschung: Theoretische Fragestellungen und praktische Probleme, a.a.O., S. 166; ders., Kompositionsprobleme in der Friedensforschung, in: Kritische Friedensforschung, a.a.O., S. 313ff
98 Koch, Claus, l.c., macht der Friedensforschung den Vorwurf der Theorielosigkeit und des Pragmatismus. Er sieht auch keinen besonderen Unterschied zu den Sozialwissenschaften, S. 8 und 12;
Kaiser, Karl, l.c., S. 30, eine Aufstellung der Beteiligung einzelner Wissenschaften an Friedensforschungsinstituten zeigt, daß selbst von Multidisziplinarität kaum gesprochen werden kann: Die Zugänge zu den Themen gehen überwiegend von Einzelwissenschaften aus, die zwar friedensrelevant, aber nicht selbst Friedensforschung im erläuterten Sinne sind. S. 25.

Noch immer gilt, daß sich die Friedensforschung auszeichnet durch „mangelnde Übereinstimmung und Klarheit über Gegenstand, Aufgaben oder Methoden."
Vgl. auch Galtung, Johan, Modelle zum Frieden, a.a.O., S. 28 f
99 Huber, Wolfgang, l.c., S. 46; Kaiser, Karl, l.c., S. 17 f;
Koch, Klaus, Friedensforschung — eine politische Wissenschaft, in: Senghaas, Dieter, Friedensforschung und Gesellschaftskritik, Frankfurt 1973, S. 64;
Ebert, Theodor, Hg., Ziviler Widerstand, a.a.O., S. 10;
Rapoport, Anatol, l.c., S. 400 f;
Galtung, Johan, Modelle zum Frieden, a.a.O., S. 29 f
100 Forndran, Erhard, Abrüstung und Friedensforschung, a.a.O., S. 16
101 Rapoport, Anatol, Über die Anwendbarkeit der Friedensforschung, a.a.O., S. 401 f
102 Huber, Wolfgang, l.c., S. 44;
Röling, Bert V. A., Die Lage der Friedenswissenschaft, a.a.O., S. 55;
Menke-Glückert, Peter, Friedensstrategien, a.a.O., S. 126 u. 139
103 Czempiel, Ernst Otto, Schwerpunkte und Ziele der Friedensforschung, a.a.O., S. 82 f
104 Röling, Bert V. A., Die Lage der Friedenswissenschaften, a.a.O., S. 57
105 Kaiser, Karl, l.c., S. 53; meist wird der Friedensforscher vom Politiker mißtrauisch behandelt, zumal wenn er nicht bloße Denkhilfen zur Erhaltung des status quo liefert, sondern überkommene Weltbilder und Vorurteile in Frage stellt. Erste Versuche, Politiker und Forscher regelmäßig an einen Tisch zu bringen, gibt es inzwischen in Norwegen. Ebd., S. 54;
vgl. auch Matthöfer, Hans, Den Krieg verhindern, den Frieden bewahren, in: DGFK-Informationen 3/74 — 1/75, S. 4
106 Mitscherlich, Alexander, Krieg oder Frieden, München 1970, S. 89; vgl. ders., Hg., Bis hierher und nicht weiter. Ist die menschliche Aggression unbefriedbar? München 1969, und ders., Die Idee des Friedens und die menschliche Aggressivität, Frankfurt 1969
107 Vgl. zu dieser nur sehr kursorischen Darstellung Freud, Sigmund, Zeitgemäßes über Krieg und Tod, in: Gesammelte Werke, Bd. 10, London 1949, S. 324-355, und: Warum Krieg? in: Ges. Werke, Bd. 16, London 1950, S. 13-27, Kurzdarstellungen seiner theoretischen Entwicklung des Todestriebs und anderer Konzepte bei Fetscher, Iring, Modelle der Friedenssicherung, a.a.O., S. 73 ff;
Denker, Rolf, Angst und Aggression, Stuttgart 1974;
Horn, Claus, Menschliche Aggressivität und internationale Politik, in: Senghaas, Dieter, Hg., Friedensforschung und Gesellschaftskritik, a.a.O., S. 116 ff;
Senghaas, Dieter, Aggressivität und kollektive Gewalt, Stuttgart 1972;
Schmidt-Mummendey, Amelie; Schmidt, Hans-Dieter, Hg., Aggressives Verhalten. Neue Ergebnisse der psychologischen Forschung, München 1972;
Schmidbauer, Wolfgang, Die sogenannte Aggression, Hamburg 1972;
Montague, M.F. Ashley, Hg., Mensch und Aggression. Der Krieg kommt nicht aus unseren Genen, Weinheim 1974
108 Horn, Claus, l.c., S. 139
109 Lorenz, Konrad, Das sogenannte Böse. Zur Naturgeschichte der Aggression, Wien 1964; vgl. zu neueren verhaltenswissenschaftlichen Interpretationen:
Denker, Rolf, Angst und Aggression, a.a.O., S. 66 ff;
Hacker, Friedrich, Aggression. Die Brutalisierung der modernen Welt, Wien-München, Zürich 1971
109a vgl. Denker, Rolf, a.a.O., S. 60 ff
110 Buchan, Alastair, l.c., S. 24
Kaiser, Karl, l.c., S. 57
Wolf, Rosemarie, l.c., S. 14
111 Denker, Rolf, l.c., führt Aggressivität auf die Seßhaftigkeit der Menschen zurück, die von dieser Zeit an ihr Revier verteidigten (S. 59)
112 Schmidt, Peter, Erziehung zu Frieden und sozialer Gerechtigkeit. Die Frage nach den notwendigen und möglichen Veränderungen der familiären und schulischen Lernfelder und Lernprozesse, in: Wulf, Christoph, Hg., Kritische Friedenserziehung, Frankfurt 1973, S. 434 ff
113 Die Entwicklung pädagogischer und politischer Leitvorstellungen, die sich im Prozeß familiärer und schulischer Erziehung durchsetzen, findet überwiegend auf der gesamtstaatlichen, der gesellschaftlichen Ebene statt. Gesellschaftliche Wertvorstellungen setzen sich überwiegend von oben nach unten durch: Kleingruppen, Familien etc. werden viel stärker von ihnen geprägt, als sie auf deren Gestaltung Einfluß zu nehmen in der Lage wären. Die familiäre Erziehung stabilisiert auf diese Weise bestehende Strukturen. Das nimmt nicht wunder, wenn man der Analyse Karl W. Deutschs folgt, der eine Machteinteilung der westlichen Gesellschaf-

ten festgestellt hat — die im großen und ganzen auch für die sozialistischen Länder gelten dürfte —, in der für die Masse der Bevölkerung kaum Einflußmöglichkeiten bestehen. Bei ca. 85% der Menschen seien Haltungen, Denkweisen und Handlungsmöglichkeiten bestimmt von einer schmalen Schicht sozio-ökonomischer und politischer Eliten, die über die Massenkommunikationsmittel und das Netz örtlicher Leitpersonen ihre Weltanschauung vermitteln. Vgl. Die Analyse internationaler Beziehungen, Frankfurt 1968, S. 147 ff;
vgl. auch Wulf, Christoph, Hg., Kritische Friedenserziehung, a.a.O., S. 9 f und
Pressel, Alfred, Sozialisation in: Bech, Johannes u.a., Erziehung in der Klassengesellschaft, München 1970, S. 141

114 Wolf, Rosemarie, Vorfragen einer Erziehung zum Frieden, in: Pfister, Wolf, Friedesnpädagogik heute, Waldkirch, 1972, S. 18;
Derksen, S.C., Erziehung zum Krieg oder zum Frieden? in: Zukunfts- und Friedensforschung-Information 1969, Heft 3, S. 59;
Goldschmidt, Dietrich, Thesen zu: Bewußtseinsbildung und Erziehung, in: Zukunfts- und Friedensforschung-Information, 1968, Heft 3, S. 65;
Senghaas, Dieter, Aggressivität und kollektive Gewalt, Köln-Berlin 1972, S. 35

115 Nickel, Horst, Stile und Dimensionen des Lehrerverhaltens in der sozialen Interaktion mit Schülern und ihre Bedeutung für Erziehung und Unterricht, in: Betzen, K.; Nipkow, K. E., Der Lehrer in Schule und Gesellschaft, München 1971, S. 148

116 Beck, Johannes, Demokratische Schulreform in der Klassengesellschaft? in: ders., Erziehung in der Klassengesellschaft, München 1970, S. 93 und 116;
Bauer, Adam, Zur Soziologie des Schülers, in: Lemberg, Eugen u.a., Schule und Gesellschaft, Darmstadt 1971, S. 46

117 Zu den klassischen Beispielen zählt die kriegerische Außenpolitik Napoleons III., vgl. auch Krippendorf, Ekkehart, Hg., Friedensforschung, Köln-Berlin 1968, S. 16

118 Galtung, Johan, Modelle zum Frieden, a.a.O., S. 41;
Marcuse, Herbert, Aggressivität in der gegenwärtigen Industriegesellschaft, in: Krippendorff, Ekkehart, Hg., Friedensforschung a.a.O., S. 133 ff

119 Deutsch, Karl W.; Senghaas, Dieter, Die Schritte zum Krieg. Eine Übersicht über Systemebenen, Entscheidungsstadien und einige Forschungsergebnisse, in: Aus Politik und Zeitgeschichte, Beilage zum „Parlament", B. 47, 1970, S. 24

120 Vilmar, Fritz, Systematischer Entwurf zur kritischen Friedensforschung, in: Senghaas, Dieter, Kritische Friedensforschung, a.a.O., S. 374;
Klönne, Arno, Friede und politische Bildung, a.a.O., S. 202. Fritz Vilmar ist bislang der einzige Autor, der den Versuch einer in sich geschlossenen Gegenstandsbeschreibung der Friedensforschung unternommen hat. Aufbauend auf einer grundsätzlichen Kapitalismuskritik schreitet er bis zu einer Praxeologie und Didaktik kritischer Friedensforschung fort.

121 Czempiel, Ernst Otto, Schwerpunkte und Ziele der Friedensforschung, a.a.O., S. 58-60

122 Pressel, Alfred, l.c., S. 135 ff

123 Wolf, Rosemarie, l.c., S. 19

124 Hassenstein, Bernhard, Aggression und Information, in: Neue Sammlung, Jg. 1968, Heft 5, S. 411

125 Frank, Jerome D., Psychologische Aspekte der Außenpolitik, in: Zukunfts- und Friedensforschung-Information 1966, Heft 4, S. 91 ff; ders., Muß Krieg sein?, Darmstadt 1969; ein solcher Mechanismus liegt z.B. dem Rüstungswettlauf zugrunde.

126 Den gesamten Komplex der Sozialisation bis zur Arbeitswelt hat Ossip K. Flechtheim als die Basis des Krieges angesehen: „Die Erziehung zur gewaltsamen Austragung von Konflikten ist die Basis und die Folge der Kriege und Kriegsvorbereitungen. Sie beginnt in der Familie (unbedingter Gehorsam, Züchtigung, Prügelstrafe usw.), setzt sich in der Schule fort (autoritäre Lehrer, körperliche und andere Strafen, Erzwingung des Gehorsams durch Furcht, die Aggressionen stärkt usw.) und findet ihre Vollendung in einer Gesellschaft der Konkurrenz, der Unsicherheit, der Gewaltsamkeit, der Spaltung in Herrscher und Behrrschte, Privilegierte und Unterprivilegierte, Wissende und Unwissende. Minderheiten, Fremde usw. erscheinen als Bedrohung und Sündenböcke. Vorurteile, Tabus, Stereotypen usw. erschweren die Herausbildung einer informierten kritischen Öffentlichkeit. Krisen begünstigen Angst, Panik, Kurzschlußreaktionen." Kann man zum Frieden erziehen? in: Zukunfts- und Friedensforschung-Information 1967, Heft 4, S. 101
Der Pessimismus Flechtheims in der Sache läßt gleichwohl Hoffnung. Weil die Resultate heutigen Unfriedens unmittelbar oder mittelbar Erziehungsfolgen sind, können sie durch gewandelte Erziehung allmählich an Wirksamkeit verlieren.

127 Tudyka, Kurt B., Internationale Beziehungen. Eine Einführung, Stuttgart 1971, S. 18 ff;

Buchan, Alastair, l.c., S. 35;
Dencik, Lars, Plädoyer für eine revolutionäre Konfliktforschung, a.a.O., S. 252;
Röling, Bert V.A., Von den Aufgaben der Friedenswissenschaft, in: Neue Züricher Zeitung, 28.5.72, Nr. 243, Fernausgabe Nr. 144, S. 37 f
Seit die großen Kriege zwischen industrialisierten Ländern wegen der nuklearen Bedrohung vorüber zu sein scheinen und kein Land mehr mit militärischen Mitteln die Sicherheit seiner Bürger garantieren kann, zeichnet sich ein allmählicher Funktionswandel der Streitkräfte in den Industriestaaten ab. Sie erhalten Ordnungsfunktionen innenpolitischer Art, die allermeist gegen Demokratisierungsbestrebungen gerichtet sind (vgl. Griechenland, Chile: ein Beispiel *für* Demokratie durch Militär ist evtl. Portugal) Vilmar, Fritz, Rüstung und Abrüstung im Spätkapitalismus, Reinbek 1973, S. 210 ff

128 O'Connor, James, Die Finanzkrise des Staates, Frankfurt 1974, S. 182 ff
129 Röling, Bert V.A., Die Lage der Friedenswissenschaft, a.a.O., S. 37
130 ebd., S. 38
131 Frei, Daniel, Theorien der internationalen Beziehungen, München 1973, S. 102
132 Galtung, Johan, Modelle zum Frieden, a.a.O., S. 64
133 vgl. Senghaas-Knobloch, Eva, Frieden durch Integration und Assoziation, Stuttgart 1969, S. 27 ff
134 Röling, Bert V.A., Die Lage der Friedenswissenschaft, a.a.O., S. 40
135 vgl. Lewis F. Richardson's mathematische Versuche, eine generalisierte Theorie des Krieges zu entwerfen, in: Rapoport, Anatol, Katalysmische und strategische Konfliktmodelle, in: Bühl, Walter L., Hg., Konflikt und Konfliktstrategien, München 1972
136 Vgl. Kabel, Rainer, Friedensforschung, a.a.O., S. 21
137 Galtung, Johan, Theorien des Friedens, in: Senghaas, Dieter, Kritische Friedensforschung, a.a.O., S. 236
138 ders., Gewalt, Frieden und Friedensforschung, in: Senghaas, Dieter, Kritische Friedensforschung, a.a.O., S. 55 ff
139 ebd., S. 62 ff. Der Hinweis auf die sehr deutlich sichtbare strukturelle Gewalt in den Entwicklungsländern bedeutet nicht, daß nicht auch in den industriealisierten Staaten für viele Menschen Lebensbedingungen herrschen, die mit diesem Begriff umschrieben werden können. Der für die große Mehrzahl der Unterschichtkinder durch Sozial- und Sprachbarrieren verhinderte Besuch weiterbildender Schulen und Universitäten; die überwiegende personelle Rekrutierung bestimmter, in jeder Gesellschaft als „Schaltstellen" wichtiger Berufe, wie Rechtsanwälte, Richter, Professoren, Ärzte etc. aus der oberen Mittelschicht; die ungleichen Chancen von Männern und Frauen; der privilegierte Zugang zu Entscheidungsinstanzen; schließlich die Lage einer nicht unerheblichen Anzahl von Sozialhilfeempfängern, Rentnern mit Minimaleinkommen und gar der Obdachlosen offenbart strukturelle Gewalt auch in den fortgeschrittenen Ländern.
140 ebd., S. 57
141 ebd., S. 87
142 ebd., S. 57 „Die Aussage mag mehr Probleme aufwerfen als lösen."
143 Auf diesen Sachverhalt haben auch andere Autoren aufmerksam gemacht. Galtungs Vorschlag, die Differenz von aktueller und potentieller Verwirklichung durch die Messung des von Gewalt verursachten sozialen Schadens zu bestimmen, hält er gegenwärtig noch nicht für realisierbar. S. 84 f. — Vgl. dazu:
Röling, Bert V. A., Von den Aufgaben der Friedenswissenschaft, Neue Züricher Zeitung, 28.5.1972, Nr. 243, Fernausgabe Nr. 144, S. 37 f, der für die soziale Gerechtigkeit *allein* nicht für eine ausreichende Friedensgarantie ansieht; Böhler, Eugen, „Kritische Friedensforschung", Aspekte einer ideologisierten Wissenschaft, in: Neue Züricher Zeitung, 27.8.1972, Nr. 398, Fernausgabe Nr. 235, S. 37; Frei, Daniel, Friedensforschung im Spannungsfeld der Friedensbegriffe, in: Beiträge zur Konfliktforschung 2/74, S. 6 f und Schmid, Herman, Friedensforschung und Politik, in: Senghaas, Dieter, Kritische Friedensforschung, a.a.O., S. 37 ff
144 Czempiel, Ernst Otto, Schwerpunkte und Ziele der Friedensforschung, a.a.O., S. 14
145 ebd., S. 25
146 ebd., S. 23
147 ebd., S. 49
148 ebd., S. 17
149 ebd., S. 53, 54, 58, 60, 63, 64
150 ebd., S. 70
151 für den Entkolonialisierungsprozeß macht Czempiel eine Ausnahme, wohl aus der Hoffnung, daß diese Konflikte nicht zum großen Krieg führen, ebd., S. 86

152 ebd., S. 83; vgl. dazu Dencik, Lars, Plädoyer für eine revolutionäre Konfliktforschung, a.a.O.
153 Dencik, Lars, l.c., S. 250; Schmid, Herman, l.c., S. 32
154 Dencik, Lars, l.c., S. 250; Schmid, Herman, Friedensforschung und Politik, a.a.O., S. 32
155 Schmid, Herman, l.c., S. 28
156 ebd., S. 44
157 Frei, Daniel, Friedensforschung im Spannungsfeld der Friedensbegriff, in: Beiträge zur Konfliktforschung 1974, Heft 2, S. 5-14
158 Etzioni, Amitai, Der harte Weg zum Frieden, a.a.O., S. 12 ff, mit einer Übersicht über die Varianten
159 Menke-Glückert, Peter, Strategien des Friedens, a.a.O., S. 212
160 vgl. Buchan, Alastair, l.c., S. 64
161 Menke-Glückert, Peter, l.c., S. 214, Zwei Beispiele seinen genannt: Während der 50er Jahre galt für die NATO in Mitteleuropa, daß ein sowjetrussischer Angriff mit konventionellen Waffen mit der Auslösung eines massiven nuklearen Vergeltungsschlags durch die USA beantwortet würde. Als dann auch die UdSSR in den Besitz der Atombombe gelangt war, wurde den Militärstrategen klar, daß wegen eines kleineren oder mittleren russischen Geländegewinns die USA keinen großen nuklearen Schlag auslösen würden, der einen sowjetrussischen Gegenschlag zur Folge hätte. Seitdem verfolgt man den Grundsatz einer abgestuften Abschreckung, die auf jeden Angriff von der konventionellen bis zur nuklearen Skala „angemessen" antworten kann. Vgl. auch Kahn, Hermann, Eskalation. Die Politik der Vernichtungsspirale, Berlin 1966
162 Senghaas, Dieter, Zur Analyse von Drohpolitik in den internationalen Beziehungen, in: Aus Politik und Zeitgeschichte, Beilage zum „Parlament", B 26, 1970, S. 27
163 ders., Abschreckung und Frieden, a.a.O., S. 176
164 ebd., S. 182
165 Senghaas, Dieter, Rüstungsdynamik als restriktive Bedingung in Versuchen einer Überwindung des Ost-West-Konflikts, in: ders., Gewalt, Konflikt, Frieden, a.a.O., S. 38
166 ebd., S. 45
167 ebd., S. 39
168 ebd., S. 48
169 Vilmar, Fritz, Rüstung und Abrüstung im Spätkapitalismus, a.a.O., S. 25
170 SIPRI (Stockholm International Peace Research Institute) Yearbook 1974, Stockholm, S. 206 f. Die Hauptlieferanten für Waffen in die Dritte Welt sind in dieser Reihenfolge die USA, UdSSR, Großbritannien und Frankreich mit insgesamt 80% aller Waffenlieferungen. SIPRI-Yearbook 1973, S. 320; vgl. auch Hennig, Eike, Die Rüstungsgesellschaft und ihre Kosten, in: Krippendorf, Ekkehardt, Hg., Friedensforschung, a.a.O., S. 292 f
171 Senghaas, Dieter, Rüstungsdynamik, a.a.O.
172 O'Connor, James, Die Finanzkrise des Staates, a.a.O., S. 191; Vilmar Fritz, l.c., S. 74 ff
173 Vilmar, Fritz, l.c., S. 205, 63 ff; Boulding, Kenneth, Friedenswirtschaft, Bern 1946
174 diese Sachverhalte werden energisch bestritten, siehe Vilmar, Fritz, l.c., S. 133 ff
175 Senghaas, Dieter, Rüstung und Militarismus, a.a.O., S. 24. Schon die einfache Tatsache, daß dauernd wachsende Rüstungsausgaben dem Entwicklungsprozeß des sozialen Bereichs schwere Hemmnisse in den Weg legen, zeigt seine für die gesellschaftliche Entwicklung dysfunktionale Rolle.
176 Menke-Glückert, Peter, l.c., S. 217
177 Senghaas, Dieter, Abschreckung und Frieden, a.a.O., S. 88 und 185. Senghaas hat gezeigt, daß die Legitimationsbeschaffung für Rüstungspolitik nur beschränkt ein Ergebnis wechselseitiger Bedrohung, sondern eines Austauschprozesses zwischen Elite und Massen des eigenen Landes ist. Fiktive Konflikterwartungen werden beim Publikum, dem sich die außenpolitischen Beziehungen als Geheimpolitik darstellen, zu realen Bedrohungen. Ebd., S. 180
178 Menke-Glückert, Peter, l.c., S. 223
179 Menke-Glückert, Peter, Friedensstrategien, a.a.O., S. 182 ff; vgl. auch Wittig, Peter, Die Kontrolle der atomaren Rüstungen, München 1967, und Forndran, Erhard, Rüstungskontrolle. Friedenssicherung zwischen Abschreckung und Abrüstung, Düsseldorf 1970
180 Obermann, Emil, Verteidigung, Stuttgart 1970, S. 565
181 Menke-Glückert, Peter, l.c., S. 181
182 vgl. für die Liste der Abkommen SIPRI-Yearbook 1973, Stockholm; die Texte leicht greifbar in: Völkerrechtliche Verträge, dtv 5031/1973
183 vgl. Rehm, Georg, Rüstungskontrolle im Weltraum, Bonn 1965
184 Forndran, Erhard, Probleme der internationalen Abrüstung. Die Bemühungen der Vereinten

Nationen um internationale Abrüstung und Sicherheit 1962-68, Frankfurt 1970; Volle, Hermann und Duisberg, Claus-Jürgen, Probleme der internationalen Abrüstung, 2 Teilbände, Frankfurt-Berlin 1964
185 vgl. Dokumentation zur Abrüstung und Sicherheit, Bonn 1960 ff
186 vgl. Ebert, Theodor, Verteidigung ohne Drohung — Praxeologie der gradualistischen und gewaltfreien Verteidigung, in: Jahrbuch für Friedens- und Konfliktforschung 1, 1971, S. 226; zum Gesamtkomplex: Menzel, Eberhard, Abrüstung in Vergangenheit und Gegenwart in: VDW, Hg., Die amerikanischen und sowjetischen Vorschläge für eine allgemeine und vollständige Abrüstung und die Atomsperrverträge bis 1967; ders., Die Bemühungen um die Abrüstung seit 1945: Mißerfolge und Teilerfolge, in: Picht, Georg; Tödt, Heinz-Eduard, Hg., Studien zur Friedensforschung, Bd. 1, Stuttgart 1969; Waterkamp, Rainer, Atomare Abrüstung. Geschichte, Begriffe, Probleme, Berlin 1965
187 zit. nach Frei, Daniel, Theorien der internationalen Beziehungen, a.a.O., S. 177; vgl. auch Etzioni, Amitai, Der harte Weg zum Frieden, Göttingen 1964
188 Buchan, Alastair, l.c., S. 201
189 ebd., S. 202
190 Rapoport, Anatol, Über die Anwendbarkeit der Friedensforschung, a.a.O., S. 404
191 Senghaas, Dieter, Rüstungsdynamik und Abrüstung, a.a.O., S. 70; ders., Rüstungsdynamik als restriktive Bedingung des Ost-West-Konflikts, a.a.O., S. 53
192 ebd., S. 71 ff
193 Menke-Glückert, Peter, l.c., S. 204; dies ist auch eine Aufgabe der Friedenserziehung
194 vgl. Beserup, Anders und Mack, Andrew, Krieg ohne Waffen, Reinbek 1974; Capitini, Aldo, Die Technik des gewaltlosen Widerstands. Von Jesus bis Martin Luther King, Wuppertal-Barmen 1969; Ebert, Theodor, Gewaltfreier Aufstand, Alternative zum Bürgerkrieg, Frankfurt 1970; Ebert, Theodor, Gewaltfreier Aufstand — Alternative zum internationalen Drohsystem, in: Gewaltfreie Aktion, Bd. 1, 1969, S. 57-76; ders. Hg., Ziviler Widerstand, Fallstudien zur gewaltfreien, direkten Aktion aus der innenpolitischen Friedens- und Konfliktforschung, Düsseldorf 1970; ders. Hg., Wehrpolitik ohne Waffen — vom passiven Widerstand zur sozialen Verteidigung, Opladen, 1972; Papcke, Sven, Gewaltlos aber revolutionär? Zur Kritik der Gewaltfreiheit, in: H.J. Haug, H. Maessen, Hg., Kriegsdienstverweigerer — gegen die Militarisierung der Gesellschaft, Frankfurt 1971, S. 113; Roberts, Adam, Hg., Gewaltloser Widerstand gegen Aggressoren. Probleme, Beispiele, Strategien, Göttingen 1971
195 Am nächsten kommt der sozialen Verteidigung noch das Konzept der unilateralen, der einseitigen und vollständigen Abrüstung, freilich ohne die innenpolitischen Konsequenzen, welche die soziale Verteidigung sieht. So könnte man die soziale Verteidigung als einen zu Ende gedachten Unilateralismus kennzeichnen.
196 Beserup/Mack, a.a.O., S. 32 ff, die einen Überblick des gesamten Maßnahmefeldes vorgelegt haben.
196a Das Prinzip der Gewaltfreiheit ist jedoch nicht nur für den unilateralen Besetzungsfall konzipiert. Es gestattet auch die Durchführung sozialer Veränderungen, ja die soziale Revolution mit den Mitteln gewaltfreier Aktion innerhalb eines Landes. Vgl. Lothar Brock, Volker Hornung, Gernot Jochheim, Thema Frieden, Begleitmaterial zur Sendereihe „Mobilmachung zum Frieden" des Senders SFB, Berlin 1973, S. 127 und Ammann, Walter, Dolci, Danilo, 20 Jahre Sozialarbeit in Westsizilien, Bern 1972
197 diese Position wird immer wieder nachdrücklich von Th. Ebert in Variationen vorgebracht, siehe Anm. 194)
198 Th. Ebert, Verteidigung ohne Drohung — Praxeologien der gradualistischen und gewaltfreien Verteidigung, in: Jahrbuch für Friedens- und Konfliktforschung 1, 1971, S. 236 ff
199 vgl. Franz Freistätter, Experiment gewaltfreie Verteidigung, in: Beiträge zur Konfliktforschung 2, 1972, Heft 3, S. 39 ff
200 ebd., S. 49 f
201 Kimminich, Otto, Einführung in das Völkerrecht, Pullach 1975, S. 36
202 ebd., S. 47 f
203 ebd., S. 51; Während des Mittelalters nahmen die Außenkontakte der Herrschafts- und Personenverbände den Weg über persönliche Rechtsbeziehungen der jeweiligen Führer. Der Reichsgedanke war die adäquate Form der Friedensidee.
204 Rabl, K., Die Völkerrechtsgrundlagen der modernen Friedensordnung, Hannover 1969, Teil II, S. 11
Kimminich, Otto, l.c., S. 56 f; einige Namen für die theoretische Entwicklung: Franciscus de Vitoria (1480-1546), Domingo Soto (1494-1560); Balthasar Ayala (1548-1584), Francisco Suàrez (1548-1617), Alberico Gentili (1552-1608). Sie repräsentieren die spanische Moral-

theologie ihrer Zeit und sind in der Geschichte des Völkerrechts als „spanische Schule" bekannt.
205 Röling, Bert V. A., Völkerrecht und Friedenswissenschaft, a.a.O., S. 11 ff
206 Kimminich, Otto, l.c., S. 60
207 So konnte im großen und ganzen der Friede in Europa von 1815-1914 durch die ein Machtgleichgewicht fordernden Beschlüsse des Wiener Kongresses und ihre praktische Durchsetzung erhalten werden.
208 Kimminich, Otto, Humanitäres Völkerrecht — humanitäre Aktion, München 1972, S. 13
209 Berber, F., Lehrbuch des Völkerrechts, III. Bd. Streiterledigung, Kriegsverhütung, Integration, München, Berlin 1964
210 ebd., S. 47 f, Im Generalvertrag der Westalliierten und der Bundesrepublik legt Art. 9 (1952/54) schiedsgerichtliche Regelungen fest.
211 Kimminich, Otto, Einführung in das Völkerrecht, a.a.O., S. 69; Berber, F., l.c., S. 51 ff, zu den Einzelheiten des Verfahrens
212 Menzel, Eberhard, Das Völkerrecht und die politisch-sozialen Grundstrukturen der modernen Welt, in: Picht, Eisenbart, Hg., Frieden und Völkerrecht, a.a.O., S. 417
213 Hüfner, Klaus, Naumann, J., Das System der Vereinten Nationen. Eine Einführung. Düsseldorf 1974, S. 37
214 die IAO mit Sitz in Genf ist heute eine Sonderorganisation der Vereinten Nationen
215 Hüfner, Klaus, Naumann, J., l.c., mit guter und übersichtlicher Darstellung, S. 48 ff
216 Kimminich, Otto, Humanitäres Völkerrecht — humanitäre Organisation, a.a.O., S. 33 f
217 vgl. Berber, F., l.c., Die Regelung der Streiterledigung durch die Vereinten Nationen, S. 59 ff
218 Hüfner, Klaus, Naumann, J., l.c., S. 54 ff; 86 ff; 111 ff
219 ebd., S. 63 f; 90 ff; 121 ff
220 vgl. Senghaas-Knobloch, Eva, Frieden durch Integration und Assoziation, Stuttgart 1969, S. 27 ff
221 Kimminich, Otto, Einführung in das Völkerrecht, a.a.O., S. 85 f

Literaturverzeichnis

I. Bibliographien und Zeitschriften

Scharffenorth, Gerda und Huber, Wolfgang (Hg.)Bibliographie zur Friedensforschung, Bd. 6 der Reihe Studien zur Friedensforschung, Stuttgart — München 1970
Hüfner, Klaus; Naumann, Jens: Zwanzig Jahre Vereinte Nationen, Internationale Bibliographie 1945-1965, in: Beiträge zur auswärtigen und internationalen Politik, Bd. 2, Berlin 1968
Atomzeitalter (1959-1968) Stuttgart
Beiträge zur Konfliktforschung 1971 ff. Köln
DGFK-Informationen, Bonn
Die Friedenswarte, Kiel
Gewaltfreie Aktion, Vierteljahreshefte für Frieden und Gerechtigkeit, Berlin
Jahrbuch für Friedens- und Konfliktforschung, Bonn
Sicherheitspolitik heute, Zeitschrift für Fragen der Verteidigung, Bad Honnef
Wissenschaft und Frieden, Wien
Zukunfts- und Friedensforschung — Informationen, Hannover
Friedensanalysen. Für Theorie und Praxis, Bd. 1 ff. Suhrkamp, Frankfurt

II. Buchveröffentlichungen.

Albrecht, Ulrich; Bredow, Wilfried von; Brock, Lothar; Hornung, Volker u.a.: Durch Kooperation zum Frieden? München 1974
Aron, Raymond: Frieden und Krieg. Eine Theorie der Staatenwelt. Frankfurt 1963
Bahr, Hans Ekkehart: Politisierung des Alltags — Gesellschaftliche Bedingungen des Friedens. Neuwied 1972
Barnet, Richard: Der amerikanische Rüstungswahn. Reinbek 1971
Beck, Johannes u.a.: Erziehung in der Klassengesellschaft. München 1970
Behrendt, Richard Friedrich: Soziale Strategie für Entwicklungsländer. Frankfurt 1968
Berber, Friedrich: Lehrbuch des Völkerrechts. Bd. 3, Streiterledigung, Kriegsverhütung, Integration. München-Berlin 1964
Betzen, K.; Nipkow, K. E.: Der Lehrer in Schule und Gesellschaft. München 1971
Boserup, Anders; Mack, Andrew: Krieg ohne Waffen, Reinbek 1974
Boulding, Kenneth: Friedenswirtschaft. Bern 1964
Bredow, Wilfried von: Friedensforschung in der Bundesrepublik, in: Blätter für deutsche und internationale Politik, Jg. 16 (1971), S. 22 ff.
Buchan, Alastair: Der Krieg in unserer Zeit. München 1968, ders., Frieden und Krieg in den 70er Jahren. In: Europa-Archiv 9/1969, S. 305-316
Bühl, W. (Hg.): Konflikt und Konfliktstrategie. München 1972
Coser, Lewis: Theorie sozialer Konflikte. Neuwied 1972
Coste, Rene: Gewalt und Frieden. München 1970
Czempiel, Ernst Otto: Die Entwicklung der Lehre von den internationalen Beziehungen. In: Politische Vierteljahresschrift, 6. Jg. Heft 2, Juni 1965
ders. (Hg.): Die anachronistische Souveränität. Köln 1969
ders.: Schwerpunkte und Ziele der Friedensforschung. München 1972
ders.: Friedenssicherung. Freiburg 1973
Denker, Rolf: Angst und Aggression. Stuttgart 1974
Derpa, Rolf: Das Gewaltverbot der Satzung der Vereinten Nationen und die Anwendung nichtmilitärischer Gewalt. Bad Homburg v. d. H. 1970
Deutsch, Karl W.: Neue Forschungsmethoden, Modelle, Theorien. In: Theorien des sozialen Wandels. Wolfgang Zapf (Hg.). Neuwied 1971

ders.: Macht und Kommunikation in der internationalen Gesellschaft. In: Theorien des sozialen Wandels w.o.
ders.: Die Analyse internationaler Beziehungen. Konzeptionen und Probleme der Friedensforschung. Frankfurt 1971
ders.; Senghaas, Dieter: Die Schritte zum Krieg. Eine Übersicht über Systemebenen, Entscheidungsstadien und einige Forschungsergebnisse. In: Aus Politik und Zeitgeschichte. Beilage zum „Parlament" B 47/1970, S. 1-40
Dignath, Walter: Die Friedensbewegung. In: Religion in Geschichte und Gegenwart. Bd. 3, Tübingen 1957
Dörnberger; Galtung; Gromyko; Senghaas (Hg.): Probleme des Friedens, der Sicherheit und der Zusammenarbeit. Beiträge aus Ost- und Westeuropa. Köln 1975
Ebert, Theodor: Macht von unten. Hamburg 1968
Ebert, Theodor: Gewaltfreier Aufstand. Alternative zum Bürgerkrieg. Frankfurt 1970
ders. (Hg.): Ziviler Widerstand. Fallstudien aus der innenpolitischen Friedens- und Konfliktforschung. Düsseldorf 1970
ders.: Vom passiven Widerstand zur sozialen Verteidigung. Wien, Trier 1971
ders.: Friedensbewegung und Friedensforschung. In: Jahrbuch für Friedens- und Konfliktforschung II, 1972 Düsseldorf S. 156 ff
Ehrlich, Paul: Die Bevölkerungsbombe. München 1971
Eibl-Eibesfeld, Irenäus: Krieg und Frieden aus der Sicht der Verhaltensforschung. München 1975
Etzioni, Amitai: Der harte Weg zum Frieden. Göttingen 1965
Fetscher, Iring: Modelle der Friedenssicherung. München 1972
Flechtheim, Ossip: Kann man zum Frieden erziehen? In: Zukunfts- und Friedensforschung — Information 4/1968, S. 100 ff
Forndran, Erhard: Rüstungskontrolle, Friedenssicherung zwischen Abschreckung und Abrüstung. Düsseldorf 1970
ders.: Abrüstung und Friedensforschung. Düsseldorf 1971
Forschung für den Frieden. Fünf Jahre Deutsche Gesellschaft für Friedens- und Konfliktforschung. Eine Zwischenbilanz. Hg. v. Vorstand der DGFK. Boppard/Rhld. Boldt-Verlag 1975
Frank, Jerome: Muß Krieg sein? Darmstadt 1969
Frei, Daniel: Kriegsverhütung und Friedenssicherung. Stuttgart 1970
ders.: Theorien der internationalen Beziehungen. München 1973
Freistätter, Franz: Experiment gewaltfreie Verteidigung. In: Beiträge zur Konfliktforschung 2, 1972, H. 3
Frey, Bruno S.: Umweltökonomie. Göttingen 1970
Fritsch, Bruno: Die vierte Welt. München 1973
ders.: Wachstumsbegrenzung als Machtinstrument. München 1974
Fromm, Erich: Der Moderne Mensch und seine Zukunft. Frankfurt 1973
Fromm, Erich, Herzfeld, Hans (Hg.): Der Friede. Heidelberg 1961
Funke, Manfred (Hg.): Friedensforschung — Entscheidungshilfe gegen Gewalt. München 1975
Galtung, Johan: Modelle zum Frieden. Methoden und Ziele der Friedensforschung. Wuppertal 1972
Gantzel, Klaus Jürgen (Hg.): Internationale Beziehungen als System. Opladen 1973
Goldschmitt, Dietrich: Thesen zu Frieden, Bewußtseinsbildung und Erziehung. In: Zukunfts- und Friedensforschung — Information. Jg. 4/1968
Grossner, Klaus: Ein militärisch-industrieller Komplex in der Bundesrepublik. In: Barnet, Richard: Der amerikanische Rüstungswahn oder die Ökonomie des Todes. Reinbek 1971
Hallgarten, George: Das Wettrüsten. Frankfurt 1967
Hanke, A.: Friedenspläne und Friedensorganisation. Düsseldorf
Hassenstein, Bernhard: Aggression und Information. In: Neue Sammlung. Jg. 1968, H. 5
Heinemann, Gustav D.: Das Wissen verfügbar machen. In: DGFK-Information 3/74 — 1/75
Heinrichs, Jürgen: Hunger und Zukunft. Göttingen 1970
Hoffmann, Gerhard: Die Grenzen rechtlicher Streiterledigung. Karlsruhe 1969
Horn, Klaus: Psychologische Vorstellungen über Aggression und erzieherische Konsequenzen. In: Probleme der Friedenserziehung. Bonn 1970
Huber, Wolfgang: Friedensforschung — Grundbegriffe und Modelle. In: Picht, Georg/Huber, Wolfgang: Was heißt Friedensforschung? München 1971
Hüfner, Klaus; Naumann, Jens: Das System der Vereinten Nationen. Gütersloh 1973
Jaeger, H. (Hg.): Friede durch soziale Gerechtigkeit. Michenbach 1959
Jahrbuch für Friedens- und Konfliktforschung Bd. I: Bedrohungsvorstellungen als Faktor der internationalen Politik. Düsseldorf 1971. Bd. II: Friedensforschung und politische Praxis. Düsseldorf 1972

June, Gerd: Spieltheorie in der internationalen Politik. Gütersloh 1972
Kabel, Rainer: Mobilmachung zum Frieden. Tübingen 1971
ders.: Friedensforschung. Anfänge und erste Ergebnisse. Bonn 1971
Kahn, Herman: Eskalation. Die Politik der Vernichtungsspirale. Berlin 1966
Kaiser, Karl: Friedensforschung in der Bundesrepublik. Göttingen 1970
Kaplan; Morton u.a.: Modernes Völkerrecht, Form und Mittel der Außenpolitik. Berlin 1965
Kebschull, Dietrich: Entwicklungspolitik — eine Einführung. Gütersloh 1971
Kempe, Martin: SPD und Bundeswehr. Studien zum militärisch-industriellen Komplex. Köln 1973
Kimminich, Otto: Völkerrecht im Atomzeitalter. Freiburg 1969
ders.: Humanitäres Völkerrecht — humanitäre Aktion. München, Mainz 1972
Klönne, Arno: Friede und politische Bildung. In: Werkhefte, Zeitschrift für Probleme der Gesellschaft und des Katholizismus. 25. Jg. Juli 1971
Knobloch, Eva: Wege der Friedensforschung. In: Pädagogische Arbeitsblätter. Bd. 20, 1968, H. 4, S. 49 ff
Kobler, Franz (Hg.): Gewalt und Gewaltlosigkeit. Handbuch des aktiven Pazifismus. Zürich — Leipzig 1928
Kock, Klaus: Bericht über Forschungsvorhaben, Institutionen und Planungen, mit denen Voraussetzungen für eine Begründung der Friedensforschung in der Bundesrepublik gegeben sind. München 1970
Köhle, Klaus: Problemkreis:Krieg und Frieden. Einführung in die Grundfragen der internationalen Politik. München 1972
ders.: Durch Kriegsverhüten zum Krieg? Die politischen Aussagen der Weizsäcker-Studie „Kriegsfolgen und Kriegsverhütung". München 1972
Krippendorf, Ekkehardt (Hg.): Friedensforschung. Köln 1970
Krockow, Christian: Ideologische Bedingtheit des Krieges. In: Krieg oder Frieden. München 1970
Krysmanski, Hans Jürgen: Soziologie des Konflikts. Reinbek 1972
Lehmann-Rußbüldt, Otto: Der Kampf der deutschen Liga für Menschenrechte für den Weltfrieden. Berlin 1927
Lemberg, E.; Bauer, A.; Klaus-Roeder, R.: Schule und Gesellschaft. München 1971
Lorenz, Konrad: Das sogenannte Böse. Zur Naturgeschichte der Aggression. Wien 1964
Malunke, Hans Heinrich: Das Problem der Einheit der Völkerrechtsgemeinschaft und die Organisation der internationalen Sicherheit. Berlin 1965
Matthöfer, Hans: Den Krieg verhindern, den Frieden bewahren. In: DGFK-Informationen 3/74-1/75
Maurach, Reinhart; Meissner, Boris (Hg.): Völkerrecht in Ost und West. Stuttgart 1966
Mayr, Kaspar: Der andere Weg. Dokumente und Materialien zu einer europäisch-christlichen Friedenspolitik. Nürnberg o.J.
Mc Namara, Robert S.: Die Jahrhundertaufgabe — Entwicklung der Dritten Welt. Stuttgart 1974
Meadows, Denis: Die Grenzen des Wachstums. Stutrgart 1974
ders.: Wachstum bis zur Katastrophe? Stuttgart 1974
Menke-Glückert, Peter: Friedensstrategien. Reinbek 1969
Menzel, Eberhard: Das Völkerrecht und die politisch-sozialen Grundstrukturen der modernen Welt. In: Picht/Eisenbart (Hg.): Frieden und Völkerrecht. Stuttgart 1973
ders.: Abrüstung in Vergangenheit und Gegenwart. In: VDW (Hg.): Die amerikanischen und sowjetischen Vorschläge für eine allgemeine und vollständige Abrüstung und die Atomsperrverträge bis 1967. Hannover 1970
Mischke, Ferdinand Otto: Rüstungswettlauf. Ursachen und Auswirkungen. Stuttgart 1972
Mitscherlich, Alexander: Die Idee des Friedens und die menschliche Aggressivität. Frankfurt 1969
ders.: Bis hierher und nicht weiter! Ist die menschliche Aggression unbefriedbar? München 1969
Montague, M. F. Ashley: Mensch und Aggression. Der Krieg kommt nicht aus unseren Genen. Weinheim 1974
Myrdal, Gunnar: Politisches Manifest über die Armut in der Welt. Frankfurt 1970
Nerlich, Uwe: Krieg und Frieden. Gütersloh 1966
Nicholson, M.: Konfliktanalyse. Gütersloh 1973
Oberländer, Emil (Hg.): Verteidigung. Stuttgart 1970
Papcke, Sven: Gewaltlos aber revolutionär? Zur Kritik der Gewaltfreiheit. In: Haug, H. J./Maessen, H. (Hg.): Kriegsdienstverweigerer — gegen die Militarisierung der Gesellschaft. Frankfurt 1971
Pawelka, Peter: Vereinte Nationen und strukturelle Gewalt. München 1974
Pfeifenberger, Werner: Die Vereinten Nationen. Ihre politischen Organe in Sicherheitsfragen. Salzburg, München 1971
Pfister, Hermann; Walter, Alfred: Friedensforschung in der Bundesrepublik Deutschland. Eine ausgewählte Dokumentation. Pädagogische Informationen. Waldkirch 1975

Picht, Georg: Was heißt Friedensforschung? In: Merkur Jg. 25 (1971). H. 274-2, S. 105 ff.
ders.: Die Bedingungen des Überlebens. Von den Grenzen der Meadows-Studie. In: Merkur, Bd. 27, H. 3, 1973
Picht, Georg; Eisenbart, Constanze (Hg.): Frieden und Völkerrecht. Stuttgart 1973
Pitomkin, Sorokin: Social and cultural dynamic. New York 1977
Plack, Arno: Der Mythos vom Aggressionstrieb. München 1973
Rabl, Kurt: Die Völkerrechtsgrundlagen der modernen Friedensordnung. 2 Bde. Hannover 1967, 1969
Röling, Bert V. A.: Einführung in die Wissenschaft von Krieg und Frieden. Neukirchen 1971
ders.: Völkerrecht und Friedenswissenschaft.
ders.: Die Lage der Friedenswissenschaft. In:DGFK-Hefte, H. 4, Juli 1974
Rogge, Heinrich: Friedenswissenschaft — eine Aufgabe unserer Zeit. In: Soziale Welt, Jg. 2, H.1, Oktober 1950
Rupp, Hans Karl: Außerparlamentarische Opposition in der Ära Adenauer. Köln 1970
Schatz, Oskar (Hg.): Der Friede im nuklearen Zeitalter. München 1970
Scheer, Friedrich Karl: Die Anfänge der Friedensforschung in der historischen Friedensbewegung Deutschlands. In: Jahrbuch für Friedens- und Konfliktforschung 2, 1972
Schlemmer, Johannes (Hg.): Krieg oder Frieden? Wie lösen wir in Zukunft die politischen Konflikte? München 1970
Schmidbauer, Wolfgang: Die sogenannte Aggression. Hamburg 1972
Schmidt, Rainer: Frieden konkret. Essen 1969
Schröder, Dieter: Die dritte Welt und das Völkerrecht. Frankfurt 1970
Schweitzer, Michael: Friedensvölkerrecht. Bad Homburg v.d.H. 1970
Senghaas, Dieter: Horizonte einer Disziplin. In: Politische Vierteljahresschrift, 6. Jg. H. 3, September 1965
ders.: Internationale Beziehungen. In: Zeitschrift für Politik, Bd. 14, 1967
ders.: Internationale Beziehungen: Amerikanische Beiträge zur Theorie 1960-1966. In: Zeitschrift für Politik. Jg. 14, H. 1, 1967
ders.: Konflikt und Konfliktforschung. In: KZfSS, Bd. 21, 1969, H. 1
ders.: Abschreckung und Frieden. Frankfurt 1969
ders.: Zur Analyse von Drohpolitik in den internationalen Beziehungen. In: Aus Politik und Zeitgeschichte. B. 26, 1970
ders. (Hg.): Zur Pathologie des Rüstungswettlaufs. Frankfurt 1971
ders.: Aggressivität und kollektive Gewalt. Frankfurt 1971
ders.: Rüstung und Militarismus. Frankfurt 1971
ders.: (Hg.): Kritische Friedensforschung. Frankfurt 1971
Senghaas, Dieter (Hg.): Imperialismus und strukturelle Gewalt. Frankfurt 1972
ders. (Hg.): Friedensforschung und Gesellschaftskritik. Frankfurt 1973
ders. (Hg.): Peripherer Kapitalismus. Frankfurt 1974
ders.: Gewalt, Konflikt, Frieden. Frankfurt 1974
ders.: Menschheit am Wendepunkt. Kommentar zur Studie des Club of Rome. In: DGFK-Informationen 3/74-1/75
Senghaas, Dieter; Knobloch, Eva: Frieden durch Integration und Assoziation. Stuttgart 1969
Simson, Werner von: Die Verteidigung des Friedens. Beiträge zu einer Theorie der Staatengemeinschaft. München 1975
Studien zur Friedensforschung (Hg.: G. Picht, H. Tödt, H. T. Risse. München-Stuttgart, Klett-Kösel 1969 ff.)
Band 1: Picht/Tödt (Hg.): Studien zur Friedensforschung
Band 4: Huber Wolfgang (Hg.): Historische Beiträge zur Friedensforschung
Band 7: Kuhn, Annette: Theorie und Praxis historischer Friedensforschung
Band 8: Weizsäcker, Ernst v.: Humanökologie und Umweltschutz
Band 12: Scharffenorth, Gerda; Huber, Wolfgang (Hg.): Neue Bibliographie zur Friedensforschung
Suttner, Berta von: Die Waffen nieder! Wien 1966
dies.: Rüstet ab! Graz 1960
dies.: Lebenserinnerungen. Berlin 1970
Timmermann, Willi: Strukturelle Unterbeschäftigung als Entwicklungsproblem der Dritten Welt. Meisenheim/Glan 1974
Vilmar, Fritz: Kritische Friedensforschung als Grundlage einer Friedenspädagogik. In: Gesellschaft, Staat, Erziehung. H. 6, 1971
ders.: Sozialistische Friedenspolitik für Europa. Hamburg 1972
ders.: Strategien der Demokratisierung. Bd. I und II, Neuwied 1973

ders.: Rüstung und Abrüstung im Spätkapitalismus. Hamburg 1973
Volle, Herman; Duisberg, Claus Jürgen: Probleme der internationalen Abrüstung. 2 Bde. Frankfurt-Berlin 1964

Voß, Werner: Friedenssicherung und internationales Gleichgewicht. In: Sicherheitspolitik heute. 1/74
Waterkamp, Rainer: Atomare Abrüstung. Geschichte, Begriffe, Probleme. Berlin 1965
ders.: Konfliktforschung und Friedensplanung. Berlin 1971
Weiler, Rudolf; Zsfkovits, Valentin (Hg.): Unterwegs zum Frieden. Beiträge zur Idee und Wirklichkeit des Friedens. Wien 1973
Weizsäcker, Carl Friedrich von: Die Verantwortung der Wissenschaftler im Atomzeitalter. Göttingen 1957
Weizsäcker, Ernst von: BC-Waffen und Friedenspolitik. Stuttgart 1970
Weizsäcker, Carl Friedrich von: Bedingungen des Friedens. Göttingen 1964
ders. (Hg.): Kriegsfolgen und Kriegsverhütung. München 1971
Wengler, Wilhelm: Das völkerrechtliche Gewaltverbot. Probleme und Tendenzen. Berlin 1967
Wright, Quincy: A Study of War. Chikago 1942
Wulf, Christoph (Hg.): Kritische Friedenserziehung. Frankfurt 1973
Zellentin, Gerda: Intersystemare Beziehungen in Europa. Bedingungen der Friedenssicherung. Leiden 1970

II. Lernziel Frieden
Walter Tröger

Vorbemerkungen

Wie die Ausführungen im Kap. 1 deutlich gemacht haben, läßt sich der Begriff des Friedens nicht scharf umgrenzen. Von seiner Entwicklungsgeschichte her wie in seinem gegenwärtigen Gebrauch meint er sowohl klar umschreibbare Ereignisse (z.B. Friedensverträge), wie das höchste Ziel menschlichen Zusammenlebens; er umschließt politisch-militärische Bedingungen wie psychologische, wirtschaftliche, neuerdings zunehmend technisch industrielle. Auch seine Gegenbegriffe Krieg und Gewalt haben seit der Erfindung des Kalten Krieges und seit Galtungs Definition der „strukturellen Gewalt" ihren Umfang immer mehr ausgeweitet und meinen heute praktisch dasselbe wie das Mittelalter mit dem „Bösen". Diese höchst komplexen Begriffe werden mit dem Erziehungsbegriff verbunden, der seinerseits philosophische, psychologische, soziologische, politische, biologische und viele andere Komponenten umfaßt; so daß ein unübersichtliches, ungeklärtes, kaum abzugrenzendes und schwer durchschaubares Begriffsgebilde entsteht. Zudem sind viele der normativen Voraussetzungen und noch mehr der empirischen ungeklärt. Wir haben, um das bekannteste Beispiel zu nennen, kein sicheres Wissen über die Ursachen von Krieg und Gewalt und ebensowenig über die zweckmäßigsten Maßnahmen zu ihrer Eindämmung. Wir wissen, um eine ebenso dringende, aber weniger diskutierte Frage anzuführen, nichts Sicheres über die „wahren" Bedürfnisse der Menschen, deren Erfüllung eben den Frieden bedeuten würde.
„Die Pädagogik steht dieser Situation mit einem großen (freilich noch nicht überall verbreiteten) Schuldgefühl gegenüber, weil die so sich darstellende Welt von ihr mehr oder minder entscheidend mitgestaltet wurde: teils aus sorglosem Subjektivismus, teils aus unpolitischem Anpassungsverhalten und fruchtloser Akribie im Detail, teils aber auch aus grundsätzlicher Unfähigkeit" (1). Ihre Antwort auf diese Situation wird erschwert durch die Tatsache, daß die Friedenserziehung kaum über eine Tradition verfügt, an die wir uns halten könnten. Der einzige Ansatz, der älter ist als 10 Jahre, der pazifistische, wird von den meisten gegenwärtigen Kritikern verworfen.
In dieser Situation sind keine perfekten Ergebnisse zu erwarten. Die folgenden Überlegungen arbeiten viel mit Wahrscheinlichkeiten, Vermutungen und Wenn-Dann-Schlüssen, es bleibt nichts anderes übrig. Sie versuchen damit, einen Überblick über das Problemfeld nach dem Stand der Diskussion und aufgrund pädagogischer Erfahrungen zu geben

1. Zur Problemstellung

Die vorausgehenden Kapitel haben gezeigt, wie es zu Unfrieden und Kriegsdrohungen in unserer Zeit gekommen ist; sie beschrieben die Etappen auf dem Weg zur Einsicht in die Ursachen und die vielfältigen theoretischen und praktischen Bemühungen, daraus Konsequenzen zu ziehen. Das Ergebnis läßt sich in dem berühmten Satz Kennedys zusammenfassen: „Wenn die Menschheit nicht dem Krieg ein Ende macht, wird der Krieg der Menschheit ein Ende machen." Zum Frieden gibt es keine Alternative mehr.
Sieht man mit Arnold Toynbee die Geschichte vorwärtsgetrieben durch die Dialektik von challenge and response, von Aufgaben der Zeit und Antworten der Menschen, so hängt von unserer Antwort auf die Herausforderung des Friedens ab, *wie* und — darüber hinaus heute zum ersten Mal — *ob* die Geschichte weitergeht. Da diese Aufgabe ebenso schwer wie unausweichlich ist und da in dem rasch und intensiv fortschreitenden Prozeß der „Planetarisierung" (2) die gesamte Menschheit vom Unfrieden betroffen ist, sind alle Institutionen herausgefordert, ihn zu überwinden, also auch die Erziehung: Nahezu alle Vertreter der Friedensforschung sind sich darin einig, daß Friede nicht möglich ist ohne einen tiefgehenden Wandel des Bewußtseins und ohne das Engagement möglichst vieler Menschen, nicht nur einiger Fachleute; das erfordert die Mitwirkung der Erziehung.
Die Notwendigkeit der Friedenserziehung ergibt sich somit als Konsequenz aus der Friedensforschung, die praktische Möglichkeiten sucht, andererseits aber auch aus den Intentionen der Erziehung. Fragt man nach der pädagogischen Begründung für die Aufstellung des Friedens als Erziehungsziel, so läßt sich die Argumentation im Grunde auf zwei Sätze zurückführen.
1. Auf die alte Norm: nicht für die Schule (und damit auch für die Familie, für das Heim usw.) sollen wir erziehen, sondern für das Leben.
2. Auf die Tatsachenfeststellung: „Der Friede ist die Lebensbedingung des technischen Zeitalters" (3).
Stimmt man diesen Prämissen zu, so ergibt sich als Folgerung: Erziehung für das Leben heißt heute Erziehung für den Frieden. Diese wird zur wichtigsten aller Erziehungsaufgaben, weil sie Voraussetzung für alle anderen denkbaren Erziehungsaufgaben ist.
Die zweite Prämisse fällt in die Zuständigkeit der Friedensforschung, wie sie in den vorausgehenden Kapiteln dargestellt wurde. Die erste Prämisse ist als selbstverständliches Motiv in den gegenwärtigen Richtungen der Erziehungswissenschaft enthalten, die z.B. unter den Stichworten Emanzipation oder Chancengleichheit alte und abstrakte Erziehungsziele (Entfaltung der Persönlichkeit, Freiheit, Mündigkeit) durch Verbindung mit der gesellschaftlichen Realität zu konkretisieren versuchen. Eben diese Verbindung von Individuellem und Politischem, von abstrakten Normen mit konkretem Verhalten ist auch für den Friedensbegriff kennzeichnend, der ja in seinen Konsequenzen nichts anderes meint als eine *Gesellschafts*struktur, in der der *einzelne* tatsächlich in Freiheit als Person leben kann.
Von diesem Schnittpunkt von Friedensforschung und Erziehungswissenschaft aus lassen sich folgende Auswirkungen denken:
1. Die Anerkennung des Friedens als pädagogische Aufgabe kann den Konkretisierungsprozeß der pädagogischen Theorie weiterführen, indem sie ein weiteres, nachdrückliches Motiv für die Hinwendung zur gesellschaftlichen Realität darstellt und gleichzeitig genauer angibt, in welcher Richtung die Gesellschaft zu untersuchen und zu verändern ist.

2. Friedenserziehung kann der Tendenz zur Zersplitterung in einzelne Schulen und Richtungen der pädagogischen Theorie und Praxis entgegenwirken und zur Integration des vielfältig aufgegliederten Erziehungs- und Bildungssektors beitragen, da der Friede in den wichtigsten Wertordnungen der Vergangenheit und in allen denkbaren Wertordnungen der Zukunft ein Zentralbegriff ist. (4)

3. Diese integrative Wirkung könnte verschiedene Gräben überbrücken:
- die Kluft zwischen abstrakter Theoriebildung, empirischer Forschung und einem davon weitgehend unberührten Erziehungsalltag,
- die Gegensätze zwischen zerstrittenen Gruppen, ganz gleich, ob sie ihre Differenzen mehr wissenschaftstheoretisch oder mehr politisch-ideologisch begründen,
- das beziehungslose Nebeneinander vieler Erziehungs- und Bildungsinstitutionen, die weitgehend hauseigenen Praktiken folgen, ohne voneinander viel Notiz zu nehmen,
- das Auseinanderreißen von Tradition und Fortschritt, da der Friede in beiden von grundlegender Bedeutung ist.

Selbstverständlich sind von dieser Integrationswirkung keine Wunder zu erwarten. Sie ist nicht so zu verstehen, als ob der Friedensgedanke in erhabener Unantastbarkeit über allen Meinungsverschiedenheiten schweben sollte. Vor allem wo es um die nähere Bestimmung des „positiven" Friedens geht, ist es ebenso unausweichlich wie fruchtbar, daß er in den Meinungsstreit mit hineingezogen wird; sonst bleibt er eine Leerformel. Insofern gibt gerade der Friedensbegriff selbst neuen und besonders explosiven Anlaß zum Streit. Andererseits ist der Zwang zum Überleben völlig unabhängig von allen Ideologien und Institutionen; als „Lebensbedingung des technischen Zeitalters" ist der Friede die Lebensbedingung *aller* Staaten, Gruppen und Parteien der Industriegesellschaft. Johan Galtung sagt dazu: „Der Gebrauch des Wortes „Frieden" kann an sich friedensfördernd sein, insofern er eine gemeinsame Basis schafft, ein Gefühl der Gemeinsamkeit der Ziele und Absichten, das den Boden für spätere tiefere Bedingungen bereiten kann" (5).

4. Es gibt heute kaum ein anderes Erziehungsziel, das auf allen Ebenen des pädagogischen Denkens so anregend und fruchtbar sein kann, vom Prinzipiellen bis zu einzelnen Interaktionen und auch in allen pädagogischen Bereichen, in der Familien- und Schulerziehung sowie in der außerschulischen Jugendarbeit und in der Erwachsenenbildung. Die Bemühungen um den Frieden haben in kurzer Zeit eine Vielzahl abstrakter theoretischer Erörterungen, komplexe empirische Analysen, scharfe Kontroversen, aber auch eine Reihe von konkreten Modellen hervorgebracht. Auch wenn diese Ansätze zum großen Teil beziehungslos nebeneinander, ja gegeneinander stehen (6), so zeigt sich in der Spannweite der Diskussion mindestens die anregende, allerdings nicht immer die integrierende Wirkung, die man von der Suche nach der Antwort auf die Herausforderung des Friedens für die Erziehung erwarten könnte.

2. Die bisherige Entwicklung der Friedenserziehung

Die Entwicklung von Ansätzen zu einer Theorie der Friedenserziehung fällt zeitlich etwa zusammen mit dem Anfang der Bemühungen um eine Entspannung zwischen Ost und West und den Vorzeichen eines möglichen Nord/Süd-Konfliktes. Der Zusammenhang der pädagogischen Friedensforschung mit der politischen war bis 1970 gering, doch lassen sich immerhin Parallelen der Entwicklung feststellen, die auf bestimmte Entsprechungen beider Richtungen hinweisen. Nach 1970 lehnte sich die Theorie-Diskussion der Friedenserziehung deutlicher an die sozialwissenschaftlichen Forschungsergebnisse an, um in jüngster Zeit, nach der Diskussion und teilweisen

Einarbeitung der wichtigsten Ergebnisse, wieder mehr zur internen erziehungswissenschafltichen Auseinandersetzung zurückzukehren.

2.1 Drei Ansätze

Die von Franz Hamburger (7) vorgenommene chronologische Einteilung der Friedenserziehung entspricht etwa der Beschreibung von Phasen der Friedensforschung durch Nicklas und Ostermann (8). Beide Stufenfolgen zusammen geben zwar ein etwas vereinfachtes Schema, ermöglichen aber eine erste Orientierung.
1. In den frühen 50er Jahren gingen Friedensforschung wie Friedenserziehung von dem Satz der UNESCO aus, daß Kriege in den Köpfen der Menschen beginnen und daher auch dort bekämpft werden müßten. Das führte zu Untersuchungen über Vorurteile, nationale Stereotype und ähnliche Probleme. Im wesentlichen entsprach das dem Pazifismus der 20er Jahre.
Friedrich Wilhelm Foerster, einer der wenigen engagierten Pädagogen unter den Pazifisten dieser Zeit, schrieb schon 1917, noch mitten im Ersten Weltkrieg, daß die Erziehung zum Frieden „die eigentliche Antwort der Erziehungswissenschaft auf die Katastrophe des Weltkriegs" sein müsse. Er erklärte den Krieg als moralisches Problem, als Folge des allgemeinen Egoismus der Menschheit; Grundlage der pädagogischen Gegenwirkung sollte demgemäß eine konsequente sittlich-religiöse Erziehung sein (9). In ähnlicher Weise sah die Friedenserziehung nach dem Zweiten Weltkrieg den Frieden als normative Idee, deren Realisierung in erster Linie durch den Appell an das persönliche Gewissen des einzelnen zu leisten sei.
2. Ende der 50er Jahre setzte sich in der Friedensforschung ein stärker politischer Zug durch. Der Krieg wurde unter Gesichtspunkten der Politik vor allem als Machtmittel analysiert. Das führte zum Entwurf internationaler Kooperations- und Integrationsmodelle als Weg zur Friedenssicherung. Es dauerte längere Zeit, bis dieser Ansatz einen Niederschlag in der Pädagogik fand. Von hier aus und auch aufgrund anderer Einflüsse, insbesondere von der Lernpsychologie und der Verhaltensforschung her, entstanden Bemühungen, welche Zusammenarbeit und Solidarität, also das praktische Verhalten in den Vordergrund stellten. Da auch sie vor allem den einzelnen und die Kleingruppe im Auge hatten, können sie als Weiterführung (im Sinn der Konkretisierung) des ersten Ansatzes betrachtet werden.
3. Ende der 60er Jahre begann die kritische Friedensforschung, den Komplex Krieg und Frieden unter neuen Gesichtspunkten zu analysieren. Dieter Senghaas machte in seinen Untersuchungen deutlich, daß individuelle und kollektive Aggressionen tatsächlich eng zusammenhängen, aber anders als der Pazifismus das sich zu kurzschlüssig, als bloße Summierung, vorgestellt hatte. Friedlosigkeit ist „organisiert" von Machtgruppen, die in dem internationalen Drohsystem die Chance zur Aufrechterhaltung innerstaatlicher Ungleichheiten erkannt haben. Abschreckung bleibt „ohne den Rückhalt in kollektiver Psyche" unglaubwürdig; daher kommt eine solche Politik, ob gewollt oder nicht, „einer politisch kalkulierten Erziehung der Gesellschaft zum Unfrieden" gleich (10). So wurde die Verflechtung der außenpolitischen Friedlosigkeit mit innenpolitischen Machtinteressen und damit die Abhängigkeit des negativen Friedens, der Kriegsverhütung, vom positiven Frieden der sozialen Gerechtigkeit durchschaubar.
Von großem Einfluß waren die Studien skandinavischer Wissenschaftler zum Themenkreis Konflikt und Gewalt, wobei vor allem Galtungs Analyse der „strukturellen Gewalt" bahnbrechend wirkte (11).
Etwa um dieselbe Zeit, zum Teil unter dem direkten Einfluß der „kritischen Frie-

densforschung", begann sich das Interesse an Fragen der Friedenserziehung auszuweiten, so daß man seitdem von den Anfängen einer selbständigen Disziplin mit eigenen Fragestellungen sprechen kann. Diese Ausweitung hatte gleichzeitig eine erhebliche Differenzierung der einzelnen Ansätze zur Folge. Entsprechend dem politikwissenschaftlichen Ausgangspunkt läßt sich als Gemeinsamkeit die Verlagerung des Interesses vom einzelnen auf Gesellschaftsveränderung hin feststellen.
Dieses Ziel erfordert aufgrund der sozialwissenschaftlichen Ergebnisse und damit im Gegensatz zu den früheren Auffassungen vor allem die Erziehung zu gesellschaftskritischem Bewußtsein und politischer Aktivität. Im einzelnen unterscheiden sich die Standpunkte freilich erheblich; sie reichen von radikalen Auffassungen, die die einzig mögliche Antwort auf die organisierte Friedlosigkeit in einer Erziehung zur Revolution sehen, bis zu Positionen, die sich mehr von Evolution und Reform erwarten. Insgesamt wurde so der bisher vernachlässigte politische Aspekt nunmehr in seinem ganzen Gewicht in die Diskussion eingebracht. Der Nachteil war, daß er nicht mit dem individuellen verbunden, sondern seinerseits verabsolutiert wurde und diesen verdrängte. So ergab sich ein starkes Übergewicht der politischen Analysen über die pädagogischen und eine zunehmende Distanz der pädagogischen Theorie zur Praxis (12).

2.2 Das Verhältnis der Ansätze zueinander

Die verschiedenen Ansätze lassen sich nicht einfach in falsche und richtige einteilen. Der historische Ablauf kann nicht nur als Überwindung des Irrtums interpretiert werden; er hat insofern einen systematischen Aspekt, als er wesentliche, aber für sich allein jeweils unzureichende Problemdimensionen entfaltet. Schon der normative Ansatz im Pazifismus kann kaum als überholt (im Sinne von widerlegt) betrachtet werden; denn der Friedensbegriff, wie immer man ihn definiert, bezeichnet einen anzustrebenden, nirgends voll realisierten Zustand und insofern eine Norm: etwas, das sein soll. Zu erreichen ist er nur durch „eine außerordentliche moralische Anstrengung", wie es Carl Friedrich von Weizsäcker formulierte, dem man kaum Blindheit gegenüber politischen und militärischen Aspekten vorwerfen kann (13).
Die Schwäche dieser Position im pädagogischen Bereich liegt in der Überschätzung des individualistischen Aspektes: Er hat die Kluft zwischen dem einzelnen und dem Frieden im großen zu wenig gesehen und daher die Aufgabe der pädagogischen Vermittlung zu kurz angesetzt. Andererseits aber setzt auch ein Engagement im Sinn der gesellschaftsbezogenen Friedenserziehung nach wie vor die moralische Entscheidung des einzelnen für den Frieden voraus. Es ist daher nicht viel geholfen, wenn lediglich die individualistische Einseitigkeit durch die gesellschaftliche ersetzt und unter der Überschrift Friedenserziehung nur mehr politische Probleme abgehandelt werden. Ähnliches gilt von den einzelnen Richtungen innerhalb des dritten Ansatzes. In diesem Sinn hat die Studiengesellschaft für Friedensforschung von Anfang ihrer Arbeit in den 60er Jahren an die von Weltanschauungen unabhängige, alle Gruppen verpflichtende Seite des Friedens betont und in dem bisher umfassendsten Ansatz versucht, Ergebnisse aus verschiedenen Richtungen und Disziplinen für Grundsatzdiskussionen und praxisbezogene Unterrichtsmodelle zu vermitteln. Gewiß wäre eine Nivellierung der Unterschiede unsinnig. Die kritische Auseinandersetzung einzelner Richtungen ist, wie in jeder wissenschaftlichen Disziplin, ein unentbehrlicher Antrieb für die Entwicklung der Friedenspädagogik insgesamt. In der Forschung hat die kontroverse Profilierung einzelner Ansätze den guten Sinn, ihre Tragweite konsequent zu erproben und auszuschöpfen; vorschnelle Synthesen würden verhindern, daß eine Partial-Theorie — und andere gibt es vorläufig nicht — das wirklich leistet, was sie leisten kann.

In der Erziehungspraxis liegen die Dinge jedoch anders. Hier geht es um den einzelnen in seiner komplexen Lebensrealität. Ihm ist mit einseitigen Interpretationen nicht geholfen, da er sich nicht, wie der Wissenschaftler, unbequeme Fakten durch Wegschauen vom Halse halten kann. Das verpflichtet den Erzieher, soweit erkennbar, an die ganze Wirklichkeit, mit allen Dimensionen und Faktoren heranzuführen, zumindest dafür offen zu halten, ohne die Welterfahrung von vornherein auf ein bestimmtes theoretisches Muster festzulegen.

2.3 Zum gegenwärtigen Stand der Diskussion

Zur Kennzeichnung des gegenwärtigen Diskussionsstandes der Friedenserziehung drängen sich vor allem zwei Momente auf, eine deutliche Ernüchterung in bezug auf die Möglichkeiten von Friedensforschung und Friedenserziehung und die Ausweitung der Problematik durch die sich abzeichnende ökologische Krise.
Zunächst zur Ernüchterung. Sie hat vielfältige Wurzeln und Ausprägungen. Deutlich zeigt sie sich in der Enttäuschung der Öffentlichkeit über den bisherigen Verlauf der Friedensforschung und vor allem gegenüber den Ergebnissen der außenpolitischen Entspannung. Die letzten Jahre haben zudem deutlich gemacht, daß die Bevölkerung revolutionäre Systemveränderungen ablehnt. Sie hält sich bei der Beurteilung von gesellschaftlichen Alternativen nicht an idealistische Utopien, sondern an die derzeit vorhandenen Beispiele revolutionärer Gesellschaftsveränderungen, und in diesen ist kein Fortschritt an Freiheit erkennbar. Die Rezession hat die Erfahrung vermittelt, daß nicht nur die Veränderung, sondern auch schon die Erhaltung des Erreichten ein erstrebenswertes Ziel sein kann, selbst wenn es noch weit vom Idealzustand entfernt ist, und das hat die Erkenntnis, daß grundlegende Veränderungen notwendig sind, bei vielen verdrängt.
Innerhalb der Friedenserziehung geht das Unbehagen vor allem davon aus, daß der Aufschwung der letzten Jahre nicht zu einem einheitlichen Forschungs- und Arbeitszusammenhang geführt hat. Schierholz konstatiert ein unkoordiniertes, ja unverbundenes Nebeneinander zahlreicher Einzelansätze, das zur Desorientierung und Verunsicherung nicht nur der Praktiker, sondern auch vieler Wissenschaftler geführt hat (14). Schuld daran ist u.a., daß einzelne Aspekte verabsolutiert und jeweils die anderen Aspekte in Bausch und Bogen abgelehnt wurden; so kommt es kaum zur Diskussion, geschweige denn zur Kooperation. Friedenserziehung ist zur Zeit (noch) keine Bezeichnung für eine einigermaßen in sich zusammenhängend strukturierte pädagogische Disziplin, sondern ein Sammelname für viele Einzelversuche.
„Wenn es ... beim derzeitigen Stand des Selbstverständnisses und der Selbstkritik bleibt, kann ihre (der Friedenserziehung, der Verfasser) Perspektive nur düster aussehen" (15). Es wäre daher an der Zeit, die übertriebene Gegnerschaft zwischen den einzelnen Positionen zu überwinden und eine Verbindung der verschiedenen Aspekte zu suchen.
Das ist umso dringender, als die Problematik sich inzwischen ausgeweitet und verschärft hat. Der Krieg ist nicht mehr die einzige Bedrohung der Menschheit: Ernährungskrise und ökologische Katastrophen werden ihr auf lange Sicht kaum weniger gefährlich werden. Diese Fragen sind ebenso wie das Verhältnis zur Dritten Welt zwar schon Gegenstand von curricularen Versuchen und Unterrichtsmodellen geworden, aber die Zusammenfassung der bisher getrennten Ansätze zu einer gemeinsamen Strategie der Friedenserziehung steht noch aus.

3. Dimensionen des Friedens im Blickpunkt der Pädagogik

Die Differenz zwischen den beschriebenen Ansätzen der Friedenserziehung liegt in Meinungsverschiedenheiten über die Ursachen des Unfriedens, über die nähere Beschreibung der pädagogischen Ziele und über die einzuschlagenden Wege. Erziehung sollte eine begründete und damit verantwortbare Vorstellung vom Ergebnis ihrer Anstrengungen haben. Das zweite Kapitel hat bereits eine ausführliche Gegenstandsanalyse des Friedens gebracht. Für die Fragestellungen der Erziehung sind vor allem die Diskussionen wesentlich, die sich um die Stichworte negativer — positiver Friede und Friede im sozialen Mikro- und im Makro-Bereich gruppieren. Sie sollen im folgenden unter pädagogischen Gesichtspunkten aufgegriffen und weitergeführt werden.

3.1 Vom negativen zum positiven Frieden

Man kann von Frieden dann sprechen, wenn kein Krieg herrscht; Friedenspolitik wäre dann Kriegsverhütung. Diese Auffassung wird als „negativer" Friede bezeichnet; „negativ" ist hier also logisch, nicht wertend gemeint. Der „positive" Friedensbegriff bezieht sich auf eine Gesellschaft, in der über die bloße Abwesenheit des Krieges hinaus, die ja auch in einer Diktatur gegeben sein könnte, eine Ordnung sozialer Gerechtigkeit herrscht, in der dem einzelnen optimale Möglichkeiten der individuellen Entfaltung offenstehen (16).
Daß erst beide Sichtweisen zusammen den Friedensbegriff ausmachen, gehört seit jeher zur jüdisch-christlichen Tradition, der wir den Friedensbegriff überhaupt verdanken. „Schalom" meint im Alten Testament nicht nur äußere Ruhe und Sicherheit, sondern ist „Leitwort einer Bewegung, in der Menschen zum rechten Umgang mit den ihnen gewährten, jedoch von ihnen erst wahrzunehmenden Lebensmöglichkeiten befreit und ermutigt werden" (16a). Die gegenwärtige Auffassung der katholischen Kirche faßt Papst Johannes XXIII. im ersten Satz seiner Friedensenzyklika „Pacem in Terris" als Leitmotiv seiner ganzen Ausführungen zusammen: „Der Friede auf Erden, nach dem alle Menschen zu allen Zeiten sehnlichst verlangen, kann nur begründet und gesichert werden, wenn die von Gott gesetzte Ordnung gewissenhaft beobachtet wird". Der politische Friedensbegriff bezeichnet dagegen seit der Pax Romana, der jahrhundertelangen Ausschaltung des Krieges im römischen Imperium, im wesentlichen den negativen Frieden. Dasselbe gilt für die großen Friedensentwürfe des Mittelalters bei Erasmus von Rotterdam oder Hugo Grotius, für Kant und noch für den Pazifismus des 20. Jahrhunderts. Ausgelöst durch die Atombombe bezogen sich auch die Bemühungen um den Frieden in den 50er und 60er Jahren vor allem auf den Kampf gegen den Krieg. Er bezeichnet nach wie vor das erste Ziel aller Anstrengungen, auch der pädagogischen; denn nur wenn es gelingt, in Zukunft Kriege zu verhüten, haben wir eine Chance, auch Freiheit und Gerechtigkeit, also einen positiven Frieden zu erleben. Die Ausdrucksweise „negativer" Friede verdeckt, was er positiv einschließt: das Überleben der Menschheit, das als Axiom der „oberste Grundsatz" jeder Friedenserziehung sein muß (17). In diesem Sinn formuliert Ernst-Otto Czempiel als Grundwerte des Friedens:
Die Erhaltung der Existenz ist der oberste Wert.
Die Entfaltung dieser Existenz ist der rangzweite Wert (18).
Das Überleben ist auch der Teil des Zielkomplexes, der vom Meinungsstreit unabhängig ist. Sobald die konkrete Form dieses Überlebens reflektiert wird, kommt es zum Dissens der Werte und der empirischen Annahmen über Fähigkeiten und Glück des Menschen. Daher hat die Studiengesellschaft für Friedensforschung auch vorgeschlagen, im

pädagogischen Zusammenhang die inhaltliche Ausfüllung des Friedensbegriffs nicht schon an den Anfang zu stellen, sondern sie dem „Lernprozeß Frieden" zu überlassen (19).

Die Verhütung des Krieges bildet jedenfalls die Grundlage jeder Zielbestimmung von Friedenserziehung; das ist vielleicht in den letzten Jahren, bei aller Berechtigung der Suche nach dem positiven Frieden, doch unterschätzt worden. Sie ist auch für die Motivation unentbehrlich, weil sie an den Abscheu vor dem Krieg anknüpfen kann. Erst von hier aus kann die Friedenserziehung weiterführen zum positiven Frieden, das heißt zu Vorstellungen über eine gerechte Sozialordnung.

3.1.1 Die Unterscheidung im Ablauf der Erziehung

Die Unterscheidung zwischen dem negativen und dem positiven Frieden ist Kindern schon sehr früh zugänglich, allerdings zunächst nur im unmittelbaren Lebensumkreis.

Das mit dem negativen Friedensbegriff gemeinte Verhalten läßt sich in den Alltag übersetzen als Toleranz, Verträglichkeit und Kompromißbereitschaft, als die Fähigkeit, Konflikte in Grenzen zu halten und ihre Lösung durch Nachgeben zu erleichtern. Die Grundhaltung ist das Unterlassen, etwa entsprechend der bekannten Definition von Kardinal Newman, daß Gentleman einer sei, der niemals anderen Schmerz zufüge.

Die Gefahr solchen Friedens liegt in der Passivität, im Treibenlassen. Man tut anderen nichts Schlimmes an, hilft ihnen aber auch nicht; fremden Übergriffen fügt man sich „um des lieben Friedens willen". Die Folge ist dann leicht der Verzicht auf die Durchsetzung berechtigter Interessen, eigener und fremder, das Ausweichen, das widerstandslose Hinnehmen des Gegebenen, sei es die Unterlegenheit oder die Überlegenheit der eigenen Position.

Der positive Frieden als Verhaltensnorm bedeutet dagegen Aktivität. Nicht, „was du nicht willst, das man dir tut, das füge auch keinem anderen", sondern die Regel der Bergpredigt wird maßgebend: „Alles, was ihr wollt, daß die Menschen euch tun, sollt ihr ihnen ebenso tun." Das bedeutet Hilfe, Solidarität, andererseits aber auch Eintreten für die eigenen Belange, jedenfalls aktive Suche nach Lösungen, Spielregeln, Organisationsformen, die allen Beteiligten gerecht werden.

Das Einbringen solcher Erfahrungen in die Vorstellungen über den Frieden im großen politischen Rahmen muß langsam und schrittweise geschehen, wenn sich ihre Anschaulichkeit und damit auch ihre Motivationskraft nicht in der dünnen Luft der Abstraktion verflüchtigen sollen.

3.1.2 Die wechselseitige Abhängigkeit

Friede als Nicht-Krieg sagt nichts darüber, wie eine Gesellschaft ohne Krieg konkret aussieht, mit anderen Worten: ob der Friede auch menschenwürdig ist (20). Wenn man sich den Weltfrieden nicht, ähnlich wie in der Pax Romana, als Weltdiktatur vorstellen will, sondern als eine Ordnung, die von der Zustimmung aller Beteiligten getragen ist, so setzt er Freiheit und Gerechtigkeit voraus, und eben dies meint der Begriff des „positiven" Friedens. Im ersten Fall würden Konflikte um jeden Preis unterdrückt, im zweiten Fall hätten die Beteiligten die Chance, zu einer fairen Regelung zu kommen, so daß die gewaltsame Durchsetzung der eigenen Interessen nicht nötig wäre. So gesehen ist das Bedingungsverhältnis wechselseitig: Daß der positive Friede ohne den negativen nicht möglich ist, liegt auf der Hand, aber auch der negative Friede setzt den positiven voraus, wenn er dauerhaft und menschenwürdig sein soll.

Besonders deutlich wird der Zusammenhang zwischen dem positiven und dem nega-

tiven Frieden bei den Entwicklungsländern. Dort gibt es Friedensformen, deren Schrecken einem Krieg gleichkommen. Sugata Dasgupta schreibt dazu: „Indien hatte wie viele andere Länder Asiens vor der Unabhängigkeit keine Kriege gekannt. Doch die Tatsache bleibt, daß die Bewohner der Staaten der östlichen Welt auch nicht in Frieden lebten. Weit entfernt davon hatten psychologische wie ökonomische Armut das Vorherrschen traditioneller Stereotype eines ökonomischen und institutionellen Rahmens das Leben in diesem Teil der Welt immer friedlos gemacht, „häßlich, roh und kurz". Obgleich es im Osten nur selten Kriege gab, herrschte doch zur gleichen Zeit keineswegs Frieden für die großen Massen" (21).
Dieter Senghaas hat darauf aufmerksam gemacht, daß die Anzahl der Menschen, die an Hunger und mangelbedingten Krankheiten sterben, den von Experten geschätzten Todeszahlen im Atomkrieg gleichkommen. Bloße Kriegsverhütung ist zu wenig, wenn ein solcher „Friede" für die Betroffenen genauso schrecklich ist wie der Krieg. Hier wird dann die Bezeichnung „negativer" Friede zum Werturteil. Es genügt nicht, den Menschen bloß nicht zu töten, wenn ihnen die Mittel zum Leben fehlen.

3.1.3 Die neue Situation: die ökologische Krise
Die Unterscheidung des negativen und positiven Friedens entstammt aus der Gegenüberstellung von Friede und Krieg. Seitdem aber der Krieg nicht mehr die einzige Bedrohung der Menschheit ist, haben sich die Rahmenbedingungen für diesen Gegensatz geändert. Rohstoffknappheit und Umweltverschmutzung, beide entstanden durch blinde Ausbeutung der Natur und insofern unter dem gemeinsamen Oberbegriff der ökologischen Krise zusammenzufassen, haben eine neue Situation geschaffen. Das Ziel „Überleben der Menschheit" bedeutet nicht mehr nur Kampf gegen Krieg, sondern Kampf gegen die fortschreitende Zerstörung unserer Lebensbedingungen; nicht nur gegen künftige Gefahren, sondern bereits gegenwärtige Realitäten. Erst auf diesen Sachverhalt trifft Heinemanns Wort voll zu, daß der Friede der Ernstfall sei. Vor dieser Aufgabe, neue Ziele und Organisationsformen für das menschliche Leben auf dem „Raumschiff Erde" zu finden, bekommen die Begriffe des negativen und positiven Friedens einen anderen Sinn: Das „negative" Ziel, Beendigung der Umweltzerstörung, ist nur möglich als Folge konstruktiver, also positiver Maßnahmen.
Der Zwang zur Bewältigung einer großen Aufgabe war von jeher ein mächtiger Antrieb zum Zusammenschluß, etwa die Zähmung großer Flüsse im alten Ägypten, Mesopotamien, in Indien und China. Diese technischen Herausforderungen haben die Menschen vor 5000 Jahren zu den ersten großen Kulturleistungen provoziert, die dann über den unmittelbaren Anlaß weit hinausgingen. Es ist jedenfalls höchst bemerkenswert, daß es gerade *technische* Aufgaben waren, die einen entscheidenden Anstoß für die menschliche Kreativität bildeten. Vielleicht kann man darin einen Grund zur Hoffnung auch für unsere Zeit sehen.
Der Zusammenhang zwischen den Chancen des Friedens und der ökologischen Krise liegt vor allem darin, daß deren Bedrohung weltweit ist, unabhängig von Ideologien und Machtblöcken. „Eines der wichtigsten Elemente einer dynamischen Weltinnenpolitik, eines Aufschmelzens der Erstarrungen, sind gemeinsame Aufgaben ... Hier besteht die Möglichkeit, das Gegeneinanderprallen der Ideologien in einen positiven Wettstreit und eine sachliche Zusammenarbeit zu verwandeln" (22). Gegen den Rohstoffmangel sind zwar noch kurzschlüssige Abhilfen im Sinn der alten Machtpolitik denkbar, etwa der Eroberung von Erdölquellen, gegenüber Umweltkatastrophen sind sie sinnlos. Die Verseuchung der Ozeane, der Luft, des Trinkwassers läßt sich weder durch Ideologien noch durch Gewaltmethoden aufhalten. Hier ist nicht mehr der Verlust des einen der Gewinn des anderen, die Gesetze des alten Machtspiels sind außer

Kraft. Auf die Dauer gewinnen oder verlieren alle gemeinsam. Insofern besteht ein physischer Zwang zur Einigung.
Die Atombombe hat die Ächtung des Krieges aus einem Ideal zum Kalkül gemacht. Eine ähnliche „Einsicht in die Notwendigkeit" muß die ökologische Krise für die allgemeine internationale Zusammenarbeit anbahnen. Der negative und jetzt auch der positive Friede, beide zunächst moralisch begründete Normen, liegen heute in den Denkfeldern der „Realpolitik". Sie sind „Idealisten" und „Realisten" gleich einleuchtend geworden. Gerade die Gefährlichkeit unserer Situation ist zugleich ein Grund zur Hoffnung.

3.2 Vom „Frieden im eigenen Haus" zum Frieden im Großen

Die zweite Dimension der Unterscheidung betrifft die Reichweite des Friedensbegriffs, seinen Bezugsrahmen. Wie immer man Frieden sieht, er bezeichnet jedenfalls eine bestimmte Art von Sozialbeziehungen und Sozialstrukturen. Die verschiedenen quantitativen Dimensionen sozialer Gebilde bestimmen damit auch den Friedensbegriff: Es gibt Friede im kleinen, im persönlichen und privaten Raum, innerhalb eines Staates und im internationalen Bereich, wie es Senghaas in seinen sieben Systemebenen des Friedens aufgegliedert hat: intrapersonaler Bereich, kleine Gruppen, Interessenverbände, Staaten, regionale Zusammenschlüsse, internationale Beziehungen, Menschheit (s.o. Kapitel Maser!).
Im folgenden ist mit „Mikro-Bereich" der soziale Nahbereich gemeint, in unserem Zusammenhang insbesondere Familie und Schule, mit „Makro-Bereich" das Feld der Politik sowohl im innerstaatlichen Bereich (Innenpolitik) wie in den internationalen Beziehungen (Außenpolitik).
Das Hineinwachsen des Kindes in den Makro-Bereich erstreckt sich, entsprechend den verschiedenen sozialen Ebenen, über einen langen Zeitraum. Es geschieht teils allmählich und kontinuierlich, teils in Form deutlich spürbarer Brüche, so schon beim Eintritt in die Schule, noch stärker beim Berufseintritt oder bei der Aufnahme in Großorganisationen, etwa in eine Partei oder Gewerkschaft.
Sofern *Erziehung* auch oder vor allem auf das Erlernen vernünftigen *Verhaltens* abzielt, muß sie die unmittelbare Verbindung von Denken und Tun, Einsicht und Anwendung, das übende Festigen von Verhalten, den kurzfristig und anschaulich erfahrbaren Zusammenhang von Aktion und Reaktion im Auge haben. Das beginnt für das Kind im sozialen Nahbereich.

3.2.1 Frieden im sozialen Mikro-Bereich
Karl Jaspers sagte in seiner Rede bei der Verleihung des Friedenspreises des Deutschen Buchhandels 1958: „Der Friede beginnt im eigenen Haus" (23). Diese Überzeugung lag auch den frühen individualistischen Ansätzen der Friedenserziehung zugrunde. Unter dem Einfluß der politikwissenschaftlichen Friedensforschung hat sich das Interesse auf den sozialen Makro-Aspekt verlagert. Sowenig wie der Krieg wird der Frieden als „Summenphänomen" (24) verstanden, als mehr oder weniger von selbst erfolgende Addition vieler einzelner aggressiver oder friedfertiger Einstellungen. Diese Auffassung ist sicher richtig, aber aus ihr folgt nicht, daß damit der soziale Nahbereich für die Friedenserziehung nicht mehr interessant sei. Seine Vernachlässigung verkürzt den Friedensgedanken, vor allem unter pädagogischem Aspekt. Dafür spricht folgendes.
1. Betrachtet man als privaten Frieden das Miteinanderauskommen im Alltag in den unmittelbaren Lebensbeziehungen des einzelnen, so schließt er zunächst alles mit

ein, was unter dem Stichwort soziale Erziehung, „Lernziel Solidarität" (24a) usw. gemeint ist. Er ist daher auf jeden Fall ein Erziehungsziel für sich, das selbst dann gelten müßte, wenn es mit dem Frieden im Makro-Bereich nichts zu tun hätte.

2. Das ist jedoch nicht der Fall. Vor allem im positiven Friedensbegriff spielt der soziale Mikro-Bereich eine wesentliche Rolle; denn die ungehinderte Entfaltung menschlicher Lebensmöglichkeiten, die in Galtungs Definition der Kern des Friedensbegriffs ist, geschieht ja im Alltag, in den konkreten Lebensumständen des einzelnen (25). Die Verminderung von struktureller Gewalt, von sozialer Ungerechtigkeit würde ihr eigentliches Ziel verfehlen, wenn die Menschen mit den dadurch gewonnenen Entfaltungschancen nichts anzufangen wüßten, d.h. wenn nicht auch Gewalt im Zwischenmenschlichen abgebaut würde, wie umgekehrt der Friede im kleinen nicht viel hilft, wenn Ungerechtigkeit im großen herrscht und den sozialen Lebensraum einengt. Frieden im Mikro- und im Makro-Bereich bedingen sich gegenseitig; erst beide zusammen ergeben den Frieden und können so der Forderung dieses Begriffes entsprechen.

3. Der Zusammenhang zwischen individuellem Verhalten und gesellschaftlichen Strukturen läßt sich Kindern nur im sozialen Nahbereich klarmachen. Hier können sie erkennen, wie sehr unser Leben nicht nur von persönlichen Faktoren, wie Bedürfnissen, Interessen, Einsichten, Wertvorstellungen abhängt, sondern von Strukturen, die vom einzelnen ganz unabhängig sind, etwa von familiären Verhältnissen, von der Schulorganisation, von rechtlichen Vorschriften in der Schule oder im Verkehr, von der Werbung, von Inflation und Rezession, von der Weltwirtschaft (Preise für Nahrungsmittel, für Benzin usw.). Nur von solchen Einsichten und Erfahrungen aus dürfte sich didaktisch, teils direkt, teils durch Analogien, die Bedeutung sozialer Strukturen für den Frieden deutlich machen und so die Einseitigkeit einer kurzschlüssigen Reduktion des Friedens auf individuelle Friedlichkeit vermeiden lassen.

Das Hauptproblem ergibt sich in diesem Zusammenhang weniger aus der intellektuellen Schwierigkeit, die Zusammenhänge zwischen dem Großen und dem Kleinen, dem Entfernten und dem Nahen, dem Allgemeinen und dem Individuellen aufzuzeigen, sondern aus der Unsymmetrie der Beziehungen. Die dem einzelnen faßbaren Einflüsse sind vor allem in Richtung von der Makro- zur Mikro-Struktur zu finden, viel weniger umgekehrt. Es ist noch verhältnismäßig einfach, Auswirkungen der großen Politik oder der allgemeinen Wirtschaftslage auf den konkreten Alltag zu erklären, aber viel schwerer, die Möglichkeiten des einzelnen zu allgemeinen Strukturveränderungen zu sehen. Will man sich nicht auf abstrakte Postulate beschränken, so wird man auch hier im Kleinen anfangen müssen, bei der Veränderung von Spielregeln, von Gruppenkonstellationen in der Familie oder in der Schulklasse, später bei Formen und Möglichkeiten von Schüleraktionen, Bürgerinitiativen usw. Das Hauptproblem, für das die politische Erziehung bis jetzt bestenfalls Teillösungen gefunden hat, ist jedenfalls die Frage, wie man den Heranwachsenden Einsicht in die Komplexität der Verhältnisse *und* Motivation für politisches Handeln zugleich vermitteln kann. Vereinfacht man allzusehr die größeren Zusammenhänge, um die Motivation zu erhöhen, wie das in den Systemveränderungsstrategien der vergangenen Jahre regelmäßig der Fall war, so produziert man zwangsläufig Mißerfolge und damit Resignation.

4. Daß die Verhaltensweisen im primären Sozialisationsbereich nicht mehr wie früher ohne große Änderung auf den Sekundärbereich übertragen werden können, ist selbstverständlich geworden. Aber das bedeutet nicht, daß es keinerlei Entsprechungen gäbe. Gelten nicht typische Erziehungsziele für das Verhalten in Kleingruppen, wie Toleranz, Solidarität, Ehrlichkeit auch für das in Großgruppen, in Parteien oder Gewerkschaften, im Beruf, ja selbst für das Miteinanderauskommen der Völker? Selbstverständlich sind diese Forderungen im Bereich der Politik nicht unveränderliche,

absolute Größen, die etwa in jedem Konflikt zur Nachgiebigkeit verpflichten würden; ihre Anwendung richtet sich nach der Situation, die unter Umständen auch Widerstand und Gegnerschaft erfordern kann. Aber das gilt im kleinen genauso. Die Anwendung abstrakter Normen variiert je nach der Situation, aber es bleibt doch eine Grundhaltung, unabhängig von der Situation und der sozialen Ebene. Umgekehrt sind Erziehungsziele, die sich zunächst auf das gesamte soziale System beziehen, z.B. kritisches Bewußtsein, auch für Kleingruppen wichtig. Allgemein gesagt ist Rationalität, was immer im einzelnen darunter verstanden wir, die Verhaltensbasis für *beide* Bereiche. Daß das in konkreten Fällen zu unterschiedlichen Konsequenzen führen kann. liegt gerade im Wesen der Rationalität.
Hinzu kommen didaktische Gesichtspunkte. Wenn gerade für die Friedenserziehung immer wieder und mit Recht die „Betroffenheit" als Ausgangspunkt gefordert wird, so ist sie in nachdrücklicher Form nur im eigenen Erfahrungsfeld des Schülers zu finden, um so mehr, je jünger er ist. Das schließt nicht aus, daß er auch von Berichten aus anderen Ländern angerührt werden kann, aber es ist fraglich, wie tief das geht. Und vor allem: aktiv werden Kinder nur im eigenen Bereich. Die große Politik ist für sie nicht erreichbar, die Erfahrung, daß man die Verhältnisse ändern kann, läßt sich nur im Nahbereich machen. Er bleibt die unentbehrliche Lerngrundlage für politische Verhaltensweisen.
Wesentliche Kategorien, die den Frieden im großen bestimmen, wie Ko-Existenz und Kooperation, Kommunikation, Interessenausgleich, Kompromiß, Konfliktlösung, können zunächst nur im privaten Raum erworben, d.h. gefunden, durchdacht und praktiziert werden. Sie machen nicht das Ganze der Einstellungen aus, die die Friedenserziehung vermitteln muß, aber doch einen unentbehrlichen, nämlich den grundlegenden Teil.

3.2.2 Der Frieden im Großen

Wenn wir davon ausgehen, daß der Satz von Karl Jaspers, (26) der Friede beginne im eigenen Haus, jedenfalls für die Erziehung nach wie vor zutrifft, so muß doch die Betonung auf dem Wort „beginnt" liegen. Auch in der geschichtlichen Entwicklung fing der Friede wohl im kleinen an, in den Familien und Dorfgemeinschaften. Von dort setzte er sich allmählich in größeren Räumen durch, in Stammesgebieten, Staaten und Kontinenten; heute geht es darum, daß er den ganzen Globus als Bezugsrahmen gewinnt. Bleibt der Friede im sozialen Nahbereich, so ist er immer in Gefahr, ein „geschlossener" Friede zu werden, der die eigene Gruppe von anderen abkapselt, um durch die (möglicherweise sogar angeborene) (27) Abwehr des „Fremden" die Binnenbeziehungen zu stabilisieren. Bei aller Vorsicht mit derartigen Vergleichen kann man hier eine Parallele sehen mit der Entwicklung des kindlichen Friedensverständnisses. Es muß schrittweise erweitert, geöffnet werden, von alltäglichen Erfahrungen aus für die Verhältnisse in der Gemeinde, im Staat, in Staatengruppen und schließlich für die weltumspannenden Probleme, schon um erstere in einer Zeit zunehmender „Planetarisierung" besser zu verstehen. Die Friedenspädagogik, zunehmend mit dem Alter der Schüler, „wird globalen Problemen mehr Energie und Aufmerksamkeit schenken als den unmittelbaren des eigenen Aktionskreises, nicht weil sie letztere unterschätzt oder überspielt, sondern weil deren Stellenwert nicht mehr zu begreifen und überzeugend einsichtig zu machen ist ohne eine Reflexion auf internationale Entwicklungstendenzen und künftige weltpolitische Konfliktpotentiale" (28).
Ob das allerdings, wie von manchen vorgeschlagen, schon gleich zu einer Ablösung des alten didaktischen Prinzips „vom Nahen zum Entfernten" führen soll, ist zu-

mindest zweifelhaft. Das Problem besteht darin, die Vergegenwärtigungskraft der Schule nicht zu überfordern. Wie soll es der Lehrer anstellen, die Schüler vor einen Stoff zu bringen, so daß sie tatsächlich „anwesend" sind (29), wenn die Einsicht in dessen Bedeutung nicht die Voraussetzung, sondern bestenfalls die Folge langwieriger didaktischer Anstrengungen sein kann? Die Schule hatte noch nie die geringsten Hemmungen, Themen zu behandeln, die dem Schüler völlig fern liegen. In dieses alles verfrühende, alles nivellierende distanzierte Berieselungssystem soll aber der Friede gerade nicht hineingezogen werden. Er soll nicht gleich zum „Stoff" werden, der äußerlich beigebracht, abgefragt und dann umgehend vergessen wird.

Noch schlimmer als die Verfrühung ist vielleicht das Ausweichen. Die Darstellung von Fragen aus der großen Politik könnte der Schule willkommene Gelegenheit bieten, den „naheliegenden" Friedensproblemen auszuweichen. Die Besprechung konkreter Konflikte in der Schule und durch die Schule selbst läßt sich viel weniger zur Beschwichtigungspädagogik umfunktionieren, als die mehr oder weniger wissenschaftsorientierte Darstellung etwa von Welthandelsproblemen. Die eigentliche Probe auf die Effektivität der Friedenserziehung ist daher zunächst wahrscheinlich ihre Behandlung des sozialen Mikro-Bereichs, die didaktische Verarbeitung der Nahkonflikte. Nur wenn hier tatsächlich die kritische Verbindung von kontrollierbarer Wirklichkeit und Nachdenken geübt wird, besteht die Chance, daß die Friedensfragen in den großen Zusammenhängen der Gefahr oberflächlicher Stoffpaukerei entgehen.

4. Ziele der Friedenserziehung: Friedensfähigkeit

Vorbemerkung

Erziehung kann nicht die Gesellschaft verändern, sondern immer nur Einzelne, überwiegend die jungen Menschen, und die Gesellschaft nur auf dem Weg über deren Verhalten, über ihre spätere, jenseits der Erziehung liegenden Tätigkeiten als Erwachsene, also nur sehr indirekt und mit großer Verzögerung; dabei ist solche Instrumentalisierung der zur Erziehenden mit manchen Erziehungszielen nicht ohne Schwierigkeiten zu vereinbaren, insbesondere nicht mit der Vorstellung vom Menschen als Person, deren Würde nach Kant gerade darin besteht, daß sie niemals Mittel für fremde Zwecke sein darf. Unmittelbares Ziel der Erziehung kann daher nicht der Friede sein, sondern nur diejenigen Dispositionen (30) in den Heranwachsenden, die diese instandsetzen, als Erwachsene für den Frieden zu arbeiten. Nennt man die Gesamtheit dieser Dispositionen „Friedensfähigkeit", so wäre dies die Bezeichnung für das unmittelbare Ziel der Friedenserziehung, die Übersetzung des Friedens ins Pädagogische. Da die Dispositionen im einzelnen erst noch auszumachen sind, handelt es sich um eine Leerformel, jedoch um eine mit Aufforderungscharakter und daher unentbehrliche: was ich suche, muß ich vorweg benennen, vor allem, wenn die Suche in Kooperation erfolgen soll.

Dabei werden wir Friedensfähigkeit nicht als einen klar umrissenen Persönlichkeitskomplex beschreiben können, sondern nur als mehr oder weniger schlüssige Aufzählung einzelner Kenntnisse, Einstellungen und Verhaltensweisen, und zwar nicht nur wegen unserer vielen Wissenslücken, sondern weil die konkrete Friedenstätigkeit, für die die erstrebte Friedensfähigkeit die Grundlage bilden soll, zu vielgestaltig ist. Geduldige Kleinarbeit in übernationalen Institutionen oder Aktionen aus einem „charismatischen" Bewußtsein, publizistische Tätigkeit, Diplomatie oder technisch-konstruktive Entwicklung und Friedensforschung, schließlich die allgemeine Teilnahme des Staatsbürgers am politischen Leben — das Feld praktischer Arbeit für den Frieden ist so weit und differenziert (31), daß „Friedensfähigkeit" zunächst nicht viel mehr als ein Sammelname sein kann.

4.1. Anthropologische Voraussetzungen einer Erziehung zur Friedensfähigkeit

Auf welche Vorgegebenheiten trifft eine Erziehung zur Friedensfähigkeit? Gibt es hinter den individuellen und gruppentypischen Eigenarten so etwas wie „anthropologische Voraussetzungen", d.h. Naturkonstanten, die *vor* jeder Beeinflussung durch Gesellschaft und Kultur gegeben sind und diese überhaupt erst ermöglichen? Die Existenz solcher Voraussetzungen ist nicht umstritten, um so mehr ihre Erkennbarkeit im einzelnen (32). Schon Kant sprach von der „geselligen Ungeselligkeit" des Menschen, von seinem Antagonismus zwischen „Eintracht und Zwietracht" (33). Auf die Zwiespältigkeit unseres Verhältnisses zum Frieden weist auch Alexander Mitscherlich mit seiner These hin, daß wir den Frieden zwar bewußt wünschen, ihn aber gleichzeitig „in den tieferen, verborgeneren Schichten unserer seelischen Organisation, die freilich auch die großen Erfahrungen der Entwicklungsgeschichte der Art enthalten" (34), auch fürchten.

Einschlägige Wissenschaften kommen zu ähnlichen Auffassungen über die Gegensatznatur des Menschen, allerdings nicht immer mit der optimistischen Deutung Kants, der in diesem Antagonismus eine List der Natur sah, den Menschen gegen seine Trägheit zur Mobilisierung produktiver Kräfte zu nötigen. Die vorliegenden Ergebnisse der Friedensforschung machen pädagogische Bemühungen um Friedensfähigkeit auf vielfältige Anknüpfungspunkte, aber auch auf Schwierigkeiten und Hemmungen in der menschlichen Natur, in der ersten (biologischen) und in der zweiten (sozial geformten), aufmerksam. Allerdings hat sich das wissenschaftliche Interesse bisher mehr auf die Bedingungen von Aggression und Konflikt als auf die von Kooperation und Konsens gerichtet. Die im Kapitel 2 referierten Theorieansätze seien hier im Hinblick auf ihre Bedeutung für die Erziehung zusammengefaßt.

Im allgemeinen werden die Theorien, die aggressives Verhalten erklären wollen, in drei Gruppen eingeteilt:

Erklärung durch Annahme eines angeborenen Aggressionstriebes, durch Entstehung aus Frustration (vor allem aus den vielfältigen Einschränkungen der Industriegesellschaft), sowie durch Lernen aus Bekräftigung und Nachahmung in der Familie, in der Schule, im Umgang mit den Massenmedien, im Beruf und in der allgemeinen sozialen Erfahrung. Eine Stellungnahme zu den einzelnen Theorien ist schwierig. Der Vielzahl der Ansätze entspricht nicht auch eine Vielzahl gesicherter Ergebnisse. Die Darstellungen kommen entweder über einen letzten Endes nur subjektiv abschätzbaren Grad an Plausibilität in der hypothetischen Verknüpfung von Ursache und Wirkung, z.B. von frühkindlicher Sozialisation und Erwachsenenverhalten, nicht hinaus, oder sie bringen einigermaßen abgesicherte Laborexperimente, deren Übertragung in die komplexe Erziehungsrealität problematisch bleibt. Natürlich ist es immer leicht und daher billig, mühsame Empirie zu kritisieren, doch kommen wir nicht um die Feststellung herum, daß *gesichertes* Wissen über die Wirkung der Erziehungsumstände im ganzen wie der einzelnen Maßnahmen noch gering ist.

In dieser Situation dürfte es zweckmäßig sein, keinen der Ansätze zu verabsolutieren. Keine der Theorien kann für sich allein eine einleuchtende Erklärung für die vielfältigen, gegensätzlichen Phänomene liefern, denen sich der Erzieher täglich gegenübersieht. Die Annahme angeborener Antriebe kann, wie schon erwähnt, das tatsächliche Verhalten immer nur zu einem, meist nicht einmal abschätzbaren Teil erklä-

ren, der Großteil ist ohne die Annahme von Lernprozessen nicht verständlich. Dieses Aufeinanderangewiesensein gilt aber auch umgekehrt: Wenn Aggression eine allgemeine, von historischer Entwicklungsstufe und Gesellschaftsorm unabhängige Antwort auf Frustration ist, so muß sie zumindest als Reaktionsbereitschaft angeboren sein; dann aber ist im Grunde schwer vorstellbar, warum ein so mächtiges, allgemein menschliches Anlagenpotential sich nicht auch einmal spontan äußern sollte, ein Gedanke, der auch dadurch nahegelegt wird, daß keineswegs jede Aggression, ganz gleich wie man das „Aggressive" definiert, durch vorausgehende Frustration erklärt werden kann.
Auch die Lerntheorien kommen nicht ohne die Annahme von angeborenen Lernbereitschaften aus, die individuelles Lernen zugleich ermöglichen wie begrenzen, da offensichtlich nicht alle alles lernen können. Erzieher erfahren jeden Tag, daß auch die umfassendst organisierten Lernprozesse, unter sorgfältiger Berücksichtigung des vorausgehenden „Lernschicksals", scheitern, und sie erfahren immer wieder das Gegenteil: überraschende Lernerfolge, für die in den äußeren Bedingungen keine ausreichende Erklärung zu finden ist. Wenn Lernen allenthalben so „erfolgreich" ist wie offensichtlich beim Aggressionslernen, muß dem wohl eine angeborene Lernbereitschaft entgegenkommen (35), vor allem, wenn man die immer unsicheren und begrenzten Erfolge des entgegengesetzten Lernens, also des Erlernens von Versöhnung, Kooperation und ähnlichen friedensfördernden Verhaltensweisen damit vergleicht.
Außerdem setzen die Lerntheorien ebenso wie das Dollardsche Modell die aggressive Gesellschaft immer schon voraus. Sie erklären nicht wie der Teufelskreis der Aggression angefangen hat — wenn nicht angeborene Impulse am Werk waren.
Für die Friedenserziehung lassen sich folgende Punkte festhalten:
1. Was dem einzelnen angeboren ist, wissen wir nicht. Die erreichbaren empirischen Befunde zwingen zur Vermutung, daß unser Verhalten zwar von angeborenen Bedürfnissen, Impulsen, Reaktionsbereitschaften angetrieben wird, daß dieses angeborene Potential jedoch viele und divergierende Dispositionen einschließt. Sie legen die Entwicklung nicht fest, sondern lassen ihr viele Richtungen offen, zum Frieden ebenso wie zur Aggression. Vom Standpunkt der Erziehung aus ist hier der Wunsch zu äußern, daß die anthropologischen Voraussetzungen des Friedens und der friedensfördernden Verhaltensweisen wie Bereitschaft zum Kompromiß, zum Interessenausgleich, zur Versöhnung, zur Gerechtigkeit ebenso intensiv erforscht und diskutiert werden wie dies bisher im Fall der Aggression geschehen ist.
2. Die verschiedenen Ansätze zeigen eine Reihe von Widersprüchen (36). Mangel an Gelegenheiten zur Aggression führt nach der Logik der Triebtheorien eher zu Stau und explosiver Entladung, nach den Lerntheorien eher zum Abbau der Aggressionen; Strafe kann nach den Lerntheorien als negative Verstärkung das aggressive Verhalten hemmen, nach der Frustrationstheorie anstacheln, und umgekehrt: permissives Verhalten der Erzieher wirkt nach den Annahmen der Lerntheorien eher als Verstärkung, nach der Frustrationstheorie als Abschwächung.
3. Trotz solcher Widersprüche in Einzelfragen besteht zwischen den Theorien ein Verhältnis der gegenseitigen Ergänzung (37). Triebtheorien und die Frustrations-Aggressions-Theorie erklären mehr den Ursprung der Aggression, die Lerntheorien mehr die konkreten Ausprägungen. Wesentlich ist vor allem, daß sie gerade in den für die Erziehung entscheidenden Annahmen übereinstimmen: Die jeweils vorhandenen Dispositionen, ganz gleich ob ererbt oder erworben, legen das Verhalten nicht fest; sie sind immer der Verstärkung und der Hemmung, der Umformung und Umorientierung, der Distanzierung und Auseinandersetzung, insgesamt also der bewußten Steuerung von innen und außen zugänglich.

In diesem Sinn suchen die folgenden Abschnitte nach Ansatz- und Zielpunkten für die Erziehung zur Friedensfähigkeit.

4.2. Motive

Wenn Erziehung sich um Verhaltensstabilisierung und Verhaltensänderung bemüht, kommt sie um die Suche nach den Ursachen von Verhalten, also nach Motiven, nicht herum, an die sie anknüpfen kann. Dabei kann man sich Motive als noch nicht fest gegenstandsgebundene, relativ offene und daher durch Lernprozesse lenkbare, solcher Prozesse aber auch bedürftige Antriebsenergien vorstellen (38). Motive erscheinen in der Pädagogik als Voraussetzungen und als Ziele der Erziehung, als Impulse, an die der Erzieher anknüpfen muß, um Lernprozesse in Richtung Frieden überhaupt in Gang zu bringen, und als Antriebe, die als tragfähige Grundlage für das Friedensverhalten des künftigen Erwachsenen im Laufe eben dieses Lernens erst aufgebaut werden sollen.

4.2.1 Angst und Furcht vor dem Krieg

Verstehen wir, dem üblichen Sprachgebrauch entsprechend unter Furcht mehr eine rationale gegenstandsbezogene Abwehrreaktion, unter Angst mehr einen diffusen Affekt, so sind sicher am Wandel der Einstellung zum Krieg beide beteiligt. Da sich niemand mehr die Schrecken moderner Waffen vorstellen kann, weder was sie bringen, noch was sie zurücklassen, ist eine irrationale Komponente unvermeidlich. Hinzu kommt die allgemeine Angst vor dem Unbekannten, also auch vor der Zukunft, Alvin Tofflers „Zukunftsschock", (38a) der durch die Vorstellung vom Atomkrieg noch verstärkt wird.

Friedenserziehung muß mit dieser Angst wohl bei den meisten Kindern und Jugendlichen rechnen. Wie stark sie ist und vor allem wie weit sie sich zu sinnvoller Friedensarbeit lenken läßt, ist schwer zu sagen. Ob gewollt oder ungewollt, wird sie auf jeden Fall dann angesprochen, wenn über Waffen und Krieg informiert wird. Zu fragen ist nach ihrem Stellenwert. Soll sie bloß eine Art *Anfangs*motivation sein, um Lernprozesse in Richtung Frieden überhaupt in Gang zu bringen, oder soll sie wesentlicher Bestandteil der künftigen, der anzustrebenden Friedensfähigkeit des Erwachsenen sein? Folgende Überlegungen sprechen gegen die zweite Alternative:

1. Angst löst Fluchtreaktionen und Lernabwehr aus; Friedensfähigkeit schließt aber gerade das Standhalten und die aktive Gegenstrategie ein.
2. Angst ist normalerweise nur ein Kurzzeiteffekt (abgesehen von Formen krankhafter chronischer Angst); außerdem mobilisiert sie zwar große motorische Energien, lähmt aber das sachliche Denken. Aus beiden Gründen ist sie keine Grundlage für langfristiges Lernen und Handeln.
3. Übermäßige Angst, vor allem wenn keine Fluchtmöglichkeit besteht, führt zu Lähmung und Verzweiflung oder zu Abwehrmechanismen, etwa in Form von Realitätsverzerrung. Cooper fand zumindest Ansatzpunkte dafür bei seinen Untersuchungen über Kriegsvorstellungen: Kinder zwischen 8 und 15 Jahren sahen nur die Gefährdung *anderer* einigermaßen realistisch, ihre *eigenen* Überlebenschancen überschätzten sie dagegen erheblich, etwa nach der gegenüber dem Straßenverkehr häufigen Einstellung: Mir wird schon nichts passieren. Die Diskrepanz war bemerkenswerterweise um so ausgeprägter, je höher die Gefahr für die anderen eingeschätzt wurde (39).
4. Angst und Furcht erzeugen Feindbilder und dadurch Aggressionen. So besteht die Gefahr der „self fulfilling prophecy." Die Dämonisierung des Gegners führt den Konflikt erst herbei, vor dem sie sich fürchtet.

Diese Überlegungen laufen darauf hinaus, daß die von Informationen über Waffenwirkung und Krieg ausgehenden Abwehrreaktionen zunächst als Anknüpfung, als Initialzündung in Frage kommen. Angesichts der Kaltschnäuzigkeit, mit der heute Megatod oder Terroraktionen im Kalkül erscheinen, haben sie zwar auch als allgemeine, dauernde Antriebe eine motivierende Bedeutung, jedoch hauptsächlich in Richtung auf den negativen Frieden und zur Verstärkung anderer Motive.

4.2.2 Konstruktive Bedürfnisse: homo faber

Wenn die These Leyhausens (40) richtig ist, daß der angeborene Anteil der Aggression zunächst nicht auf Verletzung gerichtet ist, sondern auf ein kämpfendes Sich-Durchsetzen, so müßte er von der Herausforderung des positiven Friedens angesprochen werden. Die ökologische Krise hat die Friedensarbeit um die technische Dimension erweitert; Friede als Möglichkeit der Lebensentfaltung wird wesentlich von neuen Technologien abhängen. Damit haben Fantasie und Erfindungskraft ein ganz neues Gewicht erhalten: der technisch-industriellen Kreativität geht es hier nicht mehr um Luxus, Bequemlichkeit, Abwechslung, sondern zum ersten Mal in der Geschichte um die menschliche Zukunft schlechthin. Für das alte Bedürfnis des homo faber, gegen den Widerstand des „Gegebenen" zu planen und zu bauen, Werke zu schaffen, die die Zeit überdauern, ist die Aufgabe, das Leben auf unserem Planeten zu sichern und bessere Bedingungen für seine Entfaltung zu schaffen, ein Anreiz von völlig neuen Dimensionen.

Seine Vermittlung setzt eine intensive Information voraus, die die bei Jugendlichen zu vermutenden Vorstellungen über den Frieden verändert. Eines der wesentlichsten Ergebnisse der Untersuchungen von Cooper, ähnlich der von A. Walter, war, daß sich die Kinder vom Frieden schon rein quantitativ weniger vorstellen konnten als vom Krieg; außerdem waren die Äußerungen blaß und gingen überwiegend und deutlich ansteigend mit dem Alter in Richtung auf „friedlich": Friede als Ruhe, Stille und Erschlaffung (41).

Positive Assoziationen wurden seltener geäußert: Friede als gemeinschaftliches Handeln, als Freundschaft und Friede als Versöhnung, als internationaler good-will (42). Immerhin könnte hier angeknüpft werden, um den Frieden als Aufgabe einer gemeinsamen Anstrengung aller darzustellen. Sofern diese Ergebnisse sich verallgemeinern lassen, findet jedenfalls der positive Friede in den Vorstellungen der Jugendlichen einen nicht sehr ausgeprägten, aber in der Richtung genau entsprechenden Ansatzpunkt. An dieser Stelle wird die technisch-wirtschaftliche Seite des künftigen Friedens wichtig. Daß er über das Politische hinaus auch solche Aufgaben einschließt, könnte mehr als bisher die naturwissenschaftlich-technisch Interessierten für ihn gewinnen und den Anteil des konstruktiven Denkens bei der Friedensplanung allgemein erhöhen.

Voraussetzung dafür ist, daß die Wissensvermittlung über Krieg und Frieden die Lückenhaftigkeit unseres Wissens zugibt und nicht verschleiert. Vielleicht bietet sich gerade dadurch eine Chance: Unsere Gesellschaft kann den Heranwachsenden keinen absehbaren Weg in die Zukunft zeigen, wir kennen ihn selbst nicht. Bisher war Unterricht die Einführung in die Grundsätze und Praktiken, mit denen die Erwachsenen das Leben meisterten; Friedenserziehung dagegen besteht mehr aus Fragen als aus Antworten. Muß das eine heranwachsende, auf Emanzipation, Selbstbestimmung und Eigenverantwortung drängende Generation nicht viel stärker herausfordern als das bloße Nachmachen und Übernehmen? Voraussetzung dafür ist allerdings ein entdeckendes, forschendes, voraus-vermutendes Lernen, und zwar bei Schülern und Lehrern. Ein späteres Kapitel wird darauf noch eingehen.

4.2.3 Wege zur Gerechtigkeit

Nach Galtung ist Gerechtigkeit der Kern des positiven Friedens (43). Wie kann man sie Kindern nahebringen? Ein Weg könnte über die Aufklärung der Eigenliebe führen. Alexis de Tocqueville beschrieb das wohlverstandene Interesse, die „aufgeklärte Eigenliebe" als Basis der amerikanischen Demokratie. Er meint damit eine Einstellung, die sozusagen aus Egoismus altruistisch ist. Wenn ich tolerant und hilfsbereit zu anderen bin, werden es die anderen auch zu mir sein, so daß ich im Endergebnis besser fahre als mit rücksichtslosem Ausnützen jedes Vorteils und jedes Machtvorsprungs. Tocquevilles Erfahrung gilt wohl nach wie vor: „Das wohlverstandene Interesse ist keine hohe, aber eine klare und zuverlässige Lehre. Große Dinge erstrebt sie nicht; mühelos erreicht sie aber das Erstrebte. Da sie von jedem verstanden werden kann, versteht und behält man sie leicht." Tocqueville hält sie daher „für die wirksamste Sicherung der Menschen vor sich selbst" (44). Wie weit reicht sie als Friedensmotiv? Die wichtigste Bewährungsprobe für die aufgeklärte Eigenliebe als Grundlage der Gerechtigkeit müßte heute wohl das Verhältnis zur Dritten Welt sein; denn hier ist die Ungerechtigkeit zweifellos am größten, die Veränderung am dringendsten. Doch von der zunächst wohl jedem plausiblen Einsicht, daß es auf *lange Sicht* – das ist der springende Punkt – für jeden besser ist, wenn auch die anderen einen fairen Anteil bekommen, bis zur Bereitschaft, unseren industriellen Wohlstand *jetzt schon* mit den armen Ländern zu teilen, auf deren Unterdrückung er nach wie vor zu einem wesentlichen Teil beruht, ist ein weiter Weg. Eigenliebe allein, auch die aufgeklärte, dürfte dafür nicht ausreichen.

Aber Kinder und Jugendliche haben auch den unmittelbaren Sinn für Gerechtigkeit; die Aufklärung des Egoismus ist nicht der einzige Zugang, wenn er auch zweifellos eine Unterstützung bietet. Gerechtigkeit spielt im Wertsystem der Kinder von Anfang an eine große Rolle. Von allen Grundwerten der Ethik und der Politik ist sie vielleicht derjenige, der Kindern am ehesten zugänglich wird, u.a. sicher deshalb, weil sie ihn, wie Piaget plausibel gemacht hat, nicht von den Erwachsenen übernehmen wie andere Normen, sondern in der „gegenseitigen Achtung und Solidarität der Kinder untereinander" finden (45). Sie stoßen dabei allerdings schon bald auf das Dilemma zwischen Gerechtigkeit als Gleichheit („jedem das Gleiche") und Gerechtigkeit als Billigkeit („jedem das Seine"), das sich als häufig unlösbar erweist und wohl wesentlich mit Schuld daran ist, daß die Beziehung zu ihr sich dann beim Erwachsenen häufig auf das Deklamatorische beschränkt. Das Einschlafen des ursprünglich aktiven Interesses an der Gerechtigkeit ist sicher nicht durch abstrakte Erörterungen zu verhindern, sondern durch Hinführung an die Realität. Wenn wir das halbwegs konsequent versuchen, zeigt sich sofort, daß Gerechtigkeit nirgends verwirklicht ist. Die Ungerechtigkeit beginnt schon in der Schule und setzt sich fort in der Gesellschaft. Wenn uns Gerechtigkeit wirklich ein Wert ist, müssen wir zur Offenlegung der Ungerechtigkeit bereit sein.

4.3 Umorientierungen

Kriege wurden in der Geschichte nicht nur durch bösartige Aggressionen in Gang gebracht und gehalten, sondern zogen immer auch positive Motive und Antriebskräfte in ihren Sog, eine historische Erfahrung, die Leyhausens These (s. Anm. 40) bestätigt. Daher stellte die Kriegspropaganda meist nur kurze Zeit Haß- und Rachegefühle in den Vordergrund. „Auf lange Sicht sind die wirksameren Appelle, um den Kampfgeist der Bevölkerung zu erhalten. nicht diejenigen, die sich an Aggressivität und Haßgefühle, sondern an die Sehnsucht nach dauerndem Frieden und größerem Wohl-

stand wenden" (46). Levi nennt als psychologische Kriegsfaktoren neben destruktiven Antrieben wie Feindseligkeit und Vorurteile drei weitere Gruppen:
1. Anstöße zur Kompensation im weitesten Sinn, z.B. Langeweile, Abenteuerlust, gesellschaftliche Frustration
2. Erfüllung des Ego: Bedürfnis nach Anerkennung, Prestige
3. konstruktive Faktoren wie Nächstenliebe, Opfersinn, Gemeinschaftssinn, Missionsstreben (46).
Ähnliche Auffassungen vertreten von verschiedenen Ausgangspunkten aus Arthur Koestler, Konrad Lorenz, Alexander Mitscherlich und Margaret Mead. Letztere geht soweit zu behaupten, "daß Kriegsführung, besonders wenn sie die gesamte Bevölkerung erfaßt, im Grunde genommen nicht auf menschlichem Zerstörungstrieb beruht, sondern auf dem Wunsch, zu schützen" (47). Alexander Mitscherlich sieht diesen Zusammenhang zwischen positiven Strebungen und Krieg als Manipulation von Fürsten und Diktatoren an: "Der einzelne soll sich im Akkord mit den vielen in eine großartigere Ebene des Lebens versetzt fühlen als ihm das ordinäre zivile Dasein je hätte bescheren können" (48).
Wenn diese Überlegungen zutreffen, gehört zur Sicherung des Friedens, daß solche Manipulationen offengelegt und ihre Widersinnigkeit angesichts moderner Waffen aufgezeigt werden, sowie vor allem dadurch, daß die konstruktiven Antriebe eine feste und nicht mehr manipulierbare Bindung an unkriegerische Objekte eingehen.
Ein wesentlicher Schritt dazu könnte wohl die Darstellung des Friedens als konstruktive Herausforderung sein, wie sie oben kurz skizziert wurde. Ein anderer könnte ein neues Bild menschlicher Größe, des "Helden" sein, etwa im Sinn von Gandhi oder Martin Luther King. Jugendliche haben nach wie vor ein Bedürfnis nach "Leitbildern", d.h. nach Menschen, die kulturelle Ideale nicht so vorsichtig, ängstlich und nur da, wo es nicht weh tut, betätigen, wie wir normale Erzieher das – wenn überhaupt – praktizieren, sondern konsequent, im großen Stil und ohne kleinliche Konzessionen. Von ihnen geht nach wie vor eine starke Anziehungs- und Motivierungskraft aus; das hat auch die Studentenbewegung deutlich genug gezeigt. Auf alltäglicherer Ebene liegen die Vorbilder für die Tugend der Zivilcourage, die nach weit verbreiteter und sicher zutreffender Auffassung bei uns Deutschen meist in umgekehrter Proportionalität zur Militärcourage ausgeübt wurde. Da Erziehung unvermeidlicherweise eine Verbindung von Ungleichen ist, bietet sie sozusagen strukturell ständige Gelegenheit für Zivilcourage, in denen die prinzipiell Schwächeren, die Kinder, Wege zwischen bloßer Aufsässigkeit und Konformismus suchen und einüben könnten.

4.4 Kritisches Bewußtsein

Kritisches Bewußtsein ist heute ein allgemein anerkanntes Erziehungsziel. Für die Friedenserziehung ergibt sich seine Notwendigkeit aus der "organisierten Friedlosigkeit" unserer Gesellschaft. Friede setzt ihre Überwindung voraus, was nur möglich ist, wenn sie erkannt und durchschaut wird, wenn die Interessen hinter den Verhältnissen gesehen werden, wenn die Analyse immer wieder die Frage nach dem stellt, der vom Unfrieden profitiert; mit einem Wort, wenn kritisch argumentiert wird. Soll Kritik ihrerseits kritisch betrieben werden, so ist zu fragen, woran sie sich orientiert. Kritik unserer Gesellschaftsordnung ist nicht einfach dasselbe wie ihre Ablehnung, was manche Darstellungen in den letzten Jahren ausdrücklich behaupten oder unausgesprochen nahelegen. Die undifferenzierte Schwarz-Weiß-Einteilung der Verhältnisse in gute und böse entspricht gerade nicht der Aufklärung, zu deren Tradition es von jeher gehört, Kritik und Affirmation verbinden zu können, also das zu kritisieren, was man bejaht und das zu bejahen, was man kritisiert. Kritik bringt sich selbst um ihre Wirkung, wenn sie sich als Blindheit für das Positive versteht. Kritisches Engagement ist mehr als engagierte Kritik. Die Fähigkeit zur Differenzierung, zur kritischen Solidarität mit der eigenen Gesellschaft ist die Bedingung für die Möglichkeit von Aufklärung in einem sozialen System und damit auch für die Arbeit am Frieden.

Diese kritische Abgrenzung der Kritik gegen ihre Verabsolutierung gilt allerdings mehr für die pädagogische Theorie als für die Praxis. In der Wirklichkeit, vor allem der Schulen, herrscht das andere Extrem. In den Schulen gibt es sehr wohl Kritik – aber innerhalb des „Lehrplans", etwa an Protagoras oder Heinrich IV. oder in Besinnungsaufsätzen über das Jahr der Frau, jedenfalls an entlegenen Objekten oder in Problembereichen, in denen die Schüler bestenfalls spärliche Erfahrungen gesammelt haben. Was hier gelernt wird, ist Kritik ohne Kompetenz; „Maulbrauchen" nannte es Pestalozzi. In dieser Kunst erzeugt unsere Bildung große Fertigkeit.

Schlechter bestellt ist es mit der Kritik an persönlich betreffenden Problemen, etwa des Unterrichts. Schülerfreimut vor Kathedern hat noch nie zu den erwählten Anliegen unserer Bildung gehört; belohnt wurden und werden Fügsamkeit und die fleißige Erfüllung verordneter Leistungen. Was den Schülern an Konformismus allenfalls noch gefehlt haben sollte, hat ihnen jetzt der Numerus clausus beschert. Studenten erzählen seit Jahren immer wieder und übereinstimmend, daß es in ihrem Schulleben kritische Diskussion kaum, nur in Einzelfällen gegeben habe; viele vermuten (mit guten Gründen), daß studentische Kritik deshalb so unüberlegt ins Blaue geht, weil sie nicht gelernt worden ist; sie sei nicht eigentlich übertrieben, sondern bloß ungekonnt.

Kritisches Bewußtsein verlangt eine kritische, also unterscheidende Einstellung gegenüber Fortschritt und Tradition. Gesellschaftliche Errungenschaften, die in langen historischen Entwicklungen entstanden sind, sind immer riskant und vom Rückfall bedroht. Daher besteht Fortschritt, auch in Richtung Frieden, in Verändern *und* Bewahren. Tradition ist selbst das „Erbe gelungener Revolutionen" (49). Die pauschale Ablehnung des Bestehenden zerstört die Solidarität in der Zeit; sie beraubt letzten Endes auch uns selbst der Chance, etwas für die Zukunft zu tun, denn was wir heute erreichen, ist morgen selber Tradition und auf die, wenn auch kritische, Übernahme durch die nachfolgenden Generationen angewiesen.

4.5 Langfristige Perspektiven

Friede verbindet Gegenwart und Zukunft, er ist ein Ziel für heute und alle kommende Zeit, er ist zugleich unbedingt notwendig und in seiner Vollendung unerreichbar. Soll Friedenserziehung auf die Dauer erfolgreich sein, so muß sie sich auf eine radikale Umstellung stützen, nicht nur der „Verhältnisse", sondern des menschlichen Bewußtseins im ganzen. Sie muß beides im Auge haben, das im Augenblick Machbare wie die Veränderungen auf lange Sicht, mit anderen Worten: die in der Gegenwart zu vermittelnden Kenntnisse, Einstellungen und Fähigkeiten und den „neuen Menschen", wie er immer wieder erhofft wurde. Robert Jungk hat eine Vielzahl von zum Teil faszinierenden Beispielen des „Jahrtausendmenschen" aufgespürt und beschrieben (50).

Was wissen wir von ihm? Heute kommt es wohl in erster Linie darauf an, die Frage zu stellen und offen zu halten; darüber hinaus läßt sich wenig und nur höchst Unsicheres sagen.

Seine erste, grundlegende Eigenschaft muß wohl der Gewaltverzicht sein. Damit ist nicht Wehrlosigkeit im Sinn des Sprichwortes „der Klügere gibt nach" gemeint,

sondern eine neue Form der Selbstbehauptung, im persönlichen Leben wie im Großen, etwa in Form der sozialen Verteidigung.
Sie ist aber wohl nur denkbar als Teil einer allgemeinen Neuorientierung der Lebensziele. Der Sinn des Lebens kann nicht in materiellen Erfolgen, im Machtwettstreit und im äußeren Wohlstand liegen. Insofern stellen etwa die Weltraumunternehmungen keine zukunftsweisenden Leistungen dar, sondern bezeichnen eher das Saurierstadium der Technik, die Sackgasse der Gigantomanie. Diese Kritik verweist auf die Entwicklung zu einer Gesellschaft, die seit Daniel Bell die „post-industrielle" heißt (50a). Dieser Ausdruck soll nicht zur Flucht vor der Technik auffordern, sondern zu ihrer Integration in einen größeren Zusammenhang, in dem sie nicht mehr dominiert, sondern Dienstfunktion hat.
Wie soll diese post-industrielle Gesellschaft aussehen? Hinter soziologischen Änderungen wie der Zunahme des „tertiären" Sektors, d.h. der Dienstleistungen auf Kosten der Industrieproduktion, muß zweifellos ein Ausgleich der einseitigen Extraversion stehen, wie sie die europäische Entwicklung in den letzten Jahrhunderten gekennzeichnet hat. Die Gegenbewegung ist schon allenthalben im Gange, es sei nur an die Welle der Meditationsformen erinnert. Hier geht es nicht um die Flucht in eine neue „Innerlichkeit", sondern um die Erschließung neuer oder zumindest vernachlässigter Erfahrungsformen, um die Entdeckung neuer Stufen und Bereiche der Welt, und in dieser Ausweitung des Bewußtseins kann die Sorge um die Welt und das politische Engagement im Hegelschen Sinn aufgehoben werden. Ohne eine solche Neuorientierung erscheint weder der Gewaltverzicht als Grundlage jeder Friedensfähigkeit erreichbar, noch die Überwindung der zerstörenden Ausbeutungswirtschaft und -technologie und erst recht nicht ein gerechter Ausgleich mit den Ländern der Dritten Welt.
Von zentraler Bedeutung dürfte dabei die weitere Entwicklung der religiösen Erfahrung sein. Hier lagen seit jeher die mächtigsten Antriebe menschlicher Kultur. Ihre Verbindung mit einer Politik jenseits des Machtprinzips gehört sicher zu den für das Schicksal des Friedens wichtigsten Fragen der Gegenwart.

5. Zielbereiche im einzelnen

Nach diesen grundsätzlichen Überlegungen über Anknüpfungspunkte der Friedenserziehung wenden wir uns den Aufgaben im einzelnen zu. Wie läßt sich die Friedensfähigkeit näher kennzeichnen?

5.1 Das Problem der Begründung von Teilzielen

Die Gewinnung von Teilzielen aus dem Hauptziel Frieden steht vor dem „ungelösten Problem der Deduktion" (51). Es handelt sich nicht nur um ein Problem der logischen Ableitung, sondern vorweg um die Frage nach der Entsprechung von Ziel und Weg. Wenn Erziehung den einzelnen zur Selbständigkeit befähigen soll, folgt daraus, daß die Heranwachsenden über die Ziele mitbestimmen müssen. In der Emanzipationsdiskussion gehört es zu den Selbstverständlichkeiten, daß die Operationalisierung von Feinzielen der Emanzipation in sich widersprüchlich ist, da Emanzipation ja heißt, Festlegungen selbst zu entscheiden. Die Frage ist allerdings, ob damit alle Ziele zur Disposition stehen. Gibt es Normen, die unverzichtbar sind? Schon die grundlegende Alternative, Frieden oder Krieg, kann nicht einfach frei bleiben; ebenso können auch Teilziele nicht einer „Option" überlassen werden, etwa, ob die Privilegien der Industrieländer aufrechterhalten und ausgebaut werden sollen oder nicht, ebensowenig Forderungen wie Toleranz, Kooperationsbereitschaft, Wahrhaftigkeit, Gerechtigkeit.

Daraus folgt, daß die Festlegung und Ableitung von Teilzielen zunächst einmal normativ sein muß, d.h. auf diejenigen Werte bezogen, die in der Erziehung nicht einfach zur Wahl gestellt sind, mit anderen Worten: sie muß einem Konsens entsprechen. Da ein einzelner nicht bestimmen kann, worin sich alle einig sind, stützt sich die folgende Aufzählung, soweit sie in einem normativen Begründungszusammenhang steht, im wesentlichen auf die Erklärungen der Vereinten Nationen und das Grundgesetz.

Die konkreten pädagogischen Ziele sind psychische Dispositionen und haben daher neben der normativen eine empirische Komponente. Der Friede selbst ist eine Norm, aber welche Einzeldispositionen ihm dienen und wie Kinder sie erwerben können, kann man nicht logisch vom Friedensbegriff ableiten, jedenfalls nicht allein; dies ist wesentlich durch Untersuchung realer Kausalzusammenhänge zu gewinnen. *Sie* müssen wir kennen, um über die Teilschritte und Teilziele etwas Sicheres aussagen zu können. Da dies nur sehr lückenhaft der Fall ist, sind wir auf Vermutungen angewiesen. Die folgenden Aufzählungen sind also Postulate, soweit sie normativ begründet sind, und Hypothesen, soweit sie empirisch begründet sind.

Es ist daher schwer, die Verbindlichkeit der Teilziele im einzelnen anzugeben. Das Akzeptieren des Friedens schließt das Akzeptieren aller Teilziele nicht ohne weiteres mit ein, weil die Ableitungen, wie schon betont, in den meisten Fällen nicht analytische, sondern synthetische Urteile darstellen, also nicht bloß logisch herausfolgern, was im Friedensbegriff schon enthalten ist. Bei der Gewinnung von pädagogischen Teilzielen kommen zur Ausgangsnorm immer auch neue Gesichtspunkte hinzu, teils neue Normen, teils empirische Sätze, da ja die pädagogischen Teilziele Mittel zum Zweck der Erreichung des Endzieles Friede sein sollen und die Zuordnung der Mittel zum Zweck immer (zumindest *auch*) eine empirische Frage ist. Die Unsicherheit dieser zusätzlichen Deduktions-Gesichtspunkte geht in die Teilziele ein. Beim derzeitigen Stand der Diskussion kann man im Grunde nur sagen, daß die Gewaltvermeidung gewiß zur Friedensfähigkeit gehört. Die weiteren Teilziele bleiben hinter der Begründbarkeit des Richtzieles Frieden, aus dem sie abgeleitet werden, zurück.

Mit anderen Worten, es geht um die Frage: Gibt es einen sozusagen „harten Kern" von *notwendigen* Elementen der Friedensfähigkeit, die in jedem Fall angestrebt werden müssen, mit einem weiten Umfeld von *„wünschbaren"* Dispositionen? Die weitere Klärung dieser Frage hängt, was die formale Seite anbetrifft, von der Entwicklung einer „deontischen" Logik, d.h. einer Logik der Werte und Normen ab (52), aber auch von den Ergebnissen der Diskussion um die Legitimierung von Normen und Erziehungszielen (53) und vor allem von genauen Kenntnissen über die psychischen und strukturellen Bedingungen kooperativen und aggressiven Verhaltens.

Am deutlichsten ist dieses Problem im Bereich „Information". Wie man hier aus der Fülle der ohne Zweifel gut begründbaren Wissensforderungen das herausfinden soll, was realistischerweise in Schule und anderen Bildungseinrichtungen vermittelt werden kann und muß, ist eine der schwierigsten und zugleich dringendsten Fragen der Friedens-Didaktik.

5.2 Die Suche nach übergreifenden Dispositionen

Die Unterscheidung des Gesamtkomplexes Frieden auf den Systemebenen des sozialen Mikro- und Makro-Bereichs ist eine vor allem im pädagogischen Zusammenhang nützliche Hilfskonstruktion. Es gibt eine strukturelle Verschiedenheit der Rahmenbedingungen des Friedens, nach denen sich das Verhalten richten muß; Friede in der Familie oder gar Friede mit mir selbst verlangt andere Einsichten und eine andere Praxis als Friede in einem Betrieb, in einem Land oder zwischen den Staaten. Wer „im Kleinen" friedfertig ist, muß es nicht auch „im Großen" sein und umgekehrt. Wenn aber diese Bereiche voneinander getrennt werden, vermindert das die Wirksamkeit der Erziehung, die dann jedesmal neu ansetzen muß. Jeder Lehrgang und jedes Verhaltenstraining ist sinnvollerweise so aufgebaut, daß möglichst zusammenhängende, verallgemeinerungsfähige Dispositionen erworben werden, statt lauter isolierter Einzelfertigkeiten. Verhalten wird durch die Möglichkeit des Transfers stabilisiert. Was sich in der Situation A bewährt hat, kann leichter in der Situation B praktiziert werden, als eine neue Handlungsweise, die erst gelernt werden muß; und wenn sie in der Situation B zu guten Ergebnissen führt, stärkt das rückwirkend die Anwendung in künftigen Situationen vom Typ A.

Das Lernen von Frieden wird daher gefördert, wenn es gelingt, übergreifende Dispositionen zu finden, die geeignet sind, die situationsspezifischen Praktiken zu verklammern zu einem zwar differenzierten, aber mit gleichsam durchgehenden Verstrebungen stabilisierten Gesamtkomplex der Friedensfähigkeit. Solche sollen, ohne Anspruch auf Vollständigkeit, kurz skizziert werden.

5.2.1 Erziehung zur Ich-Stärke

Wenn Friedensfähigkeit mehr sein soll als Anpassung oder Unterwürfigkeit, muß sie Selbstbehauptung, Selbständigkeit, Selbstverantwortung, Mut zur eigenen Initiative einschließen. Eine wesentliche Basis dafür ist das, was in der Terminologie der Psychoanalyse Ich-Stärke heißt. In dem Denkmodell von Es-Ich-Überich gilt als die zentrale Funktion des Ich die „Realitätsprüfung", d.h. die Vermittlung zwischen den Antrieben des Es und den realen Möglichkeiten zu ihrer Befriedigung. Das Ich hat die Führung auf dem Weg vom Lustprinzip zum Realitätsprinzip. Dazu gehört die Fähigkeit zum Ertragen von Triebspannungen. Als wichtiger Weg zur Ich-Stärkung wird von Michael Balint im Anschluß an das übliche Verfahren einer psychoanalytischen Behandlung das „Durcharbeiten" genannt, d.h. das intensive Gespräch zwischen Therapeut und Patient über dessen Symptome, z.B. über bestimmte Abwehrformen, mit dem Ziel, diese bewußt zu machen und dadurch in die Kontrolle des Ich zu bringen. Das Ergebnis zeigt sich in der „Fähigkeit des Ichs..., eine bestimmte Art von Triebspannungen, eben jene, die „durchgearbeitet" werden, in immer größerer Intensität zu ertragen" (54). Auf die Erziehung übertragen heißt es, daß der Erzieher immer wieder mit dem Kind dessen Fragen und Konflikte durchspricht, intensiv, aber ohne sich aufzudrängen, so daß das Kind allmählich lernt, sich selbst und die Realität bewußt zu sehen.

Eine unerläßliche Rolle spielt dabei die „Lernfreude". In der Darstellung Balints erscheint sie als zentraler Punkt. Sie ist nicht allein aus dem Es ableitbar, da sie bereit macht, Arbeit, Anstrengung und Unlustspannungen auf sich zu nehmen (auch A. Mitscherlich betont, daß Lernen, „wie man weiß", immer mit Unlust und Verzichten verbunden ist (55); vielmehr stellt sie wesentlich eine Ich-Funktion dar. Sie ist der unentbehrliche Motor der Erfahrung. Aufgabe der Erziehung muß es dann sein, sie zu unterstützen, d.h. vor allem Erfolgserlebnisse zu ermöglichen, damit das Lernen nicht vor der komplizierten Realität kapituliert, und, um mit Herbert Marcuse zu sprechen, bei den Fakten stehen bleibt, statt die Faktoren zu suchen.

In der schwierigen Balance zwischen Es und Realität erfährt das Ich vom Über-Ich eine wichtige und unentbehrliche Hilfe. Das sollte gerade von der Pädagogik neu gesehen werden, da sie es vor allem war (insbesondere eine rigorose Moralerziehung), die das Über-Ich in Verruf gebracht hat. Insofern das Ich sich aus dem Es entwickelt, verselbständigt hat, steht es, wie Anna Freud feststellt, diesem fremd, feindselig, zumindest mißtrauisch gegenüber. Es ist „seinem Wesen nach überhaupt kein geeigneter Boden für ungestörte Triebbefriedigung, d.h. das Ich ist nur triebfreundlich, soweit es sich noch wenig in seiner Ausbildung vom Es differenziert hat" (56). In dieser Situation vertritt das Über-Ich Gesellschaft und Kultur gegenüber den Triebansprüchen, also auch das Prinzip des Friedens. Zweck sinnvoller Normen der Gesellschaft als Niederschlag langer geschichtlicher Erfahrungen ist nicht die Einschränkung oder gar Verdrängung der Triebansprüche, sondern ihre Kanalisierung, die Integration ihrer divergierenden und kulturgefährdenden Tendenzen, auf lange Sicht also ihre wahre Befriedigung. Sie sind unentbehrlich zur Orientierung des Handelns.

Wo dem Ich diese Unterstützung durch das Über-Ich fehlt, wo, wie Anna Freud formuliert, „das Ich sich von dem Schutz dieser höheren Mächte verlassen fühlt", steigert sich seine Distanzierung vom Es zur Angst. Diese setzt Abwehrmechanismen in Kraft, „die dann zu allen uns bekannten Folgen für die Neurosen- und Charakterbildung führen" (56).

Die Hilfsfunktion des Über-Ich kann sich aber nur dort entfalten, wo zwischen Über-Ich/Gewissen und Ich ein lebendiges Interaktionsverhältnis besteht; wo das Ich also die Normen nicht ungefragt übernimmt und als starren, im Grunde toten Fremdkörper über sich fühlt, sondern gelernt hat, mit seinem Gewissen zu leben. Die Achtung vor der Würde des moralischen Gesetzes, die nach Kant die eigentliche Grundlage vernünftigen Handelns ist, bedeutet weder blinde Unterwerfung noch Unverbindlichkeit. Sofern die Erwachsenen sich selbst unter die von ihnen vertretenen Normen stellen und ihre Bemühungen um die schwierige Übereinstimmung zwischen Sollen und Leben und ihr ständiges Scheitern nicht verbergen, erwirbt das Kind allmählich die Einsicht und die praktische Fähigkeit zum Abwägen verschiedener Verhaltensmöglichkeiten, zum Abschätzen der Folgen und der Rückwirkungen von Entscheidungen auf das Ich; mit einem Wort, die Fähigkeit vernünftigen Handelns. Das Handeln der Erwachsenen wird zum Modell für das soziale Lernen der Heranwachsenden. Von da aus läßt sich schrittweise das Verständnis erweitern; der Jugendliche lernt allmählich die Bedeutung von Normen wie Freiheit und Gerechtigkeit verstehen (einschließlich der Grenzen dieses Verständnisses), er sieht die Abhängigkeit ihrer Interpretation und Geltung von Interessen und Machtverhältnissen, er erkennt das Invariante an den Normen, aber auch die Verschiedenheiten der konkreten Verwirklichung im persönlichen Leben wie im Politischen.

Das ermöglicht bzw. schließt ein die im Zusammenhang mit der Erziehung zum Frieden grundlegende Fähigkeit der „gekonnten Aggression", wie Alexander Mitscherlich formuliert hat (57). Da der Begriff der Aggression im allgemeinen negativ gebraucht wird, ist es vielleicht, um Mißverständnisse zu vermeiden, besser, von aggressionsfreier Aktivität zu sprechen. Das Kind soll jedenfalls lernen, seine Aggressionen, worunter hier mehr der allgemeine Antrieb, die eigenen Bedürfnisse gegen Widerstände durchzusetzen, zu verstehen ist, unter Ich-Kontrolle zu bringen, insbesondere Wege zu suchen, auf denen nicht andere beiseite geschoben oder gar verletzt werden. Auch das ist nicht nur eine Sache des guten Willens, sondern der Einsicht und der Fantasie. Anatol Pikas bietet dafür lehrreiche konkrete Beispiele (58).

Ein wesentlicher Lernschritt ist die Hinwendung der Kampfmotive auf Sachprobleme. Daß „Sieg" auch aus dem Kampf mit einer Sache erwachsen kann und daß er dann unter Umständen einen viel intensiveren Lustgewinn verschafft, weil er das Über-Ich auf seiner Seite hat, nicht Gegenaggressionen weckt und das lernt das Kind nicht aus Mitteilungen, sondern nur durch Erfahrungen. Sie sind vor allem deswegen ein unentbehrlicher Bestandteil auch der Friedensfähigkeit im Politischen, weil der Weg zur Gewaltlosigkeit im Inneren durch Ablenkung der Aggressionen auf einen äußeren Feind in Zukunft nicht mehr geschehen darf. Diese Umleitungsfunktion müssen entpersönlichte „Feinde" übernehmen: Sachprobleme (z.B. Nahrungsmittel- und Rohstoffknappheit sowie ökologische Krisen), zu deren Bewältigung die gemeinsame Anstrengung aller Staaten notwendig ist.

Die bisherigen Überlegungen zeigen, daß Ich-Stärke wesentlich ein Ergebnis des Sozialisationsprozesses ist. Sie wird aufgebaut durch die Bestätigung von Ich-Leistungen, durch konstruktiv gelöste Konflikte und durch das Beispiel der Bezugspersonen, durch gemeinsame Arbeit an Sachproblemen und durch die orientierende und stabilisierende Kraft kulturell geschaffener und tradierter Normen. Der letzte Punkt scheint die Friedensfähigkeit im Großen besonders herauszufordern angesichts der Annäherung bisher mehr oder weniger für sich getrennt lebender Kulturkreise. Vor allem in den Ländern, die in den letzten Jahren selbständig geworden sind und nun in die Weltpolitik eintreten, ist die „Suche nach einer kulturellen Identität" in Gang gekommen. Es zeigt sich, daß auch im sozialen Makrobereich eine klare eigene Position Voraussetzung für Kooperation ist, und daß diese für den Menschen als geschichtliches Wesen aus der lebendigen Aneignung seiner eigenen kulturellen Vergangenheit erwächst. Albert Wendt, Schriftsteller aus Westsamos, leitet seinen Aufsatz über „Die Aufständischen des Pazifiks" mit folgenden Sätzen ein: „Ich gehöre zu Ozeanien – oder vielmehr zu einer der fruchtbaren Gegenden dieser südlichen Inselwelt. Sie bedeutet mir geistige Heimat, nährt und beflügelt meine Vorstellungskraft und läßt mich zu mir selber finden" (59). Das ist nicht die Einzelstimme eines Schwärmers. Rund um die Erde haben gerade die jungen Staaten die Tradition, d.h. die Übernahme ihrer eigenen Kultur aus dem Bereich des bloß gewohnheitsmäßigen selbstverständlichen Dahinlebens und Geschehenlassens herausgenommen und als engagiert zu leistende Aufgabe erkannt. Ihnen geht es nicht um sentimentale Nostalgie, sondern um die Schaffung einer Grundlage, die einerseits den Einzelnen „zu sich selbst finden läßt", und die es andererseits dem Land ermöglicht, in die Völkergemeinschaft einen eigenen, die anderen bereichernden Beitrag einzubringen. Wenn der Weltfriede nicht eine trostlose Einheitskultur bringen, sondern die Vielfalt menschlicher Kreativität erhalten soll, gehört die bewußte und von unserem Selbstverständnis aus kritische Verwurzelung des einzelnen in seiner kulturellen Herkunft zu den zentralen Aufgaben jeder Friedenserziehung.

Verbindet sich eine solche Identitätsfindung mit dem Blick nach draußen, der Kommunikation mit anderen Kulturkreisen, so schafft sie eine fundierte Offenheit, die eine unerläßliche Voraussetzung für Wandlungsfähigkeit ist, eine weitere Dimension der Friedensfähigkeit.

5.2.2 Wandlungsfähigkeit

Der Wandel der Gesellschaft im Großen muß im konkreten Alltag aufgefangen, mitgetragen und weitergetrieben werden, er ist immer auf die Zustimmung und darüber hinaus auf die Impulse von unten angewiesen. Ein solcher Wandel ist das wesentliche Kennzeichen des Friedens in der technischen Welt: „Muß auf den Krieg als auf den großen Veränderer aller Dinge verzichtet werden, so muß im Frieden mit erledigt werden, was bislang dem Krieg überlassen bleiben konnte. Der Friede verändert damit seinen Charakter – er hört auf, wesentlich auf die Erhaltung eines status quo gerichtet zu sein, er wird dynamisch. Vom Prozeß der Planetarisierung getragen wird er selbst auch ein Prozeß – Arbeit im Hegelschen Sinne" (60).

Ein dynamischer Friede schließt die Veränderung der Gesellschaft ein, so tiefgreifend, daß es keiner gewaltsamen Umstürze bedarf. Daß das nicht unmöglich ist, zeigt das Verhältnis der Industriestaaten untereinander, das sich Formen einer kriegslosen Entwicklung zumindest weitgehend angenähert hat.

So gesehen erscheint Friedensfähigkeit als Wandlungsfähigkeit im reflexiven wie im transitiven Sinn, d.h. als die Fähigkeit, sich selbst und die Umwelt zu wandeln bzw. an ihrer Veränderung aktiv mitzuarbeiten.

Wie soll diese Wandlungsfähigkeit genauer aussehen? Der Begriff hat, ähnlich wie Friedensfähigkeit (und noch mehr Friedlichkeit oder Friedfertigkeit), im Sprachgebrauch eine Schlagseite zum Individuellen, Privaten hin. Die Lernzielfindung muß darauf achten, diese Einseitigkeit in den Teilzielen zu vermeiden und auszugleichen. Folgende Teilziele lassen sich angeben:

— Ich-Stärke, von der schon die Rede war; sie muß in der Primärsozialisation erworben werden und ist eine wesentliche Voraussetzung, in einer sich rasch ändernden Umwelt die eigene Identität zu bewahren, ja in der aktiven Beteiligung an der Veränderung zu bewähren und zu stärken.

— Vertrauen in die Zukunft, Überwindung des Zukunftsschocks (61); seit jeher eine Grundvoraussetzung sozialen Lebens, heute von der Wissenschaft zugleich gestützt und, seit Atombombe und ökologischen Krisen, bedroht: „Von eben der Quelle, von der das menschliche Vertrauen auf die Kontinuität des menschlichen Lebens gespeist wurde, ist sie nun in Frage gestellt. Innerhalb eines Jahrzehnts haben Menschen lernen müssen, daß alle Sicherheit, die auf wissenschaftlicher Erkenntnis basierte, nun von demselben Wissen, auf das sie vertrauten, untergraben worden ist" (62). Vielleicht stößt eine säkularisierte Erziehung hier an die Grenzen ihrer Möglichkeiten. Das Bewußtsein, daß der Mensch nicht das einzige geistige Wesen auf der Welt ist, gab den Menschen früher Hoffnung und Zuversicht, auch gegenüber der Zukunft. Ist die Hoffnung auf die menschliche Leistungsfähigkeit allein angewiesen, so hat sie es sehr schwer, gegen die Angst zu bestehen.

— Die von Georg Picht beschriebene Fähigkeit zur Verbindung von Prognose, Utopie und Planung (63).

— Blick für das Mögliche und das Notwendige: das Mögliche im Realen sehen, Alternativen, Ansatzpunkte für Steuerung, für Chancen und Gefahren, also die Fähigkeit, Trends als positiv (Chancen) und negativ (Gefahren) zu beurteilen: Konzipierung von Zielen und ihre Verbindung mit dem Bestehenden. Alexis de Tocqueville beschrieb vor fast 150 Jahren die Unfähigkeit der europäischen Regierungen, den historischen Trend zur Demokratie zu erkennen und vernünftig zu leiten: „Mitten in einem reißenden Strom stehend, heften wir die Augen hartnäckig auf einige Trümmer, die man noch am Ufer wahrnimmt, während uns die Strömung mit sich führt und uns rücklings dem Abgrund zutreibt" (64). Mit diesem Bild wollte er warnen, nicht abschrecken; was er sagen wollte, gilt auch heute noch: Nicht-wahr-haben-wollen und Anklammern hält den Fluß nicht auf.

— Freiräume und Übung für Kreativität, für „laterales Denken" (65); dabei wird zur Zeit vielleicht der Wert formaler Gelenkigkeit überschätzt; die kreativen Leistungen menschlicher Kultur sind immer durch die Inspiration großer Inhalte entstanden.

— Umgang mit Konflikten; wenn der Friede von der Veränderung sozialer Strukturen abhängt, muß Friedenserziehung zwangsläufig in Konflikt mit denen geraten, die die Strukturen der Friedlosigkeit aufrechterhalten und von ihnen profitieren.

Der Umgang mit Konflikten steht daher im Mittelpunkt der Diskussion um die Friedenserziehung. Friedrich Minssen nennt ihn den „Kern der Friedenserziehung" (66). Dieser Punkt soll wegen seiner Bedeutung im folgenden etwas ausführlicher erörtert werden.

5.2.3 Umgang mit Konflikten

Nach dem bisherigen Verlauf der Geschichte können wir uns eine Gesellschaft ohne Meinungsverschiedenheiten, Spannungen, Zu- und Abneigungen, Interessengegensätzen, ohne Konflikte nicht vorstellen. Unvermeidlich, und d.h. in der sozialen Natur des Menschen vorgegeben erscheint, daß es Konflikte gibt; offen ist, wie sie ausgetragen werden, wie sie sich in der Folge auswirken: zerstörend oder innovierend, vorteilhaft nur für den Sieger oder befreiend für alle Beteiligten. In allen Theorien des sozialen Wandels spielen Konflikte als Änderungsfaktoren eine entscheidende Rolle. Für Theorie und Praxis der Friedenserziehung ist der Konfliktbegriff gleichermaßen entscheidend. Konflikt, verstanden als Kampf zwischen Individuen und/oder Gruppen, sitzt an der Verbindungsstelle wichtiger analytischer Kategorien:
— negativer und positiver Friede; denn für beide ist die Humanisierung der Konflikte unbedingte Voraussetzung;
— sozialer Mikro- und Makrobereich; denn auf allen sozialen Ebenen kommen Konflikte vor, sie gehören zu den Elementen der Friedenserziehung, die dem Kind nicht erst mühsam nahegebracht werden müssen, sondern direkt und ständig erfahrbar sind;
— Einsicht und Verhalten; denn soweit die Friedenserziehung Konflikte in Familie und Schule mit einbezieht, lassen sich hier theoretische Erörterungen von der Praxis aus motivieren und wieder dorthin umsetzen.

Seit dem Pazifismus zu Beginn des Jahrhunderts besteht weitgehend Einigkeit darüber, daß es nicht angeht, „die große kommende Friedensaufgabe der Menscheit durch die Frage zu bezeichnen: Wie kann man Konflikte vermeiden?... Worauf es ankommt, das ist die Aufgabe, alle Arten von Streitigkeiten in würdiger, wahrhaft menschlicher Weise zum Austrag zu bringen" (67).

Den Kern des pädagogischen Problems bezeichnet die Frage, ob es angesichts der Vielfalt von Konflikten so etwas wie einheitliche Verhaltensweisen des Umgangs mit ihnen geben kann. Friedrich Minssen nennt Konflikte im Innern des einzelnen und Konflikte der einzelnen untereinander, der einzelnen mit den Gruppen, der Gruppen untereinander; ferner Interessenkonflikte und, als besonders tiefgreifend, den „Antagonismus der Wertordnungen", Max Webers „Kampf der Götter" (68). Lars Dencik entwickelt die formale Unterscheidung zwischen symmetrischen und asymmetrischen, manifesten und latenten, gelösten und Pseudokonflikten. Gibt es Regelungen, die für alle diese Konflikttypen gelten? Sind z.B. die herkömmlichen liberalen Vorstellungen vor allem auf symmetrische Konflikte zugeschnitten, die bei ungleichen Gegnern nur zur Stabilisierung der Ungleichheit führen?

Die Meinungen darüber gehen weit auseinander. Einige Kritiker befürchten, daß die liberale Praxis, wie sie etwa Theodor Wilhelm in seinem Buch über den Kompromiß dargestellt hat (69), zur Verschleierung der wahren Ursachen und zur bloßen Erhaltung des status quo führe. „Zuweilen gewinnt man den Eindruck, daß die Friedensforschung die Wissenschaft von Kompromiß und Gradualismus sei", wie Hermann Schmid schreibt. Er weist ihr demgegenüber die Aufgabe politischer Revolutionstheorien zu: „Sie soll nicht erklären, wie manifeste Konflikte unter Kontrolle zu bringen sind, sondern wie latente Konflikte manifest werden" (70).

Wenn die Antwort so lautet: Friedensforschung müsse zunächst einmal dafür sorgen, daß bestimmte Konflikte polarisiert werden in einem Maße, „daß das derzeitige internationale System ernsthaft erschüttert oder gar zerschlagen wird" (ebd), so wird damit ein Verfahren bezeichnet, dessen Überwindung gerade das Ziel der Friedenserziehung ist. Eine Einteilung in „richtige" und „falsche" Konflikte wiederholt die alte Unterscheidung in gerechte und ungerechte Kriege. Wären wir damit nicht wieder auf der Ebene der Glaubenskriege angelangt? H. Schmid hat folgerichtig erklärt, eine so verstandene Friedensforschung müsse diesen Namen aufgeben (71). Soll sie dagegen ihrem Namen entsprechend verfahren, muß sie formale Verfahren finden, die in unserer Gesellschaft *grundsätzlich* maßgebend für Konfliktverhalten werden sollen; in dieser Hinsicht muß Friedensfähigkeit etwas wie eine *allgemeine* Konfliktfähigkeit einschließen, die durch die Vielfalt konkreter Anlässe und Formen hindurchgeht und Transfer ermöglicht. Ihren Kern sieht die Studiengesellschaft für Friedensforschung darin, „daß auch im Konflikt die Kommunikation unter den Partnern bestehen bleibt und Konfliktregelungen gesucht werden, die keine unaufgebbaren (existentiellen) Interessen der Beteiligten verletzen" (72). Um falsche Harmonisierungen zu vermeiden, unterscheidet Theodor Ebert zwischen Regelung und Austragung von Konflikten. Von „Regelung" spricht er, „wenn beispielsweise ein Konflikt zwischen Kapital und Arbeit allein durch Gespräche geregelt wird". Mit dem „Austragen" eine Konflikts ist nicht Gewaltanwendung gemeint, weil diese erfahrungsgemäß sehr rasch zur Einführung straffer Befehlshierarchien führt, sondern das Eintreten für eine Veränderung der gesellschaftlichen Verhältnisse: „Man geht vom Dialog zur Machtausübung über und mißt die Kräfte mit dem Ziel der Änderung gesellschaftlicher Strukturen und damit auch der Spielregeln" (73).

Eine Übersetzung solcher prinzipieller Kennzeichnungen des Konfliktverhaltens in pädagogisch direkt angehbare Teilziele ist schwierig. Bezogen auf den Erfahrungskreis von Kindern, also auf Konflikte im sozialen Mikrobereich, lassen sich folgende Einzelaufgaben nennen:

— Streiten-lernen
Kinder brauchen selbstverständlich nicht zu lernen, daß sie streiten sollen (denn das tun sie normalerweise von selbst), sondern *wie* sie streiten sollen. Dazu gehört einmal das Erkennen der eigenen und der fremden Interessen, sowie die Bereitschaft, beide abzuwägen und das Recht des Gegners zu achten, vor allem auch das Erfassen der Konfliktursachen, da sonst nur immer wieder „die alten Konfliktkonstellationen im neuen Gewand — und das unerkannt — wiederkehren" (74). Das Erkennen der wirklichen Konfliktursachen führt zur Einsicht, daß das individuelle Verhalten oft von Bedingungen abhängt, die außerhalb der Gegner liegen: diese Einsicht kann die Streitatmosphäre versachlichen. Schon Schleiermacher wußte, daß nichts „den Streit besser schlichtet als die Erkenntnis" (75). Voraussetzung für solche Einsichten und das darauf aufbauende Finden gewaltfreier Lösungen ist das Aufrechterhalten der Kommunikation, das zweifellos die Grundlage eines rationalen Konfliktverhaltens und damit der Humanisierung des Konflikts darstellt (76). Dabei ist eine besonders wesentliche allgemeine Kategorie, entscheidend im Kleinen wie im Großen, die Glaubwürdigkeit. Ihre Aufrechterhaltung ist ein Grundproblem jeder Friedenspolitik. Aber auch schon Kindern läßt sich ihre Bedeutung klarmachen: „Information, die der Empfänger für falsch hält, ist überflüssige Information. Wie ungerecht und dumm ein Gegner auch immer sein mag, wenn du einen Konflikt lösen willst, muß auch dein Gegner an das glauben, was du sagst" (77).

Vielfältige Möglichkeiten zum Streiten-lernen ergeben sich im Spiel, vor allem im Wettspiel, aber auch in der Dramatisierung eines Konflikts mit Rollentausch (78). Verschiedentlich, z.B. von Cooper und Galtung, ist auf das krasse Mißverhältnis zwischen der Riesenzahl von Kampfspielen und dem völligen Fehlen von Versöhnungsspielen hingewiesen worden. „Wenn die kapitalistische Gesellschaft imstande war, ein fesselndes Spiel wie das „Monopoly" zu erfinden, das Generationen von Kindern und Erwachsenen zu faszinieren vermochte, dann sollte es eine mehr friedensorientierte Gesellschaft fertigbringen, ein ebenso anregendes Spiel zu entwickeln" (79).

— Frustrationstoleranz
In allen Überlegungen zum richtigen Konfliktverhalten kommt immer wieder die Frustrations-Aggressions-Theorie zum Vorschlag: Erziehung soll das Entstehen von Aggressionen aus pädagogischen Frustrierungen der Kinder vermeiden. Ein gewisses oder vielmehr ungewisses Maß von Frustration ist jedoch unvermeidlich und ergibt sich aus dem Gegensatz zwischen dem Lustprinzip und dem Realitätsprinzip. Es ist keine Gesellschaftsordnung denkbar, in der alle individuellen Antriebe ungehinderte Befriedigung fänden. Es gehört zur allgemeinen Charakteristik menschlicher Existenz, daß seine Möglichkeiten in der konkreten Situation immer weiter sind als die Verwirklichung, daß Verhalten also immer Auswählen bedeutet. Daher dürfte Erziehung eine vollständige Frustrationsvermeidung nicht anstreben, selbst wenn sie es könnte.
Sowohl von der Friedenserziehung wie auch von der Konflikttheorie und der Psychoanalyse aus ergibt sich somit Frustrationstoleranz d.h. die Fähigkeit, in gewissem Maß Frustration zu dulden, ohne sie in Aggressionität zu entladen, als wesentliches Teilziel. Der Weg dazu besteht nicht in der blinden Gewöhnung an Einschränkungen, sondern vor allem in der Erkenntnis ihrer Notwendigkeit. Amély Schmidt-Mummendey weist auf die Erfahrung der Verhaltenstherapie hin, daß „Individuen auf frustrierende Erlebnisse in der Regel dann nicht aggressiv (reagieren), wenn für sie einsehbar ist, daß derjenige, der ihnen diese Frustration zufügt, dies nicht absichtlich tut" (80). Auch hier zeigt sich wieder, daß vernünftiges Handeln von der zureichenden Einsicht in die Realität abhängt. Das Erlernen dieser ständigen Verbindung von Denken und Handeln, von bewußtgewordenen Bedürfnissen und abschätzbaren Realisierungschancen, ist ein wesentliches Kennzeichen rationalen Konfliktverhaltens.

— Meta-Kommunikation
Für die Entwicklung der Gruppenfähigkeit wird häufig „Kommunikationskompetenz" gefordert, insbesondere auch die Fähigkeit zur „Meta-Kommunikation", d.h. zum Sprechen über Kommunikation, etwa über die Ursachen und Regelungsmöglichkeit von Konflikten. Die Beteiligten sollen gewissermaßen lernen, sich von ihrer augenblicklichen (aggressiven) Rolle zu lösen, sich aus Distanz zu beobachten und mit dem Partner über den Streit zu sprechen, wie über den Streit von Fremden. Kinder müssen diese Technik nicht von vornherein lernen, sie beherrschen sie im Spiel virtuos, wenn z.B. im Märchenspiel der König und Schneewittchen zwischendurch Regiediskussionen führen. Rollenkommunikation und Metakommunkation gehen hier nahtlos ineinander über. Vor allem in komplizierten Konflikten dürfte diese Fähigkeit wesentlich zum Abbau störender Emotionen und zur kritischen Distanz gegenüber der eigenen Aggression und damit zur Versachlichung des Streites beitragen. W. Mertens bringt dafür Beispiele (81). Anzumerken ist allerdings, daß das intellektuelle Training, so nützlich es ist, sicher nicht ausreicht. Die durch Meta-Kommunikation zugänglich gewordene Einsicht in tiefere Konfliktursachen führt nur dann zur Lösung, wenn ein Wille zur Versöhnung wenigstens ansatzweise vorhanden ist. Auf dem Theater ist inszwischen in vielfacher Weise vorexerziert worden, daß Kommunikation im Konflikt ein besonders grausames Mittel zur Zerstörung des anderen sein kann.

— Konflikte beenden lernen
Das Ende eines Konflikts kann in der rationalen Einigung auf einen Kompromiß bestehen, wenn der Streitgegenstand sachlicher Art war, etwa in einer Lohnrunde. Wenn und soweit Emotionen im Spiel waren, kann man von Versöhnung sprechen, etwa im Verhältnis zwischen Deutschen und Franzosen nach 1945 oder, seit Jahren angestrebt, aber noch nicht erreicht, zwischen Deutschen und Polen. Das Beenden

von Konflikten wird im allgemeinen weniger diskutiert, aber ist sie nicht das logische Ziel rationalen Konfliktverhaltens? Müßte daher Friedensforschung nicht vor allem Konsensforschung sein (82)?
Jedenfalls sind Kinder durchaus empfänglich für die Einsicht, daß es eine Technik der De-Eskalation gibt, daß Versöhnung nicht einfach vom Himmel fällt, sondern gewollt, ja geplant werden muß, daß dazu echte Zugeständnisse gehören, vor allem von seiten des Überlegenen, also eine Änderung der Konfliktsituation, vielleicht auch eine Änderung der Spielregeln. Vor allem gehört auch das Bewußtmachen derjenigen Punkte dazu, in denen man mit dem Gegner übereinstimmt und von denen aus dann eine Einigung erreichbar wird.

— Dauerkonflikte ertragen lernen
Es gibt Konflikte, die so in anthropologischen Strukturen, Rollengegensätzen oder in systemimmanenten Spannungen verankert sind, daß sie nicht zu beenden sind; Musterfall auf pädagogischem Gebiet etwa der Generationskonflikt in Familie und Schule. Natürlich ist es im Einzelfall schwierig, zu entscheiden, ob ein Konflikt wirklich zu dieser Gruppe gehört oder ob das Nicht-Aufhörenkönnen nur an der Machtbehauptung einer der Parteien liegt, wo also die Grenze zwischen dem prinzipiellen und dem machbaren Anteil des Konflikts und der Konfliktlösung liegt; ein Beispiel dafür sind etwa die gegensätzlichen Anforderungen, unter denen der Lehrer steht (Schüler, Eltern, Schulverwaltung, Machtgruppen in der Gesellschaft usw.). Aber prinzipiell muß man es wohl als Erziehungsaufgabe ansehen, auch in diesem Punkt eine Frustrationstoleranz im Kind aufzubauen; nur in der „heilen Welt" wären alle Konflikte lösbar. Als pädagogische Aufgabe ergibt sich daraus jedenfalls, auch Dauer-Konflikte unter den Gesichtspunkten der Sachlichkeit und Gerechtigkeit sehen zu lernen, also sich darum zu bemühen, daß die Interessen aller Beteiligten gewahrt bleiben.
— Die emotionale Grundlage des anzustrebenden Konfliktverhaltens liegt vor allem in der „Entwicklung sozialer Sensibilität" (83), in der „Erziehung zur Empfindsamkeit", die Hartmut von Hentig in der ersten seiner zehn Thesen zur Friedenserziehung fordert: „Erziehung zum Frieden ist Erziehung zur Empfindsamkeit, ja zur Empfindlichkeit: zum Leiden am Unrecht, an der Mißachtung, der Gleichgültigkeit, den Schmerzen und Ängsten, die anderen und mir widerfahren, lange bevor sie zur Gewalt drängen" (84).
Die rationale Grundlage der Wahrung fremder und eigener Rechte, der Kommunikation im Konflikt, der Bereitschaft zu Kompromiß und Versöhnung ist die „Überzeugung von der Unantastbarkeit und Gleichberechtigung aller Menschen in ihrer Verschiedenartigkeit und in der Wahrung der Menschenrechte, insbesondere der Rechte auf Leben, Selbstbestimmung und Teilnahme an der menschlichen Gemeinschaft" (85). Die Gleichberechtigung ist, logisch gesehen, das Axiom, aus dem die oben skizzierten einzelnen Verhaltensweisen abzuleiten sind. Von der Zustimmung zu ihr hängt daher der Erfolg jeder Konfliktpädagogik entscheidend ab.
Die Übertragung des Konfliktverhaltens auf den politischen Bereich ist, wie bei allem derartigen Transfer, schwierig. Immerhin kann man annehmen, daß, wer in den kleinen oder großen Alltagskonflikten gelernt hat, auf Sachprobleme und Interessen differenziert einzugehen, standfest zu verhandeln, mögliche Lösungen und ihre Konsequenzen abzuwägen, Distanz zu halten zu den Streitpositionen einschließlich der eigenen, hinter individuellen Aggressionen systembedingte Faktoren zu sehen, die Interessen der anderen zu erkennen und zu würdigen, dies auch im größeren politischen Rahmen praktizieren kann.
Jedenfalls hat das Konfliktlernen den großen Vorteil, daß sein Gegenstand in der Er-

ziehungssituation nicht abgebildet oder simuliert werden muß, sondern real und sozusagen von selbst vorhanden ist. Erziehung ist nicht denkbar ohne Spannungen und Auseinandersetzungen, besonders wenn sie auf Selbständigkeit abzielt. Im Gespräch über Meinungsverschiedenheiten und Zieldifferenzen, über Irrtümer und Fehlhandlungen auf beiden Seiten können die Erwachsenen das von ihnen für richtig gehaltene Konfliktverhalten konkret vormachen, insbesondere können sie zeigen, daß sie sich selbst den Normen verpflichtet fühlen, die sie vertreten, daß sie ihnen aber auch untreu werden; daß die Grundnormen moralischen Verhaltens kein Herrschaftsinstrument der Erwachsenen sind, sondern daß auch die Kinder sich auf sie berufen können. Fast alltäglich sind solche Gespräche in der Familie möglich, aber auch in der Schule wird in Zukunft Unterricht über den Unterricht und damit über Schulkonflikte zu einer geläufigen Erscheinung werden. Er läßt sich nicht so leicht in die Schulroutine einfügen wie die „Kulturgüter": „Das Thema, überhaupt einmal gestellt, wird heute noch jedem Lehrer unter den Fingern sehr schnell heiß: Er wird gefragt nach den durch sein eigenes Verhalten produzierten und den ihm zudiktierten Konflikten; Systemzwänge und gesellschaftlich induzierte Konflikte sind dann nicht mehr weit ... Ein einziger innerhalb eines Systems (also etwa innerhalb der Schulstube) ausgetragener Konflikt, der notwendig die Frage nach normativen und strukturellen Konfliktbedingungen impliziert, führt zu einem höheren Niveau von Konfliktfähigkeit als tausend theoretisch analysierte systemimmanente Antagonismen, die außerhalb der Handlungsmöglichkeiten der Lerngruppe liegen" (86).

5.2.4 Politisches Engagement

Konfliktverhalten richtet sich, wenn wir einmal von der Sonderform des Dauerkonfliktes absehen, auf zeitlich begrenzte Ereignisse, die durch Einigung, Vertrag, Aussöhnung oder ähnliche Vorgänge abgeschlossen werden. Friedensfähigkeit verlangt aber darüber hinaus das Eintreten für strukturelle Änderungen. In diesem Punkt unterscheiden sich die Vorstellungen der gegenwärtigen Friedenserziehung am meisten von früheren. In älteren Phasen der Friedenserziehung zielten die Überlegungen fast ausschließlich auf Themen wie die Überwindung von Vorurteilen, die Fähigkeit zu Kooperation und die Bereitschaft zum Kompromiß, also um die Friedensfähigkeit im sozialen Nahbereich. Man nahm an, daß sich diese individuellen Eigenschaften dann von selbst zum Frieden im Großen summieren würden. Heute steht dagegen gerade das Problem des Transfers individueller Aktivität ins Politische im Mittelpunkt. In der Diskussion besteht weitgehend Konsens darüber, daß er sich nicht von selbst einstellt, sondern nur als das Ergebnis eigener, unmittelbar auf die Veränderung politischer Strukturen gerichteter Anstrengungen, und daß eben diese auf das Politische gerichteten Verhaltensweisen ein wesentlicher Teil der Friedensbereitschaft und damit der pädagogischen Aufgabe darstellen. Etwas vereinfacht gesagt: es geht nicht allein um das Vermeiden oder Schlichten von Streitigkeiten, sondern, im Sinn des positiven Friedens, um das Durchsetzen einer gerechten politischen Ordnung, die den Namen Friedensordnung verdient. Das geht über private Friedfertigkeit weit hinaus.

Hier ist die Friedenserziehung auf die Vorschläge der politischen Erziehung angewiesen, die hier noch durchaus lückenhaft sind. Ein erstes Ziel ist es, durch entsprechende Mentalitätsänderung der alten Machtpolitik „den Boden der Zustimmung" zu entziehen (87). Hermann Giesecke spricht in diesem Zusammenhang von der „passiven Aktivität" des politischen Bewußtseins, „insofern es sich nichts vormachen läßt und die politischen Akteure zwingt, bestimmte Dinge nicht zu tun" (88).
Im Zusammenhang der Friedenserziehung geht es vor allem um die Frage der Kriegs-

bereitschaft. Damit ist gemeint, daß Kriege nicht aus den Haßgefühlen vieler Menschen entstehen; es müssen komplizierte Vermittlungs- und Organisationsprozesse hinzukommen, damit daraus nationale Konflikte werden. Individuelle Aggression ist einer unter vielen Kausalfaktoren, aber ein wichtiger: Sie ist zwar keine zureichende, nach vielen plausibel erscheinenden Darstellungen aber doch eine notwendige Voraussetzung. Untersuchungen von verschiedenen Ausgangspunkten aus, von der Psychologie wie von der Politikwissenschaft, kommen zu dem Ergebnis, daß passive Kriegsbereitschaft „eine unverzichtbare Bedingung für den Krieg ist, solange er ein Massenkrieg bleibt" (89). Auch Alexander Mitscherlich hat oft darauf hingewiesen, wie notwendig, zumindest wie günstig nicht gelöste individuelle Lebenskonflikte für das Zustandekommen kollektiver Aggressionen sind (90). Wenn das richtig ist, genügt zwar das Vorhandensein von individueller Kriegsbereitschaft noch nicht zum Ausbruch eines Krieges; ihr Fehlen wäre aber ein wichtiger Verhinderungsfaktor. Als historisches Beispiel dafür wird in diesem Zusammenhang gelegentlich der Suez-Krieg genannt: Weil ihn die englische Öffentlichkeit scharf verurteilte, mußte die Regierung den Angriff abbrechen. In viel größerem Ausmaß zeigte sich die Macht der öffentlichen Meinung über die Landesgrenzen hinaus beim amerikanischen Vietnam-Krieg, der nicht nur aus militärischen Gründen beendet wurde.

Darüber hinaus schließt Engagement für den Frieden den aktiven Einsatz für Veränderungen ein. Was kann die Erziehung zu seiner Anbahnung tun? Der niederländische Pädagoge B.J.Th. ter Veer nennt als Teilziele:

1. Erwerb von Kenntnissen über und Einsichten in das internationale politische und ökonomische System, insbesondere seine Funktionsweise im allgemeinen und die systemimmanenten Konflikte.
2. Lernen, gegenüber aktuellen politischen Konflikten einen Standpunkt zu beziehen und mit Argumenten zu verteidigen, deren Grundlage eine bewußt durchreflektierte eigene Wertordnung darstellt.
3. Beurteilungsvermögen für die Entwicklungstendenzen in den bestehenden Systemen, einschließlich technischer Entwicklungen und der dahinterstehenden Ziele und Interessen.
4. Entwerfen konkreter Vorstellungen und Zielbilder möglicher künftiger Entwicklungen in diesen Systemen und ihre kritische Beurteilung.
5. Beurteilungsvermögen der Chancen von Individuen und Gruppen, die für den Frieden relevanten Strukturen zu beeinflussen, bis zum Training der dazu nötigen Fähigkeiten (91).

5.2.5 Ausweitung der Solidarität

Ein letzter Begriff zur näheren Kennzeichnung der Friedensfähigkeit ist Solidarität. Sie hat an allen vorausgehenden Fähigkeiten Anteil, teils als Folge (Ich-Stärke), teils als Voraussetzung (Konfliktverhalten). Solidarität als die Verbindung von Wir-Bewußtsein und Kooperation beginnt in der Familie. Nach allem, was wir über die Entwicklung der frühen Kindheit wissen, muß das Kind Solidarität erst erfahren haben, um sie selbst üben zu können. Nur in einer Gruppe, in der Solidarität praktiziert wird, kann sie auch gelernt werden. Die Übertragung auf außerfamiliäre Bereiche und dadurch die Modifizierung und Weiterentwicklung solidarischen Handelns geschieht am leichtesten und häufigsten in der peer group, in der Gruppe von gleichen. In diesen Kleingruppen besteht Solidarität als Einheit von Gemeinschaftsgefühl und Gemeinschaftshandeln. Die Auswirkungen der Tätigkeiten des einzelnen für andere und für das eigene Ich sind überschaubar; die Förderung des einzelnen durch die anderen in der Gemeinsamkeit der Gruppe wird unmittelbar erlebt. So stützt die Akti-

vität das Wir-Bewußtsein und diese wird zum Ausgangspunkt erneuter Betätigung. Solidarität verbindet sich auf selbstverständliche Weise mit Loyalität, d.h. mit der Anerkennung gemeinsamer Verbindlichkeiten.
Das große Problem besteht auch hier im Übergang vom Mikro- zum Makro-Bereich. Je weiter der Bezugsrahmen wird, desto mehr treten die zunächst eng verbundenen Elemente auseinander. Das Schwergewicht verschiebt sich immer mehr auf abstrakte Einstellungen, das Wir-Bewußtsein wird von allgemeinen Postulaten (Gleichheit der Menschen, Mitleid mit Unterdrückten usw.) genährt und weniger von der unmittelbaren, das Ich direkt betreffenden und dadurch motivierenden Erfahrung.
Immerhin gibt es zweifellos einen historischen Trend zur Ausweitung der Solidarität über den unmittelbaren Erfahrungskreis hinaus. Er dürfte heute etwa bei den Grenzen des Nationalstaates angelangt sein. In diesem Rahmen ist Solidarität vorhanden, etwa in Form eines starken Zusammengehörigkeitsgefühls, abstrakter, aber doch motivierender Vorstellungen vom Staat als Arbeitsgruppe, gekennzeichnet durch allgemeines wechselseitiges Aufeinanderangewiesensein aller Individuen und Gruppen, und als Folge von alledem als Legitimierung von Gewalt, m.a.W. als privater Gewaltverzicht. Trotz aller Schwierigkeiten hat auch in diesem großen Rahmen das Zusammengehörigkeitsgefühl eine lebendige Erfahrungsbasis in der Verflochtenheit staatlicher und gesellschaftlicher Organisationen: „Mit der großen Verschiedenartigkeit ihrer Institutionen schafft sie Ausdrucksmöglichkeiten für Persönlichkeitsfaktoren, wie z.B. die Parlamente, die Medien der öffentlichen Meinung, die Pluralität der Interessengruppen mit sich überschneidenden Mitgliedschaften, die in ihrer Gesamtheit den friedlichen Wandel garantieren und fundamentale friedensbewahrende Funktionen erfüllen" (92).
Kann die Reichweite für das „Lernziel Solidarität" die Ländergrenzen überschreiten? Das ist heute das große Problem. Bezugsrahmen ist die (vom Krieg und Katastrophen bedrohte) Menscheit im ganzen. Das klingt zwar hochtrabend, aber das Zusammengehörigkeitsgefühl muß, soll es effektiv sein, soweit reichen wie die Gefährdung. Der globalen Bedrohung kann nur eine globale Solidarität begegnen.
Die Forderung, „den Übernächsten zu lieben", wie Nicklas und Ostermann formulieren, gehört zu den ersten und ältesten der Friedenserziehung (93). Der Weg zu ihrer Erfüllung ist jedoch länger und schwerer, als man sich das früher vorstellte. Kontakte und Beziehungen zwischen Klassen, Rassen und Völkern können unter Umständen Konflikte eher verstärken als abbauen, vor allem dann, wenn die vorhandenen Interessengegensätze durch massive Vorurteile gestützt werden (94). Die Vorgänge, die das innerstaatliche Gemeinschaftsbewußtsein erzeugten, sind inzwischen ja längst in weltweitem Maßstab im Gange. Sozusagen als Vorhut der Mentalitätsänderung breiten sich intellektuelle und moralische Vorstellungen einer übergreifenden humanen Einheit aus, unterstützt von dem allmählich wachsenden Bewußtsein globaler Bedrohung durch Übervölkerung, Nahrungs- und Rohstoffmangel, ökologische Katastrophen und technisch-wissenschaftliche Krisen. Klaus Schütz weist im Anschluß an Untersuchungen von Secord und Backmann darauf hin, daß interdependentes Verhalten in einem gemeinsamen Schicksal besonders geeignet ist, Vorurteile zu reduzieren (95). In diesem Sinn sind besonders wichtig Realprozesse wirtschaftlicher und politischer Verflechtung, Erfahrungen des Betroffenseins von fernen Ereignissen „weit in der Türkei" (Ölkrise), die tägliche Anwesenheit des Entfernten und Fremden in den Massenmedien, das persönliche Kennenlernen durch Reisen, Besuche, Austausch, Briefe usw. Internationale Zusammenarbeit wird auf vielfältige Weise praktiziert, wobei für die Friedensbewegung auch private Organisationen wie die Internationale der Kriegsdienstgegner oder Amnesty International besonders wichtig sind. Wie Ostermann und Nicklas ausführlich

dargestellt haben, sind das alles nicht ausreichende Voraussetzungen für die Entstehung globaler Gemeinsamkeit, es sind aber zweifellos *notwendige* Schritte und Prozesse (96). In der Globalisierung unseres Bewußtseins ist das intellektuelle Weltbild voraus; Aktivität und vor allem auch Loyalität, als Anerkennung gemeinsam verbindlicher Normen hinken hinterher. Hier stiften Gruppengrenzen des Staates, Weltanschauungsgemeinschaften, Konzerne usw. nach wie vor noch erhebliche Unterschiede in den Verhaltensweisen nach innen und nach außen. Es ist eine offene Frage, ob es gelingt, diese Gegnerschaften in dem entstehenden Globalbewußtsein auf die Dauer aufzufangen. Ist es realistisch, eine Solidarität zu fordern, die sozusagen Freund und Feind einschließt, solange das Bewußtsein der gemeinsamen Interessen noch so gering ist? Diese Fragen sind in Friedensforschung und Friedenserziehung noch lange nicht ausdiskutiert. Für das Finden der richtigen Antwort hängt viel davon ab, daß zu den vielfältigen Verflochtenheiten auf der pragmatischen Ebene die rationale Überwindung der Gruppengrenzen hinzu kommt, die Einsicht in fundamentale Gemeinsamkeiten, die die Menschen in der Hervorbringung der Kultur wie in deren Bedrohung miteinander verbinden. Hier fällt vor allem der Fähigkeit von Bildungsinstitutionen, erfahrungsüberschreitende Vorstellungen und Einstellungen auf dem Weg didaktischer Vergegenwärtigung aufzubauen, eine entscheidende Rolle zu.

5.3 Information und Aufklärung

5.3.1 Friedens-Information als „Aktionswissen"
Handlungsentschlüsse setzen Einsichten voraus. Die Übertragung der in Kindheit und Jugend angebahnten Verhaltensweisen auf den politischen Bereich braucht Stimulation und Leitung durch zuverlässige Kenntnisse. Informationen und Aufklärung über Frieden und Gewalt im internationalen und innergesellschaftlichen Bereich, sowie die Behandlung der Wechselwirkung zwischen den Bereichen muß daher in allen Entwürfen ein grundlegendes Kapitel sein. Es sei nochmals an die Untersuchungen von Cooper und Walter erinnert, die die alltägliche Erfahrung bestätigen: Das Wissen über den Frieden ist bei Kindern und Erwachsenen sehr gering. Die Vorstellungen sind blaß, undifferenziert und laufen häufig auf verschwommene idyllische Bilder hinaus. Eine Besserung dieses Mangels kann sicher nicht geschehen durch „Berge von Thesen, Tabellen und Statistiken" (97), unter denen der Sozialkundeunterricht schon vor 10 Jahren erstickte. Angesichts der Fülle von Einzelwissen, das zu unserer Unkenntnis der wesentlichen Faktoren in krassem Gegensatz steht, ist die Auswahl allerdings wirklich schwierig. Auch der kleinste exemplarisch ausgewählte Ausschnitt ist mit anderen Teilgebieten vielfältig und meist fast unübersehbar verbunden. Stoffliche Vollständigkeit, gemessen am Stand der wissenschaftlichen Diskussion, ist daher für Friedenserziehung kein erreichbares Ziel. Wie auch immer ausgewählt wird, im Gesamtzusammenhang des Gelernten sollte ein Bild des Friedens herauskommen, das kritisch, realistisch und praktisch ist. „Praktisch" soll heißen, daß die Kenntnisse, wenn es später möglich ist, zur Grundlage von Handlungen werden, daß sie „Aktionswissen" (98) werden. Aus holländischen und israelischen Untersuchungen folgert V. ter Veer: „Die Bereitschaft, für ein Ideal etwas zu tun, hängt nur zusammen mit dem Interesse, das man damit verbindet, und sie wird wahrscheinlich verursacht durch die Kenntnis von Mitteln, was man tun kann" (99). Die praktische Seite der Friedensinformation muß also folgende Faktoren umfassen: das persönliche Interesse am Frieden, verbunden mit fundierter Kenntnis der allgemeinen Zusammenhänge (theoretisches Wissen); von hier aus schlagen unmittelbar auf praktische Eingriffe

gerichtete Kenntnisse die Brücke zum Handeln (Praxeologie), und schließlich setzt ein Entschluß auch das Abwägen der Chancen voraus.
Diese vier Komponenten des Aktionswissens,
- persönliches Interesse
- Problemkenntnis (theoretisches Wissen)
- unmittelbares Handlungswissen (Praxeologie)
- Abschätzen der Chancen

sollen nicht Formalstufen für jedes Gespräch oder jede Unterrichtseinheit sein, aber doch im Gesamtkontext der Friedensinformationen angemessen berücksichtigt werden. Im einzelnen geht es dabei um folgende Überlegungen:
- Persönliches Interesse: Der Jugendliche soll einsehen lernen, daß Friedensprobleme ihn ganz persönlich berühren. Das Gefühl der Betroffenheit kann hier nicht der Gradmesser sein. Unwissenheit, Abstumpfung, Vorurteile und viele Arten von ideologischen Scheuklappen verhindern oft genug das Erkennen der Zusammenhänge. Friedenserziehung muß sie aufdecken und aufklären, z.B. den Zusammenhang zwischen unserem Wohlstand und der Armut in der Dritten Welt. „Heute ist es möglich, daß der Mensch auf Kosten fernlebender Menschen einen hohen Lebensstandard genießt, daß er an seinem Arbeitsplatz zwar korrekt und ohne Betrug sein gutes Geld verdient, dieses aber nur möglich ist durch eine Wirtschaftspraxis, die unbarmherzig ist" (100). Methodologisch gesprochen ist die Betroffenheit daher Einstieg *und* Ergebnis, die Erziehung muß Betroffenheit suchen, aber auch selbst betroffen machen.
- Problemerfassung: Es ist ein Unterschied, ob Unterricht ein Sachgebiet im Rahmen von „Bildung" vermittelt, d.h. als Theorie, die vom Verwendungszusammenhang absieht, oder als Aufgabe. Im ersten Fall genügt der deskriptive Zusammenhang, im zweiten kommen normative und pragmatische Dimensionen dazu. Das Wissen vom Frieden muß daher Tatsachen umfassen, insbesondere Einsichten in Strukturen, soweit wir sie kennen; dazu zweitens die Werte und Normen, an denen die Sachverhalte zu messen sind und aus ihnen ableitbare Utopien, oder sagen wir bescheidener, Vorstellungen darüber, wie die Realisierung des Friedens aussehen könnte. Mit anderen Worten: zur Problemerfassung gehören Faktenwissen, Normen und Kritik.
- Unmittelbares Handlungswissen: Die Umsetzung der Kritik in persönliches Handeln setzt Einsichten und Kenntnisse voraus, die sich auf das Objekt und das Subjekt beziehen. Zu ersteren findet man Anknüpfungspunkte in der Realität. Dazu gehören Organisationen, technische Mittel wie Medien, demokratische Institutionen usw. Wesentlich ist vor allem die Einsicht, daß soziale Strukturen sich in einem Wandlungsprozeß befinden. „Einsicht in positive Trends ermutigt zu eigenem Handeln" (101). Zur subjektiven Seite gehören die Kenntnis und Fähigkeit politischer Verhaltensweisen im allgemeinen und für Friedensaktionen im besonderen. Solche Praktiken der unmittelbaren Demokratie zählt Giesecke im Hinblick auf politische Bildung auf:
— die Fähigkeit, mit einfachen Rechtstexten umzugehen
— die Fähigkeit, eine Diskussion zu strukturieren,
— die Fähigkeit, andere für den eigenen Handlungszweck zu gewinnen
— die Fähigkeit, überlegte Freund-Feind-Unterscheidungen zu treffen,
— die Fähigkeit, politische Urteile und Forderungen wirksam zu artikulieren und zu formulieren.

Giesecke weist auch darauf hin, daß „politisches Bewußtsein" zwar zu konkreten Aktionen führen kann und soll, darin jedoch nicht aufgehen darf. „Die oft berufene Differenz zwischen Bewußtsein und Verhalten signalisiert nämlich nicht nur die ‚praxis-ferne' Qualität dieses Bewußtseins, sondern auch dessen Kraft, reale Handlungssituationen auf die Dauer zu verändern" (102).

- Abschätzen der Chancen der Friedenserziehung: Die Chancen von Friedenserziehung und von Friedensaktionen lassen sich nicht exakt angeben. In ihrer Analyse wird noch einmal das Grunddilemma jeder Friedenserziehung deutlich: Lernen ist Sache des einzelnen, Friede aber ist eine Frage der Gesellschaft. Für dieses Dilemma gibt es keine Lösung im Sinn einer Überbrückung. Eine notwendige Konsequenz ist, eben dieses Dilemma zum Gegenstand der Friedenserziehung zu machen: „Das völlige Auseinanderbrechen solcher Prozesse, die der einzelne produktiv-kritisch mitgestalten kann, und jener, die sich bedingt durch deren hochgradige Komplexität dem Durchschauen und der Steuerung einzelner zu entziehen scheinen und mit diesem Auseinanderbrechen die völlige Freigabe der letzteren aus der menschlichen Verantwortung, läßt sich wohl nur noch verhindern dadurch, daß der Bruch selber thematisiert und sorgfältig – auch mit den Schülern – reflektiert wird" (103).

5.3.2 Technik und Zukunft: die ökologische Krise
Mehr als bisher ist in Zukunft der Problemkomplex der Rohstoff- und Umweltkrise in die Überlegungen der Friedenserziehung einzubeziehen. Frieden kann es nur geben, wenn es Zukunft gibt, und es kann ihn nur in der Qualität geben, die die Aufrechterhaltung und Verbesserung der Lebensbedingungen der lebenden Menschheit haben wird. Spätestens seit den Prognosen des Club of Rome ist es vorstellbar, daß die Existenz der Menscheit nicht nur von Atombomben bedroht ist. Das bedingt eine Ausweitung des Friedensbegriffs. Er muß über die zwischenstaatlichen Beziehungen hinaus auch die „Versöhnung mit der Erde" (Carl Amery), den Frieden mit der Natur einschließen.
Der naive Imperialismus gegenüber der Umwelt muß überwunden werden zugunsten einer neuen, den Bedingungen der Industriegesellschaft gemäßen Form der uralten Haltung des Hegens. Auch hier wieder geht es darum, schon aus egoistischen Gründen den Egoismus zu überwinden und über die extrem egozentrische Einstellung hinauszukommen zu einer Art von Partnerschaft mit der Natur.
Die Chance für den Frieden könnte darin liegen, daß durch die gemeinsame Bedrohung die innerstaatlichen und internationalen Aggressionen auf einen nun wirklich allen Menschen gemeinsamen Gegner gelenkt werden. Freilich läßt er sich nicht personalisieren; es handelt sich um eine „Aufgabe", und daher wird dieser Umlenkungsprozeß zweifellos schwierig. Von unserer Fähigkeit, Sachprobleme statt Personen zum Zielpunkt gemeinsamen Kampfes zu machen, könnte die Zivilisierung der inner- und zwischenstaatlichen Gewalt wesentlich abhängen. Die verschiedenen Ideologien könnten ihre Überlegenheit nun nicht mehr nur in Rüstungs- und Gewaltkonkurrenz zeigen, sondern durch technologische Leistungen (104). Die Raumfahrt hat das schon einmal, allerdings an einer eher nebensächlichen Aufgabe vorgeführt.
Neu ist jedenfalls für die Erziehung die Mobilisierung des technisch-konstruktiven Interesses für den Frieden. Die Einbeziehung der Rohstoff- und Umweltprobleme in den Friedensbegriff ermöglicht es, ihn präziser und ohne Zuhilfenahme weit vorausgreifender Utopien zu beschreiben. Vor allem ist hier ein Bereich gegeben, in dem sich das Prinzip der unmittelbaren, gegenwärtigen und realen Betroffenheit als Anknüpfung für die Friedenserziehung verwirklichen läßt; Nahrungsmittelknappheit spürt zwar vorläufig nur die Bevölkerung der Dritten Welt, Umweltprobleme gehören dagegen schon jetzt zum Alltag der Industrieländer. Daher kann hier die Frage der Praxis, des Umsetzens in Verhalten sehr viel anschaulicher und effektiver angegangen werden als im politischen Bereich. Wegen der Nähe zum Alltag des Schülers lassen sich hier Projektmethoden gut verwirklichen, wie etwa die Beispiele im Heft 99 der Bundeszentrale für politische Bildung „Umweltschutz als fachübergreifendes Curriculum"

zeigen. Von hier aus erhalten auch die mehrmaligen Appelle zu gerechter Güterverteilung neue und gewichtige Argumente. Die im zweiten Bericht an den Club of Rome dargelegten Computer-Analysen zur zukünftigen wirtschaftlichen Entwicklung führen im wesentlichen zu dem Ergebnis, daß die gegenwärtigen und erst recht die kommenden Krisen eher durch Kooperation als durch Konfrontation zu lösen sind, und daß eine unerläßliche Voraussetzung hierfür eine neue globale Wirtschaftsordnung mit einer fairen und dauerhaften Verteilung der Welt-Ressourcen ist. (105)

6. Konsequenzen für die Erziehungspraxis

Auch die Konsequenzen für die Praxis der Friedenserziehung können zur Zeit eher erschlossen und vermutet als beschrieben werden. Die bisherigen Erfahrungen sind zu gering, als daß schon umfassende und einigermaßen gesicherte empirische Aussagen möglich wären. Zunächst ergibt sich als Deduktion, daß das Verhalten zwischen Erziehern und Kindern als ein sozialer Vorgang selbst unter der Friedensnorm steht. Daraus folgt eine Erziehung „ohne strukturelle Gewalt" (106), ohne Drohsystem. Das bedeutet nicht antiautoritäre oder laissez-faire-Erziehung, die den Kindern die anregende und führende Hilfe der Gesellschaft vorenthält, sondern Ausschluß von Angst und Aggression als Erziehungsmittel, positiv gesprochen: Ernstnehmen der Kinder und ihrer Bedürfnisse und emotionale Zuwendung. Unter diesem Gesichtspunkt ist es etwa „einer Mutter schon als aggressives Verhalten anzurechnen, wenn sie es an der emotionalen Zuwendung für ihr Kind mangeln läßt" (107) ...
Der Friede ist hier weniger als ein spezielles Einzelziel anzusehen; Friedenserziehung steht nicht in einer Reihe mit Spezialformen wie Spracherziehung oder Musikerziehung, sondern bezeichnet eine Aufgabe, die sich auf die Gesamterziehung bezieht. Die folgenden Überlegungen gehen vor allem von diesem Aufgabencharakter der Friedenserziehung aus.

6.1 Friedenserziehung als ungelöste Aufgabe

Erziehung zum Frieden heißt: Erziehung zu einem notwendigen, aber vagen Ziel, auf unsicheren Wegen; heißt Vermittlung von Verhaltensweisen, die die Erzieher selbst nicht genau kennen, geschweige denn vorzeigen und vorlegen können. Das ist in dieser Form ein Novum in der Erziehung. Bisher ging es der Erziehung, insbesondere in der Schule, um Tradierung vorliegender Ergebnisse, fertiger Antworten der Gesellschaft auf die Herausforderungen der Geschichte, um die Belehrung über vorhandene Institutionen und eingefahrene Praktiken. Die Friedenserziehung kennt nur Fragen, die Antworten dagegen allenfalls in Form von Hypothesen, Denkmöglichkeiten, Utopien. Es gibt weder ein fertiges Kenntnissystem, noch ein Verhaltens-Repertoire des Friedens, noch funktionierende Friedensinstitutionen. Das alles ist erst noch zu finden. Bisher fanden Kulturfragen erst dann Eingang in die Schule, wenn sie einigermaßen durchdacht und gelöst waren; die Didaktik mußte sie dann sozusagen nachträglich wieder problematisieren, ihre Entstehung wieder rekonstruieren, wie es etwa Heinrich Roth in seinem Prinzip der „originären Begegnung" beschrieben hat. (108) Friedensdidaktik dagegen muß die tatsächlich vorhandene Problematik erhalten, sie muß sich im Gegenteil hüten, die Ratlosigkeit nicht durch zuviel Systematisierung oder Ideologisierung wieder zuzudecken. Fragen stellen, Probleme offenlassen, Herstellen kognitiver Dissonanzen, das alles ind in der Friedenserziehung nicht Unterrichtsmethoden, sondern gehören zur Sache selbst. Das müßte eigentlich eine ganz neue Art der Übereinstimmung von Methode und Sache zur Folge haben: Lehrmethode nicht als Folge von Kunstgriffen, die von außen an den Stoff herangetragen werden, sondern als Merkmal des Gegenstandes. Heinrich Roth hat einmal beschrieben, wie die lustlose Schulatmosphäre, eingeschläfert durch das künstliche Herausfragen des längst Bekannten, schlagartig verändert wird, wenn ein Besucher im Klassenzimmer nach etwas fragt, was wirklich keiner weiß, auch der Lehrer nicht: wie hier gleich eine ganz andere Stimmung des ernsthaften Suchens entsteht, wie sich hier plötzlich Lehrer und Schüler auf derselben Ebene finden, in der gleichen Partei gegenüber dem Problem als gemeinsamem Gegner. In der Friedenserziehung ist diese Situation nicht künstlich herbeigeführt, sondern mit dem Gegenstand zwangsläufig verbunden.

6.2 Wandel im Stil der Autorität

Autorität in der Erziehung beruht unter anderm auf Informationsvorsprung. Das gilt auch für die Friedenserziehung, nur ist hier die Art der Informationen anders. Sie bestehen nicht in solidem Wissen über das, was ist oder was man tun soll, sondern in mehr oder weniger genauen Kenntnissen über Bedingungen, Voaussetzungen, Gegensätzen oder Widersprüchen, deren Fortsetzung und Auflösung im Dunkeln liegt. Allenfalls weiß der Erzieher, wie es nicht geht. Sein Vorsprung, die Erfahrung, das Durchdachthaben der Alternativen, die Kenntnis einzelner Denkwege ist etwas anderes als der Kenntnisvorsprung etwa eines Biologielehrers; etwas Dynamischeres, nicht so leicht Vorzeigbares. Er stellt sich erst in der Diskussion, im Gang des Unterrichts, in einem längeren Prozeß heraus.
Der Lehrer steht nicht auf einer anderen Ebene als der Schüler, sondern ist ihm allenfalls ein paar Schritte voraus. Das ist kein grundlegender, sondern ein gradueller Unterschied, nicht ein für allemal etablierbar, sondern immer wieder erneut zu bewähren. Er ist außerdem durchaus ambivalent. Was der Lehrer dem Schülern voraus hat, das Wissen um Hindernisse und Schwierigkeiten, um Einschränkungen und Gefahren, ist zwar einerseits unentbehrlich, andererseits verstellt es aber vielleicht gerade den Blick für das Rettende. Umgekehrt: Zwar haben die Lernenden Fantasie, Mut zum Denken des Neuen, Konsequenz des logischen und des moralischen Folgerns; aber das kann ohne Realitätsbezug ins Blaue führen und damit direkt oder auf dem Umweg über blinden Aktionismus in Resignation. Daraus folgt, daß beide zusammenkommen müssen: Erfahrung und Fantasie, Nüchternheit und kritisch-idealistischer Schwung. Erzieher und Jugendliche stehen sich nicht gegenüber als Wissende und Nichtwissende, sondern zusammen als gleichermaßen Herausgeforderte vor einer *Aufgabe,* vor der großen historischen Notwendigkeit des Friedens, oder konkreter: z.B. vor der Lösung eines aktuellen Schulkonflikts. Das könnte und müßte, ohne Verschleierung der Generationsgegensätze, aber doch über sie hinweg, zu einer neuen Form von Solidarität der Suchenden führen. Voraussetzung dafür ist freilich, daß die Erzieher ihren Stil ändern, auf die Attitüde des Überlegen-Wissenden verzichten, ihre Erfahrungen nicht geringschätzen, um sich anzubiedern, sondern ihre eigene Ratlosigkeit zugeben, ja auch zum Gegenstand des Unterrichts machen. Wäre dies ein lediglich moralischer Appell, so müßte man skeptisch gegenüber seiner Wirkung sein; hier geht es aber um nichts anderes als die Anpassung der Erziehung an die tatsächliche Situation der Gesellschaft. Vor ihr läßt sich der alte Autoritätsstil nicht mehr aufrechterhalten.

6.3 Suchendes Lernen

Für den Unterricht über Friedensthemen ergibt sich der Weg des „suchenden Lernens" als der Sache angemessen. Dieser Weg ist nicht neu. Neu ist, daß Suche in diesem Zusammenhang ernst gemeint ist. Sie war bisher mehr ein didaktischer Trick. Der Lehrer ließ die Kinder suchen, was andere längst gefunden hatten. Jetzt geht es um den Weg zum Frieden, um etwas objektiv Unbekanntes. Suchendes Lernen ist in der Friedenserziehung nicht ein methodischer Kunstgriff, sondern der der Sachstruktur einzig entsprechende Weg. Es ist weniger und mehr als „entdeckendes Lernen". Weniger, weil es nicht schon Vorliegendes zu entdecken gilt, weil Friede als Sache der ganzen Gesellschaft, nicht in einer Lerngruppe gesucht und auch nicht im beschränkten Rahmen der Schule gefunden werden kann. Suchendes Lernen ist andererseits mehr, weil es nicht bloß ein subjektiver Vorgang ist, sondern die Beteiligung an einer Aktivität der Gesamtgesellschaft, wenngleich eingeschränkt durch Machtlosigkeit: Was im Erziehungsvorgang gefunden wird, ist zunächst nur Gedanke, wird nicht umgesetzt. Das gilt jedenfalls für Zusammenhänge der „großen Politik". Aktuelle Erziehungskonflikte oder Probleme des Umweltschutzes, wenn sie in Projektgruppen behandelt werden, könnten durchaus auch praktisch wirksames Engagement ermöglichen. Für Curricula und Unterrichtsmodelle liegt die Folgerung auf der Hand; sie müssen offen angelegt sein und sowohl im Verlauf wie bei den Ergebnissen Raum für eigene Wege der Lengruppen lassen. Ungelöst ist auf diese Weise auch die Frage nach der Feststellung der Lernergebnisse. Ob man den Vorgang Prüfung oder Evaluation nennt, ist in diesem Fall ziemlich gleich. Das abfragbare Wissen trifft hier noch weniger als bei anderen Stoffen das Wesentliche — ganz abgesehen davon, daß in der Prüfungssituation der Lehrer wieder auf der anderen Seite steht und die Solidarität der Suche aufgibt.

7. Chancen der Friedenserziehung

In Diskussionen mit Studenten und Lehrern wird immer wieder die Frage gestellt, welche Chancen Friedenserziehung habe. Ist sie nicht ein völlig aussichtsloses Unterfangen, trotz aller inzwischen geschehenen sozialwissenschaftlichen Untermauerung nur ein Unternehmen für realitätsfremde Idealisten oder für Außenseiter, in jedem Fall zur Wirkungslosigkeit verurteilt? Eine Analyse von Strukturen und Machtverhältnissen in der Gesellschaft würde eine gründliche Erörterung verlangen, wie sie zum Teil in vorausgehenden Kapiteln schon angedeutet wurde. Hier soll auf die Frage noch kurz eingegangen werden, ob es so etwas wie einen historischen Trend zum Frieden gibt oder nicht, ob, mit anderen Worten, der Erzieher, der sich für den Frieden engagiert, gegen den Lauf der Geschichte ankämpft oder sich vielmehr auf seine Seite stellt. Immerhin werden ja die Möglichkeiten der Friedenserziehung in der Schule von mehreren Autoren skeptisch beurteilt, z.B. Nicklas Ostermann, Schierholz, Schütz u.a. Der institutionell weniger eingeengte und verfestigte Rahmen außerschulischer Jugendarbeit, von Freizeitpädagogik und Erwachsenenbildung bietet zweifellos in mancher Hinsicht bessere Chancen, wenngleich auch wieder andere Schwierigkeiten. Am ausführlichsten ist diesen Fragen Klaus Schütz nachgegangen. Er hat den systematischen Entwurf für eine Praxeologie der Friedenserziehung im Freizeitbereich bereits vorgelegt und auch konkrete Beispiele kurz dargestellt (109). Gibt es Argumente, die einem Pessimismus der Friedenserzieher, besonders im Schulbereich, entgegentreten können? Die Feststellung Weizsäckers, daß der Friede „die Lebensbedingung des technischen

Zeitalters" sei, läßt sich im einzelnen schwer nachweisen. Und selbst wenn das gelänge, wäre es noch kein zwingendes Argument für die Erwartung seines Kommens, „denn es gibt keinen rational zugänglichen Beweis, daß die Menschheit überhaupt auf die Dauer funktionieren wird" (110). Immerhin gibt es Argumente dafür, daß er möglich und vielleicht sogar wahrscheinlich ist.

Ein öfter vorgebrachter Gesichtspunkt ist der Hinweis auf die Veränderung jahrtausendelang prktizierter, scheinbar unausrottbarer „natürlicher" Verhaltensweisen, z.B. des Kannibalismus, des Inzests, der Sklaverei. Sie waren einmal universell und sind heute so gut wie abgeschafft. „Krieg muß den Weg dieser Einrichtungen – des Inzests, des Kannibalismus, der Sklaverei – gehen, also durch eine Änderung der Grundeinstellung der Menschen zu ihm" (111). Daß eine solche Entwicklung im Gange ist, scheint offenkundig. Der Ruf nach einem „frischen, fröhlichen Krieg", wie er noch im 19. Jahrhundert öffentlich ausgesprochen wurde und verbreiteten Beifalls sicher sein durfte, ist heute nicht mehr denkbar (112). Um noch einmal Karl W. Deutsch zu zitieren: „Wenn jemand einmal die Geschichte der Änderung des menschlichen Denkens von 1945 bis in die 70er Jahre schreibt, werden wir dann mit Staunen sehen, wie sehr sich doch in dieser kurzen Zeit das Denken der Menschheit geändert hat" (113).

Von einem anderen Gesichtspunkt, mehr vom positiven Frieden aus, sieht Alexis de Tocqueville einen historischen Trend in Richtung auf Demokratie und Gleichheit. Er stellt sich Frankreich im 12. Jahrhundert vor: „Ich sehe es unter einige wenige Familien aufgeteilt, die den Grund und Boden besitzen und die Einwohner regieren; die Befehlsgewalt vererbt sich dann von einer Generation auf die andere; die Menschen kennen nur ein Mittel aufeinander zu wirken, die Gewalt; und man entdeckt nur einen Ursprung der Macht, das Grundeigentum". Die erste Änderung dieses Systems ergibt sich durch den Klerus, der seine Reihen allen, ohne Rücksicht auf Geburt und Rang, öffnet; die sozialen Beziehungen werden zahlreicher und differenzierter, Gesetze entstehen, die Bürger kommen zu Reichtum und Macht, Bildung und Wissenschaft breiten sich aus. „Durchläuft man die Seiten unserer Geschichte, so findet man in den letzten 700 Jahren keine bedeutenden Ereignisse, die nicht die Entwicklung der Gleichheit gefördert hätten" (114). Das läßt sich mehr oder weniger auf alle Industriestaaten verallgemeinern. Die Verringerung des Abstandes zwischen reich und arm, zwischen den Mächtigen und Ohnmächtigen, zwischen dem sozialen Oben und Unten, die Ausbreitung der Bildung, die Erweiterung der individuellen Lebenschancen und Lebensmöglichkeiten, die Zunahme der Sicherheit des individuellen und staatlichen Bereichs, die Verminderung der Grausamkeit zumindest in der staatlichen Praxis (z. B. Folter und Hinrichtungen), das alles sind nicht zu leugnende, tiefgreifende Änderungen in Richtung auf den Frieden.

Ein ähnlicher Eindruck ergibt sich aus den freilich noch spärlichen Ergebnissen der „science of science", der wissenschaftlichen Erforschung von Wissenschaft.

Arnold Buchholz kommt nach eingehender Analyse dieser Ergebnisse zu der Annahme, „daß der Entwicklung von Naturwissenschaft und Technik ein höherer Grad an Gerichtetheit und Determination innewohnt als gemeinhin angenommen wird". Faßt man die Entwicklung von Wissenschaft und Technik in konkreten Einzeldaten, so zeigen sich verblüffend stetige Beschleunigungskurven. Trotz aller psychischen, wirtschaftlichen, politischen Zufälligkeiten bei den einzelnen Forschern und den gesellschaftlichen Einflüssen ergibt sich das Bild eines Gesamtprozesses von erstaunlicher Geschlossenheit, der sich „als Ganzes als ungleich stärker und umformender erweist als die jeweiligen staatlichen, wirtschaftlichen, gesellschaftlichen Einflußnahmen". Der „Zivilisationsprozeß" erscheint in diesen Untersuchungen erstens als etwas Ganzheitliches, nicht bloß als Summierung mehr oder weniger zufälliger, individueller Leistungen; zweitens als ambivalent: mit den Gefahren der technischen Zivilisation wachsen auch ihre positiven Möglichkeiten in einer quasi-systematischen Entwicklungskurve. Daraus zieht Buchholz die Folgerung, „daß Frieden keine Utopie mehr ist, sondern erstmalig in der Geschichte eine reale Möglichkeit und eine entwicklungsgeschichtliche Notwendigkeit" (115).

Das bedeutet nicht, daß der Friede von selbst kommt, vor allem nicht der positive Friede, sondern daß es in der geschichtlichen Entwicklung einen Trend gibt, der in seiner Richtung wirkt. Er ist nicht der einzige, die andere Richtung wird durch Atombombe, totalitäre Staaten, ökologische Katastrophen, internationalen Terror angezeigt. Da jeder Fortschritt in der Evolution zu komplizierteren und damit anfälligeren Strukturen führt (116), haben auch die Fortschritte der Technik das Risiko der Aggression erhöht. Wir sind gleichsam in einer „Entwicklungsschere" zwischen bisher unbekannten Möglichkeiten des Friedens und der Vernichtung (117). Auf welche Seite sich die Waage neigt, hängt von unserem Eingreifen ab. Der Prozeß der Kulturentwicklung, den Sigmund Freud in seinem berühmten Brief an Albert Einstein (1932) als den eigentlichen, nämlich organischen Grund für die Ächtung des Krieges sieht, ist mit all seinen großartigen und traurigen Folgen, gewiß kein geradliniger und schon gar nicht ein zwangsläufiger Vorgang. Daß aber die Arbeit für den Frieden in seinen Zusammenhang gehört und hierin auch ihren Grund zur Hoffnung findet, ist unzweifelhaft.

Sicher sind solche Überlegungen nicht beweisbar, sie müßten auch detailliert werden. Andererseits sind sie aber auch nicht einfach als unerheblich gegenüber konkreten Analysen abzutun. Die Abschaffung des Krieges ist ein so ungeheures Unternehmen, daß die Frage nach seinen Möglichkeiten auch im Blick auf erkennbare Entwicklungstendenzen der Geschichte gestellt werden muß. Er liefert jedenfalls Gründe für die Annahme, daß Friedenserziehung nicht nur eine abstrakte Forderung ist, sondern einem konkreten Zug der Geschichte entspricht.

Anmerkungen

1 Heitkämper, Peter: Friedenserziehung als Lernprozeß. Zur Theorie einer politischen Erziehungspraxis. Bad Heilbrunn 1976, S. 9.
2 Sombart, Nicolaus: Planung und Friede. In: Frankfurter Hefte 9/1965, S. 627.
3 Weizsäcker, Carl F. von: Bedingungen des Friedens. Göttingen 1964, S. 7.
4 Küpper, Christel/Lobner, Mathias R.: Zur Grundlegung der Friedenserziehung. Ansätze und Ergebnisse aus der Arbeit der Studiengesellschaft für Friedensforschung e.V. München 1970, S. 54.
5 Galtung, Johan: Gewalt, Frieden und Friedensforschung, sowie Theorien des Friedens. In: Senghaas D. (Hrsg.): Kritische Friedensforschung. Frankfurt 1971, S. 55.
6 Schierholz, Henning: Friedensforschung und politische Didaktik. Studien zur Kritik der Friedenspädagogik. Opladen 1977, S. 70, 71 ff., 80 f.
7 Bosse, Hans/Hamburger, Franz: Friedenspädagogik und Dritte Welt. Voraussetzungen einer Didaktik des Konflikts. Stuttgart 1973, S. 17 ff.
8 Nicklas, Hans/Ostermann, Änne: Überlegungen zur Ableitung friedensrelevanter Lernziele aus dem Stand der kritischen Friedensforschung. In: Zeitschrift für Pädagogik 2/1973, S. 225 ff. und in
Wulf, Chr. (Hrsg.): Kritische Friedenserziehung. Frankfurt 1973, S. 315 ff.
9 Foerster, Friedrich Wilhelm: Erziehung und Selbsterziehung. Hauptgesichtspunkte für Eltern und Lehrer, Seelsorger und Jugendpfleger. Zürich 1921, S. 252, 253.
10 Senghaas, Dieter: Probleme einer Erziehung zum Frieden heute. In: Zukunfts- und Friedensforschung. Information, Heft 3/1968, 4. Jg., S. 69.
11 Galtung, Johan: Zum Begriff der „strukturellen Gewalt", s. vor allem: Strukturelle Gewalt. Beiträge zur Friedens- und Konfliktforschung. Reinbek bei Hamburg 1975, neuerdings kritisch dazu Minssen, F.
12 Schierholz, Henning: Friedensforschung und politische Didaktik. Studien zur Kritik der Friedenspädagogik. Opladen 1977, S. 71.
13 Weizsäcker, Carl F. von: Bedingungen des Friedens. Göttingen 1964, S. 18 ff.
14 Schierholz, Henning: Friedensforschung und politische Didaktik. Studien zur Kritik der Friedenspädagogik. Opladen 1977, S. 75, 81.
15 Schierholz, Henning: Entwicklung der Friedenspädagogik in der Bundesrepublik Deutschland. Darstellung und Kritik, Schriftenreihe der friedenspolitischen Studiengesellschaft. Hamburg, Heft 4/1975, S. 44.
16 Was der positive Friedensbegriff meint, wird von den Friedensforschern mit verschiedenen Begriffen bezeichnet. Galtung, J. spricht von „sozialer Gerechtigkeit", andere von demokratischer Gesellschaft oder von Emanzipation.
16a Schmidt, Hans P.: Die hebräisch-christliche Provokation. In: Hans-Eckhard Bahr (Hrsg.): Weltfrieden und Revolution politischer und theologischer Perspektive. Frankfurt 1971 (Fischer-Bücherei 1102), S. 131.
17 Picht, Georg: Ist eine Weltordnung ohne Krieg möglich? In: Krieg oder Frieden? München 1970, S. 217 f.
18 Czempiel, Ernst-Otto: Schwerpunkte und Zielpunkte der Friedensforschung. München 1972, S. 49.
19 Küpper, Christel/Lobner, Mathias R.: Zur Grundlegung der Friedenserziehung. Ansätze und Ergebnisse aus der Arbeit der Studiengesellschaft für Friedensforschung e.V. München 1970, S. 52.
20 Weizsäcker, Carl F. von: Friede und Wahrheit. In: Frieden. Vorlesungen auf dem 13. Evangelischen Kirchentag. Hannover 1967, S. 40.
21 Dasgupta, Sugata: Erziehung für eine Gesellschaft der Gewaltlosigkeit. In: Wulf, Chr. (Hrsg.):

Kritische Friedenserziehung. Frankfurt 1973, S. 228.
und in
Zeitschrift für Pädagogik. Jg. 19, 1973.
22 Weizsäcker, Carl F. von: Friede und Wahrheit. In: Frieden. Vorlesungen auf dem 13. Evangelischen Kirchentag. Hannover 1967, S. 77.
23 Jaspers, Karl: Wahrheit, Freiheit und Friede. München 1958, S. 11.
24 Nicklas, Hans/Ostermann, Änne: Überlegungen zur Ableitung friedensrelevanter Lernziele aus dem Stand der kritischen Friedensforschung. In: Zeitschrift für Pädagogik 2/1973, S. 316.
24a vgl. die Arbeit von Eberhard Richter 1976, Hamburg, Rowohlt
25 Galtung, Johan: Strukturelle Gewalt. Beiträge zur Friedens- und Konfliktforschung. Reinbek bei Hamburg 1975, S. 9.
26 Jaspers, Karl: Wahrheit, Freiheit und Friede. München 1958, S. 11.
27 Eibl-Eibesfeldt, Irenäus: Krieg und Frieden aus der Sicht der Verhaltensforschung. München 1973, S. 127.
28 Senghaas, Dieter: Probleme einer Erziehung zum Frieden heute. In: Zukunfts- und Friedensforschung. Information, Heft 3/1968, 4. Jg., S. 74.
29 Rumpf, Horst: Die Misere der Höheren Schule. Neuwied/Berlin 1966, S. 61.
30 Brezinka, Wolfgang: Grundbegriffe der Erziehungswissenschaft. München 1974, S. 114.
31 Galtung, Johan: Neue friedensstrategische Rollen: Frieden als Beruf? In: DGFK-Hefte 3/1974.
32 Zum Streit um die Anthropologie s. Lepenies/Nolte, Kamper; zur Diskussion in der Pädagogik s. H. Roth, Gerner, Dickopp, Pleines.
33 Kant, Immanuel: Idee zu einer allgemeinen Geschichte in weltbürgerlicher Absicht. VIII. 4. Satz.
34 Mitscherlich, Alexander: Die Idee des Friedens und die menschliche Aggressivität. Frankfurt 1969, S. 108 (Bibliothek Suhrkamp 233).
35 Oerter, Rolf: Moderne Entwicklungspsychologie. Donauwörth 1975, S. 99 ff.
36 Schütz, Klaus: Theoretische Grundlagen und Praxismodelle der kritischen Friedenserziehung. Schriftenreihe der friedenspolitischen Studiengesellschaft. Hamburg, Heft 5/1977, S. 100 f.
37 Insofern ist die Sachlage bei den Aggressionstheorien ähnlich wie bei den Lerntheorien, die sich auch nicht gegenseitig ausschließen, sondern sich auf reale, empirisch nachweisbare, aber jeweils verschiedene Lernformen beziehen, wie H. Roth gezeigt hat (Hannover 1971, Kap. IV/B, besonders S. 145-148). Allerdings ist die Lernforschung über das Nebeneinander der einzelnen Theorien schon hinausgekommen zur Synthese, vor allem in dem Entwurf einer Lern-Hierarchie durch Gagné (Die Bedingungen des menschlichen Lernens, Hannover 1969).
38 Schiefele, Hans: Lernmotivation und Motivlernen. München 1974, S. 30 ff.
38a Toffler, Alwin: (vgl. Anm. 61)
39 Cooper, Peter: Die Entwicklung von Vorstellungen über den Krieg. In: Krippendorff, E. (Hrsg.): Friedensforschung. Köln/Berlin 1968, S. 168.
40 Leyhausen, Paul/Lorenz, Konrad: Antriebe tierischen und menschlichen Verhaltens. München 1969.
41 Cooper, Peter: Die Entwicklung von Vorstellungen über den Krieg. In: Krippendorff, E. (Hrsg.): Friedensforschung. Köln/Berlin 1968.
42 Walter, Alfred: Krieg und Frieden als Unterrichtsprojekt. In: Probleme des Friedens. info 8, Jg. 11-12. Waldkirch 1973, S. 162.
43 Galtung, Johan: Strukturelle Gewalt. Beiträge zur Friedens- und Konfliktforschung. Reinbek bei Hamburg 1975, S. 32 ff.
44 Tocqueville, Alexis de: Die Demokratie in Amerika. Frankfurt 1956, S. 154, 155.
45 Piaget, Jean: Das moralische Urteil beim Kinde. Einsiedeln 1954, S. 224.
46 Levi, Werner: Über die Ursachen des Krieges und die Voraussetzung des Friedens. In: Krippendorff, E. (Hrsg.): Friedensforschung. Köln/Berlin 1968, S. 185, 187.
47 Mead, Margaret: Die Psychologie des Menschen in einer Welt ohne Krieg. In: Krippendorff, E. (Hrsg.): Friedensforschung. Köln/Berlin 1968, S. 152.
48 Mitscherlich, Alexander: Krieg und menschliche Aggressivität. In: Krieg oder Frieden? Wie lösen wir in Zukunft die politischen Konflikte. München 1970, S. 79.
49 Weizsäcker, Carl F. von: Der ungesicherte Friede. Göttingen 1969, S. 46.
50 Jungk, Robert: Der Jahrtausendmensch. Bericht aus den Werkstätten der neuen Gesellschaft. München/Gütersloh/Wien 1973.
50a Bell, Daniel: Die nachindustrielle Gesellschaft. Frankfurt 1975.
König Eckard: Theorie der Erziehungswissenschaft. Band 1. München 1975, S. 56-88, 85-87.

51 Meyer, Hilbert L.: Das ungelöste Deduktionsproblem in der Curriculumforschung. In: Achtenhagen, Fr./Meyer, H. L. (Hrsg.): Curriculumrevision — Möglichkeiten und Grenzen. München 1971.
52 Kutschera, Franz von: Einführung in die Logik der Normen, Werte und Entscheidungen. Freiburg 1973
53 Zedler, Hans P.: Zur Logik von Legitimationsproblemen. Möglichkeiten der Begründung von Normen. München 1974, S. 138 ff. König Eckardt, Theorie der Erziehungswissenschaft. Band 1-3, München 1975-1978.
54 Balint, Michael: Ichstärke, Ichpädagogik und „Lernen". In: Cremerius, J. (Hrsg.): Psychoanalyse und Erziehungspraxis. Frankfurt 1971, S. 93, 98, 102.
55 Mitscherlich, Alexander: Die Idee des Friedens und die menschliche Aggressivität. Frankfurt 1969, S. 117 (Bibliothek Suhrkamp).
56 Freud, Anna: Das Ich und die Abwehrmechanismen. München 1973, S. 46, 47.
57 Mitscherlich, Alexander: Die Idee des Friedens und die menschliche Aggressivität. Frankfurt 1969, S. 51 (Bibliothek Suhrkamp 233).
58 Pikas, Anatol: Rationale Konfliktlösung. Heidelberg 1974.
59 Wendt, Albert: Die Aufständischen des Pazifik. In: UNESCO-kurier 2/1976.
60 Sombart, Nicolaus: Planung und Friede. In: Frankfurter Hefte 9/1965, S. 632.
61 Toffler, Alvin: Der Zukunftsschock. München 1972
62 Mead, Margaret: Die Psychologie des Menschen in einer Welt ohne Krieg. In: Krippendorff, E. (Hrsg.): Friedensforschung Köln/Berlin 1968, S. 149.
63 Picht, Georg: Ist eine Weltordnung ohne Krieg möglich? In: Krieg oder Frieden? Wie lösen wir in Zukunft die politischen Konflikte. München 1970, S. 216 f.
64 Tocqueville, Alexis de: Die Demokratie in Amerika. Frankfurt 1956, S. 21.
65 Bono, Eduard de: Der Denkprozeß. Reinbek bei Hamburg 1975.
66 Minssen, Friedrich: Umgang mit dem Konflikt — Kern der Friedenserziehung. In: Probleme der Friedenserziehung. Schriftenreihe der Bundeszentrale für politische Bildung. Heft 90/1970, S. 54.
67 Foerster, Friedrich Wilhelm: Erziehung und Selbsterziehung. Hauptgesichtspunkte für Eltern und Lehrer, Seelsorger und Jugendpfleger. Zürich 1921, S. 255.
68 Dencik, Lars: Plädoyer für eine revolutionäre Konfliktforschung. In: Senghaas, D.: Kritische Friedensforschung. Frankfurt 1971, S. 254 ff.
vgl. hierzu auch: H. J. Krysmanski: Soziologie des Konflikts. Reinbek 1971
69 Wilhelm, Theodor: Traktat über den Kompromiß. Stuttgart 1973.
70 Schmid, Herman: Friedensforschung und Politik. In: Senghaas, D. (Hrsg.): Kritische Friedensforschung. Frankfurt 1971, S. 49, 29.
71 Schmid, Herman: Friedensforschung und Politik. In: Senghaas, D. (Hrsg.): Kritische Friedensforschung. Frankfurt 1971, S. 30, 52.
72 Küpper, Christel/Lobner, Mathias R.: Zur Grundlegung der Friedenserziehung. Ansätze und Ergebnisse aus der Arbeit der Studiengesellschaft für Friedensforschung e.V. München 1970, S. 51.
73 Ebert, Theodor: In: Bergedorfer Gesprächskreis: Verstärken oder verringern sich die Bedingungen für Aggressivität? Bergedorfer Protokolle, Bd. 33. Hamburg/Berlin 1969, S. 58, 44.
74 Wellendorf, Frankz: Schulische Sozialisation und Identität. Weinheim 1973.
75 Schleiermacher, Friedrich E. D.: Ausgewählte pädagogische Schriften. Hrsg. von Ernst Lichtenstein. Paderborn 1959, S. 170.
76 Küpper, Christel/Lobner, Mathias R.: Zur Grundlegung der Friedenserziehung. Ansätze und Ergebnisse aus der Arbeit der Studiengesellschaft für Friedensforschung e.V. München 1970, S. 51.
77 Pikas, Anatol: Rationale Konfliktlösung. Heidelberg 1974, S. 32.
78 Minssen, Friedrich: Umgang mit dem Konflikt — Kern der Friedenserziehung. In: Probleme der Friedenserziehung. Schriftenreihe der Bundeszentrale für politische Bildung. Heft 90/1970, S. 67.
79 Galtung, Johan: Strukturelle Gewalt. Beiträge zur Friedens- und Konfliktforschung. Reinbek bei Hamburg 1975, S. 97.
80 Schmidt-Mummendey, Amély: Verhaltenswissenschaftliche Aspekte der Verringerung von Gewalt. In: Wulf, Chr. (Hrsg.): Kritische Friedenserziehung. Frankfurt 1973, S. 274.
81 Mertens, Wolfgang: Erziehung zur Konfliktfähigkeit. München 1974.
82 Lysen, H. W.: Probleme humanitärer Wissenschaftspolitik. In: Zeitschrift für Grenzprobleme der Wissenschaft. München, September 1970, S. 31.

83 Minssen, Friedrich: Umgang mit dem Konflikt — Kern der Friedenserziehung. In: Probleme der Friedenserziehung. Schriftenreihe der Bundeszentrale für politische Bildung, Heft 90/1970.
84 Hentig, Hartmut von: Erziehung zum Frieden. In: Frieden. Vorlesungen auf dem 13. Deutschen Evangelischen Kirchentag Hannover 1967. Stuttgart/Berlin 1968, S. 34.
85 Küpper, Christel/Lobner, Mathias R.: Zur Grundlegung der Friedenserziehung. Ansätze und Ergebnisse aus der Arbeit der Studiengesellschaft für Friedensforschung e.V. München 1970, S. 51.
86 Lobner, Mathias R.: Friedenspädagogik „im Ghetto"? Leserbrief in: Betrifft Erziehung. Heft 11/1972, S. 7.
87 Küpper, Christel/Lobner, Mathias R.: Zur Grundlegung der Friedenserziehung. Ansätze und Ergebnisse aus der Arbeit der Studiengesellschaft für Friedensforschung e.V. München 1970, S. 105.
88 Giesecke, Hermann: Didaktik der politischen Bildung. München 1974, S. 56 ff.
89 Levi, Werner: Über die Ursachen des Krieges und die Voraussetzung des Friedens. In: Krippendorff, E. (Hrsg.): Friedensforschung. Köln/Berlin 1968, S. 189.
90 Mitscherlich, Alexander: Die Idee des Friedens und die menschliche Aggressivität. Frankfurt 1969, S. 107 ff. (Bibliothek Suhrkamp 233)
und
Krieg und menschliche Aggressivität. In: Krieg oder Frieden? München 1970, S. 75-199.
91 Veer, B. J. Th. ter: Die Behandlung von Krieg, Friedensproblemen im Unterricht der weiterführenden Schulen. Was können wir tun, um Strukturen zu verbessern? In: Küpper, Chr.: Friedenserziehung im Schulunterricht. Aus dem Niederländischen übersetzt von Lobner, M. R. München 1970, S. 17 f.
92 Levi, Werner: Über die Ursachen des Krieges und die Voraussetzungen des Friedens. In: Krippendorff, E. (Hrsg.): Friedensforschung. Köln/Berlin 1968, S. 191.
93 Nicklas, Hans/Ostermann, Änne: Zur Friedensfähigkeit erziehen. Soziales und politisches Lernen als Unterrichtsthema. München 1976 (vgl. o. S. 21, Abschn. 3.1.).
94 Galtung, Johan: Modelle zum Frieden. Methoden und Ziele der Friedensforschung. Wuppertal 1972, S. 64.
und
Nicklas, Hans/Ostermann, Änne: Zur Friedensfähigkeit erziehen. Soziales und politisches Lernen als Unterrichtsthema. München 1976, S. 51 ff.
95 Schütz, Klaus: Theoretische Grundlagen und Praxismodelle der kritischen Friedenserziehung. Schriftenreihe der friedenspolitischen Studiengesellschaft. Hamburg, Heft 5/1977, S. 109.
96 Ostermann, Änne/Nicklas, Hans: Vorurteile und Feindbilder. München 1976.
97 Rumpf, Horst: Die Misere der Höheren Schule. Neuwied/Berlin 1966, S. 74.
98 Giesecke, Hermann: Didaktik der politischen Bildung. München 1974, S. 160 ff.
99 Veer, B. J. Th. ter: Was können wir tun, um Strukturen zu verbessern? In: Küpper, Chr.: Friedenserziehung im Schulunterricht. Aus dem Niederländischen übersetzt von Lobner, M. R. München 1970, S. 56.
100 Emeis, Dieter: Zum Frieden erziehen. Ein Arbeitsbuch. München 1968, S. 113.
101 Veer, B. J. Th. ter: Was können wir tun, um Strukturen zu verbessern? In: Küpper, Chr.: Friedenserziehung im Schulunterricht. Aus dem Niederländischen übersetzt von Lobner, M. R. München 1970, S. 57.
102 Giesecke, Hermann: Didaktik der politischen Bildung. München 1974, S. 156 f., 157.
103 Hiller-Ketterer, Ingeborg: Das Dilemma der Erziehung zum Frieden als deren eigener Gegenstand. In: Ackermann, P. u.a. (Hrsg.): Erziehung und Friede. München 1971, S. 21.
104 Weizsäcker, Carl F. von: Friede und Wahrheit. In: Frieden. Vorlesungen auf dem 13. Deutschen Evangelischen Kirchentag. Hannover 1967, Stuttgart 1968, S. 77.
105 Mesarović, Mihailo/Pestel, Eduard: Menschheit am Wendepunkt. 2. Bericht an den Club of Rome. Reinbek 1977, S. 133.
106 Galtung, Johan: Probleme der Friedenserziehung. In: Zeitschrift für Pädagogik 2/1973, S. 25.
107 Horn, Klaus: Psychologische Vorstellungen über Aggression und erzieherische Konsequenzen. In: Probleme der Friedenserziehung. Schriftenreihe der Bundeszentrale für politische Bildung. Heft 90/1970, S. 48.
108 Roth, Heinrich: Pädagogische Psychologie des Lehrens und Lernens. Hannover 1973.
109 Schütz, Klaus: Theoretische Grundlagen und Praxismodelle (Schriftenreihe der friedenspolitischen Studiengesellschaft). Hamburg 1977, S. 144.
110 Weizsäcker, Carl F. von: Zumutungen des Friedens. In: Beck/Schmid (Hrsg.): Streit um den Frieden. Mainz/München 1967, S. 38.

111 Deutsch, Karl W.: Was wissen wir vom Krieg? Der Stand der Kriegsursachenforschung. DGFK-Hefte Nr. 2 (September). Bonn—Bad Godesberg 1972, S. 4.
112 Buchholz, Arnold: Der unnötige Krieg. In: Krieg oder Frieden? München 1970, S. 63.
113 Deutsch, Karl W.: Was wissen wir vom Krieg? Der Stand der Kriegsursachenforschung. DGFK-Hefte Nr. 2 (September). Bonn—Bad Godesberg 1972, S. 24.
114 Tocqueville, Alexis de: Die Demokratie in Amerika. Frankfurt 1956, S. 18, 19.
115 Buchholz, Arnold: Der unnötige Krieg. In: Krieg oder Frieden? München 1970, S. 69, 70, 73.
116 Sachsse, Hans: Technik und Verantwortung. Problem der Ethik im technischen Zeitalter. Freiburg 1972, S. 66.
117 Buchholz, Arnold: Der unnötige Krieg. In: Krieg oder Frieden? München 1970, S. 71.

Literaturverzeichnis

Ackermann, Paul u.a. (Hrsg.): Erziehung und Friede. Materialien zur Diskussion. München 1971.
Amery, Carl: Natur als Politik. Die ökologische Chance des Menschen. Hamburg 1976.
Balint, Michael: Ichstärke, Ichpädagogik und „Lernen". In: Cremerius, J. (Hrsg.): Psychoanalyse und Erziehungspraxis. Frankfurt 1971.
Bergedorfer Gesprächskreis zu Fragen der freien industriellen Gesellschaft: Ist der Weltfriede unvermeidlich? Bergedorfer Protokolle, Bd. 18. Hamburg/Berlin 1967.
Bergedorfer Gesprächskreis: Verstärken oder verringern sich die Bedingungen für Aggressivität? Bergedorfer Protokolle, Bd. 33, Hambur/Berling 1969.
Bono, Eduard de: Der Denkprozeß. Reinbek bei Hamburg 1975.
Bosse, Hans/Hamburger, Franz: Friedenspädagogik und Dritte Welt. Voraussetzungen einer Didaktik des Konflikts. Stuttgart 1973.
Brezinka, Wolfgang: Grundbegriffe der Erziehungswissenschaft. München 1974.
Buchholz, Arnold: Die große Transformation. Gesellschaftliche Zukunftserwartungen und naturwissenschaftlich-technischer Fortschritt. Reinbek bei Hamburg 1970.
Buchholz, Arnold: Der unnötige Krieg. In Krieg oder Frieden? München 1970, S. 59—74.
Bundeszentrale für politische Bildung: Umweltschutz als fachübergreifendes Curriculum. Schriftenreihe F 99. Bonn 1974.
Cooper, Peter: Die Entwicklung von Vorstellungen über den Krieg. In: Krippendorff, E. (Hrsg.): Friedensforschung. Köln/Berlin 1968.
Czempiel, Ernst-Otto: Schwerpunkte und Ziele der Friedensforschung. München 1972.
Dasgupta, Sugata: Erziehung für eine Gesellschaft der Gewaltlosigkeit. In: Wulf, Chr. (Hrsg.): Kritische Friedenserziehung. Frankfurt 1973
und in
Zeitschrift für Pädagogik. Jg. 19, 1973.
Dencik, Lars: Plädoyer für eine revolutionäre Konfliktforschung. In: Senghaas, D.: Kritische Friedensforschung. Frankfurt 1971.
Deutsch, Karl W.: Abschreckungspolitik und gesellschaftliche Ordnung. Zum Problem der sich wandelnden Gesellschaft. In: Bedrohungsvorstellungen als Faktor der internationalen Politik. Jahrbuch für Friedens- und Konfliktforschung, Bd. 1. Düsseldorf 1971.
Deutsch, Karl W.: Der Stand der Kriegsursachenforschung. DGFK-Hefte Nr. 2 (September). Bonn-Bad Godesberg 1972.
Dickopp, Karl-Heinz, Die Krise der anthropologischen Begründung von Erziehung. Ratingen 1973.
Ebert, Theodor: In: Bergedorfer Gesprächskreis: Verstärken oder verringern.
Eibl-Eibesfeldt, Irenäus: Liebe und Haß. München 1970.
Eibl-Eibesfeldt, Irenäus: Stammesgeschichtliche Anpassungen im Verhalten des Menschen. In: Gadamer, H.G./Vogler, P. (Hrsg.): Biologische Anthropologie. 2. T. München/Stuttgart 1972.
Eibl-Eibesfeldt, Irenäus: Krieg und Frieden aus der Sicht der Verhaltensforschung. München 1973.
Einstein, Albert/Freud, Sigmund: Warum Krieg 2, Zürich 1972.
Emeis, Dieter: Zum Frieden erziehen. Ein Arbeitsbuch. München 1968.
Esser, Johannes: Zur Theorie und Praxis der Friedenspädagogik. Kritische Konzepte für Schule und Erwachsenenbildung. Wuppertal 1973.
Esser, Johannes: Kritische Friedenstheorie und Möglichkeiten zur Friedenspraxis. Frankfurt/München 1976.
Foerster, Friedrich Wilhelm: Erziehung und Selbsterziehung. Hauptgesichtspunkte für Eltern und Lehrer, Seelsorger und Jugendpfleger. Zürich 1921.
Foerster, Friedrich Wilhelm: Schule und Charakter. Recklinghausen 1953.
Freud, Anna: Das Ich und die Abwehrmechanismen. München 1973.
Fromm, Erich: Anatomie der menschlichen Destruktivität. Stuttgart 1974.

Galtung, Johan: Friedensforschung. In: Krippendorff, E.: Friedensforschung. Köln/Berlin 1968.
Galtung, Johan: Theorien des Friedens. In: Senghaas, D. (Hrsg.): Kritische Friedensforschung. Frankfurt 1971.
Galtung, Johan: Gewalt, Frieden und Friedensforschung, sowie Theorien des Friedens. In: Senhaas, D. (Hrsg.): Kritische Friedensforschung. Frankfurt 1971.
Galtung, Johan: Probleme der Friedenserziehung. In: Zeitschrift für Pädagogik 2/1973.
Galtung, Johan: Modelle zum Frieden. Methoden und Ziele der Friedensforschung. Wuppertal 1972.
Galtung, Johan: Neue friedensstrategische Rollen: Frieden als Beruf? In: DGFK-Hefte 3/1974.
Galtung: Johan: Strukturelle Gewalt. Beiträge zur Friedens- und Konfliktforschung. Reinbek bei Hamburg 1975.
Gerner, Berthold: Einführung in die pädagogische Anthropologie. Damstadt 1974.
Giesecke, Hermann: Didaktik der politischen Bildung. München 1974.
Gronemeyer, Marianne: Lernmodelle für die kommunale Öffentlichkeit. In: Wulf, Chr. (Hrsg.): Kritische Friedenserziehung. Frankfurt 1973.
Hacker, Friedrich: Aggression. Reinbek bei Hamburg 1973.
Heitkämper, Peter: Friedenserziehung als Lernprozeß. Zur Theorie einer politischen Erziehungspraxis. Bad Heilbrunn 1976.
Hentig, Has von: Der Friedensschluß. Geist und Technik einer verlorenen Kunst. München 1965.
Hentig, Hartmut von: Erziehung zum Frieden. In: Merkur, Heft 234. Köln/Berling 1967.
Hentig, Hartmut von: Erziehung zum Frieden. In: Frieden. Vorlesungen auf dem 13. Deutschen Evangelischen Kirchentag Hannover 1967. Stuttgart/Berlin 1968, S. 34.
Hentig, Hartmut von: Allgemeine Ziele der Gesamtschule. In: Deutscher Bildungsrat: Lernziele der Gesamtschule. Stuttgart 1969.
Hentig, Hartmut von: Janusz Korzak oder Erziehung in einer friedlosen Welt. In: DGFK-Informationen (Deutsche Gesellschaft für Friedens- und Konfliktforschung). Bonn 2-3/1972.
Hentig, Hartmut von: Friedenserziehung als Aufgabe der Schule. In: Wulf, Chr. (Hrsg.): Friedenserziehung in der Diskussion. München 1973.
Hiller-Ketterer, Ingeborg: Das Dilemma der Erziehung zum Frieden als deren eigener Gegenstand. In: Ackermann, P. u.d. (Hrsg.): Erziehung und Friede. München 1971.
Horn, Klaus: Psychologische Vorstellungen über Aggression und erzieherische Konsequenzen. In: Probleme der Friedenserziehung. Schriftenreihe der Bundeszentrale für politische Bildung. Heft 90/1970.
Horn, Klaus: Gibt es einen Aggressionstrieb? In: Psyche. Bd. 26/1972.
Horn, Klaus: Aspekte der Psychologismuskritik. Der Beitrag der Psychoanalyse zur Theorie sozialer Konflikte und ihrer empirischen Untersuchung. In: Wulf, Chr. (Hrsg.): Friedenserziehung in der Diskussion. München 1973.
Horn, Klaus: Bemerkungen zur politischen Konsequenz des Psychologismus psychologischer Denkmodelle und Vorschläge zu dssen Überwindung. Der Beitrag der Psychoanalyse zu einer Theorie des Konflikts. In: Wulf, Chr. (Hrsg.): Kritische Friedenserziehung. Frankrut 1973.
Jaspers, Karl: Wahrheit, Freiheit und Friede. München 1958.
Johannes XXIII: Pacem in terris. Die Friedensenzyklika Papst Johannes XXIII. Freiburg 1963.
Jungk, Robert: Der Jahrtausendmensch. Berichte aus den Werkstätten der neuen Gesellschaft. München/Gütersloh/Wien 1973.
Kamper, Dietmar: Geschichte und menschliche Natur. Die Tragweite gegenwärtiger Anthropologie-Kritik. München 1973 (Reihe Hauser 133).
Kant, Immanuel: Idee zu einer allgemeinen Geschichte in weltbürgerlicher Absicht. VIII.
Kant, Immanuel: Zum ewigen Frieden. Ein philosophischer Entwurf. Stuttgart 1965.
Kant, Immanuel: Vorlesungen über Logik. 1.2., 1966.
Kant, Immanuel: Werkausgabe, hrsg. v. Weischedel, W., Bd. XI: Schriften zur Anthropologie, Geschichtsphilosophie, Politik und Pädagogik. Frankfurt 1977.
Klönne, Arno: Friede und politische Bildung. In: Waffenlos zwischen den Fronten. Graz/Wien/Köln 1971.
König Eckard: Theorie der Erziehungswissenschaft. Band 1-3, München 1975-1978.
Krieg oder Frieden? München 1970. (Das Heidelberger Studio. Eine Sendereihe des Süddeutschen Rundfunks, 47. Sendefolge.)
Krippendorff, Ekkehart (Hrsg.): Friedensforschung. Köln/Berlin 1968.
Küpper, Christel/Lobner, Mathias R.: Zu einer Diskussion über die Erziehung für den Frieden. In: Zukunfts- und Friedensforschung. Information. Hannover 4/1967.
Küpper, Christel (Hrsg.): Friedensunterricht im Schulunterricht. Aus dem Niederländischen von Lobner, M. R. Arbeitshefte der Studiengesellschaft für Friedensforschung e.V. München, Heft 3/1970.

Küpper, Christel/Lobner, Mathias R.: Zur Grundlegung der Friedenserziehung. Ansätze und Ergebnisse aus der Arbeit der Studiengesellschaft für Friedensforschung e.V. München 1970.
Kutschera, Franz von: Einführung in die Logik der Normen, Werte und Entscheidungen. Freiburg 1973.
Lepenies, Wolf/Nolte, Helmut: Kritik der Anthropologie. München 1971.
Levi, Werner: Über die Ursachen des Krieges und die Voraussetzungen des Friedens. In: Krippendorff, E. (Hrsg.): Friedensforschung. Köln/Berlin 1968.
Leyhausen, Paul/Lorenz, Konrad: Antriebe tierischen und menschlichen Verhaltens, München 1969.
Leyhausen, Paul: Dauert der Frieden schon zu lange? In; Nerlich, U.: Krieg und Frieden. Gütersloh 1970.
Lobner, Mathias R.: Friedenspädagogik „im Ghetto"? Leserbrief in: Betrifft Erziehung. Heft 11/1972.
Lorenz, Konrad: das sogenannte Böse. Wien 1963.
Lysen, H.W.: Probleme humanitärer Wissenschaftspolitik. In: Zeitschrift für Grenzprobleme der Wissenschaft. München, September 1970.
Marcuse, Herbert: Aggressivität in der gegenwärtigen Industriegesellschaft. In: Krippendorff, E. (Hrsg.): Friedensforschung 1970.
Markert, Hartmut: Zur Konstruktion von Unterrichtsmodellen zur Friedenserziehung. In: Wulf, Chr.: Kritische Friedenserziehung. Frankfurt 1973.
Mead, Margaret: Die Psychologie des Menschen in einer Welt ohne Krieg. In: Krippendorff, E. (Hrsg.): Friedensforschung. Köln/Berlin 1968.
Mesrović, Mihailo/Pestel, Eduard: Menschheit am Wendepunkt. 2. Bericht an den Club of Rome zur Weltlage. Reinbek 1977.
Metens, Wolfgang: Erziehung zur Konfliktfähigkeit. München 1974.
Messner, Rudolf/Rumpf, Horst (Hrsg.): Didaktische Impulse. Wien 1954.
Meueler, Erhard: Imperialismus — ein unterdrückter Lerninhalt. In: Wulf, Chr. (Hrsg.): Friedenserziehung in der Diskussion. München 1073.
Meyer, Hilbert L.: Das ungelöste Deduktionsproblem in der Curriculumforschung. In: Achtenhagen, Fr./Meyer, H.L. (Hrsg.): Curriculumrevision — Möglichkeiten und Grenzen. München 1971.
Meyer, Hilbert L.: Einführung in die Curriculum-Methodologie. München 1974.
Minssen, Friedrich: Umgang mit dem Konflikt — Kern der Friedenserziehung. In: Probleme der Friedenserziehung. Schriftenreihe der Bundeszentrale für politische Bildung. Heft 90/1970.
Minssen, Friedrich: Bericht über strukturelle Gewalt: Ein Brief nach Kalifonien. In: Neumann, Fr./Fischer, K.G. (Hrsg.): Option für Freiheit und Menschenwürde. Festschrift für Wolfgang Hilligen zum 60. Geburtstag. Frankfurt 1977.
Mitscherlich, Alexander: Bis hierher und nicht weiter. — Ist die menschliche Aggression unbefriedbar? München 1969.
Mitscherlich, Alexander: Die Idee des Friedens und die menschliche Aggressivität. Frankfurt 1969 (Bibliothek Suhrkamp 233).
Mitscherlich, Alexander: Krieg und menschliche Aggressivität. In: Krieg oder Frieden? München 1970.
Nicklas, Hans/Ostermann, Anne: Überlegungen zur Ableitung friedensrelevanter Lernziele aus dem Stand der kritischen Friedensforschung. In: Zeitschrift für Pädagogik 2/1973
und in
Wulf, Chr. (Hrsg.): Kritische Friedenserziehung. Frankfurt 1973.
Nicklas, Hans/Ostermann, Anne: Zur Friedensfähigkeit erziehen. Soziales und politisches Lernen als Unterrichtsthema. München 1976.
Oerter, Rolf: Moderne Entwicklungspsychologie. Donauwörth 1975.
Ostermann, Anne/Nicklas, Hans: Vorurteile und Feindbilder. München 1976.
Pfister, Hermann/Wolf, Rosemarie: Friedenspädagogik heute. Waldkirch 1972.
Piaget, Jean: Das moralische Urteil beim Kinde. Einsiedeln 1954.
Picht, Georg: Ist eine Weltordnung ohne Krieg möglich? In: Krieg oder Frieden? München 1970.
Picht, Georg: Ist Erziehung zum Frieden möglich? In: Die ZEIT 46/1973.
Pikas, Anatol: Rationale Konfliktlösung. Heidelberg 1974.
Pleines, Jürgen-Eckardt: Pädagogik und Anthropologie. Ratingen 1973.
Rest, H.O. Franco (Hrsg.): Waffenlos zwischen den Fronten. Graz/Wien/Köln 1971.
Richter, Horst-Eberhard: Lernziel, Solidarität. Reinbek bei Hamburg 1954.
Roth, Heinrich: Pädagogische Anthropologie. Bd. 1, 2. Hannover 1966-71.
Roth, Heinrich: Pädagogische Psychologie des Lehrens und Lernens. Hannover 1973.
Rumpf, Horst: Die Misere der Höheren Schule. Neuwied/Berlin 1966.
Rumpf, Horst: Scheinklarheiten. Braunschweig 1971.

Sachsse, Hans: Die Erkenntnis des Lebendigen. Braunschweig 1968.
Sachsse, Hans: Technik und Verantwortung. Problem der Ethik im technischen Zeitalter. Freiburg 1972.
Schelsky, Helmut: Die Arbeit tun die anderen. Opladen 1975.
Schiefele, Hans: Motivation im Unterricht. München 1963; 1972(5).
Schiefele, Hans: Lernmotivation und Motivlernen. München 1974.
Schierholz, Henning: Entwicklung der Friedenspädagogik in der Bundesrepublik Deutschland. Darstellung und Kritik. Schriftenreihe der friedenspolitischen Studiengesellschaft. Hamburg, Heft 4/1975.
Schierholz, Henning: Friedensforschund und politische Didaktik. Studien zur Kritik der Friedenspädagogik. Opladen 1977.
Schleiermacher, Friedrich E.D.: Ausgewählte pädagogische Schriften. Hrsg. Ernst Lichtenstein. Paderborn 1959.
Schmid, Herman: Friedensforschung und Politik. In: Senghass, D. (Hrsg.): Kritische Friedensforschung. Frankfurt 1971.
Schmidbauer, Wolfgang: Die sogenannte Aggression. Hamburg 1972.
Schmidt, Hans P.: Schalom: Die hebröisch — christliche Provokation in: H. E. Bahr: Weltfrieden und Revolution in politischer und theologischer Perspektive. Frankfurt 1970. (Fischer Bücherei 1102.)
Schmidt-Mummendey, Amely: Psychologische Gesichtspunkte zum Problem aggressiven Verhaltens. In: Wulf, Chr. (Hrsg.):
Schmidt-Mummendey, Amely: Verhaltenswissenschaftliche Aspekte der Verringerung von Gewalt. In: Wulf, Chr. (Hrsg.):
und in
Zeitschrift für Pädagogik 2/1973.
Schriftenreihe der Bundeszentrale für politische Bildung: Probleme der Friedenserziehung. Bonn, Heft 90/1970.
Schütz, Klaus: Theoretische Grundlagen und Praxismodelle der kritischen Friedenserziehung. Schriftenreihe der friedenspolitischen Studiengesellschaft. Hamburg, Heft 5/1977.
Senghaas, Dieter: Probleme einer Erziehung zum Frieden heute. In: Zukunfts- und Friedensforschung. Information, Heft 3/1968, e. Jg.
Senghaas, Dieter: Kritische Friedensforschung. Frankfurt 1971.
Senghaas, Dieter (Hrsg.): Friedensforschung und Gesellschaftskritik. Frankfurt 1973.
Sombart, Nicolaus: Planung und Friede. In: Frankfurter Hefte 9/1965.
Tocqueville, Alexis de: Die Demokratie in Amerika. Frankfurt 1956.
Toffler, Alvin: Der Zukunftsschock. München 1972.
Tröger, Walter: Erziehungsziele. München 1974.
Veer, B.J. Th. ter: Die Behandlung von Krieg, Friedensproblemen im Unterricht der weiterführenden Schulen. Was können wir tun, um Strukturen zu verbessern? In: Küpper, Chr.: Friedenserziehung im Schulunterricht. Aus dem Niederländischen übersetzt von Lobner, M.R. München 1970.
Vilmar, Fritz: Systematischer Entwurf der kritischen Friedensforschung. In: Senghaas, D. (Hrsg.): Kritische Friedensforschung. Frankfurt 1971.
Vilmar, Fritz: Friedensforschung und Friedenserziehung als politische Bewußtseinsbildung. In: Wulf, Chr. (Hrsg.): Kritische Friedenserziehung. Frankfurt 1973.
Walter, Alfred: Krieg und Frieden als Unterrichtsprojekt. In: Probleme des Friedens. info 8, Jg. 11-12. Waldkirch 1973.
Walter, Alfred: Untersuchung über Wissen und Vorstellungen von Friedensforschung an drei Gymnasien in Lahr. In: Probleme des Friedens. info 3-6/1973.
Weizsäcker, Carl Friedrich von: Bedingungen des Friedens. Güttingen 1964.
Weizsäcker, Carl Friedrich von: Zumutungen des Friedens. In: Beck/Schmid: Streit um den Frieden. Mainz/München 1967.
Weizsäcker, Carl Friedrich von: Ist der Weltfriede unvermeidlich? Bergedorfer Protokolle. Bd. 18 Hamburg/Berlin 1967.
Weizsäcker, Carl Friedrich von: Friede und Wahrheit. In:Frieden. Vorlesungen auf dem 13. Deutschen Evangelischen Kirchentag. Hannover 1967, Stuttgart 1968.
Weizsäcker, Carl Friedrich von: Gedanken über unsere Zukunft. Göttingen 1968.
Weizsäcker, Carl Friedrich von: Der ungesicherte Friede. Göttingen 1969.
Wellendorf, Franz: Schulische Sozialisation und Identität. Weinheim 1973.
Wendt, Albert: Die Aufständischen des Pazifik. In: UNESCO-Kurier 2/1976.
Wilhelm, Theodor: Traktat über den Kompromiß. Stuttgart 1973.

Wright, Quincy: Die Geschichte des Krieges. In: Krippendorff, E. (Hrsg.): Friedensforschung. Köln/Berlin 1968.
Wulf, Christoph (Hrsg.): Friedenserziehung in der Diskussion. München 1973.
Wulf, Christoph (Hrsg.): Kritische Friedenserziehung. Frankfurt 1973.
Zedler, Hans P.: Zur Logik von Legitimationsproblemen. Möglichkeiten der Begründung von Normen. München 1974.

III. Zur Didaktik der Friedenserziehung
Bernhard Claußen

Vorbemerkung (1)

Friedenssehnsucht und -forderung sind seit vielen Jahrtausenden fester Bestandteil der Menschheitsgeschichte; philosophisch fundiert treten sie seit der Antike als theoretischer Begründungszusammenhang und in zahllosen Versuchen praktischer Verwirklichung mehr und mehr in das individuelle und kollektive Bewußtsein. Nicht zuletzt die verheerenden Folgen zweier Weltkriege und der ihnen zugrundeliegenden Bedingungen gesellschaftlich-politischer Organisationsformen und individueller Dispositionen ließen daraus einen global gültigen Imperativ werden, der bis heute nirgends auch nur näherungsweise eingelöst wurde. Zwar unterscheidet sich die inhaltliche Bestimmung dessen, was Friede sei, je nach der konkreten historischen und gesellschaftlichen Situation, regionalen und kulturellen Besonderheiten usf., aber grundsätzlich legen es „elementare Leidenserfahrungen ... nahe, für internationalen und innergesellschaftlichen Frieden, für friedliche Konfliktlösungen zwischen Kollektiven wie auch zwischen Personen pädagogisch aktiv zu werden. Dies gilt zumal ... nach der Entwicklung atomarer und biologischer Massenvernichtungsmittel und angesichts einer latenten Situation der Bedrohung – sei es durch Rüstungspotentiale im internationalen System, sei es durch destruktiv-aggressive Ideologien und Verhaltensmodelle, sei es durch gezielte Gewalt oder auch nur durch Unfähigkeit zu kommunikativer Konfliktlösung im Alltagsleben" (2).
In diesem Beitrag sollen die Notwendigkeit einer didaktischen Dimensionierung friedenspädagogischer Bemühungen sowie die Umrisse einer solchen Didaktik dargestellt und kritisch durchleuchtet werden. Anstelle einer umfassenden und detaillierten Auswertung und Aufbereitung des gesamten verfügbaren Schrifttums zum Thema und einer Auseinandersetzung mit einzelnen Autoren (welche einer umfangreicheren, über die Möglichkeiten einer Einführung hinausgehenden Analyse vorbehalten bleiben müssen) werden dabei eine Übersicht über die wichtigsten Arbeitszusammenhänge und -schwerpunkte, eine Problematisierung struktureller Merkmale und Hinweise zur Belebung der Diskussion beabsichtigt.

1. Friedenserziehung im Demokratisierungsprozeß

Wie jede Erziehung, so ist auch der Ansatz einer Friedenserziehung eingebunden in eine doppelte Funktionalität: indem sie nämlich abhängige Größe der sie erforderlich machenden und garantierenden Gesellschaft ist und *zugleich* mittelbaren Einfluß auf die Entwicklung dieser Gesellschaft in naher und ferner Zukunft nimmt (3). Die Tatsache, daß sich die Bundesrepublik Deutschland — wie andere Staaten auch (4) — der Tendenz nach nicht trotz, sondern gerade wegen beobachtbarer restaurativer Züge in einer Phase des Ringens um mehr und verbesserte Demokratie befindet (welche wohl kaum je abgeschlossen sein wird, sondern lediglich andere Gestalt anzunehmen vermag), kann nicht ohne Auswirkungen auf die Friedenserziehung sein und darf von ihr nicht unberührt bleiben (5). Denn da Demokratisierung auf Ausweitung von Freiheit drängt und Friede durch Freiheit ganz wesentlich bedingt wird (6), kann eine auf Frieden gerichtete Erziehung nicht losgelöst von Demokratisierungsprozessen thematisiert werden.

1.1. Gesellschaftlich-politische und individuelle Aspekte des Friedens

In der Negativdefinition des Friedens, nämlich als Absenz kriegerischer Handlungen im inter- und intranationalen Bereich, wird die gesellschaftliche und politische Dimension der Friedensproblematik sichtbar. Auch bei einer weiteren Differenzierung des Friedensbegriffes, durch welche nicht nur die Ablehnung direkter materieller Gewalt (z.B. Auseinandersetzung mit Waffen), sondern auch der Verzicht auf immaterielle Gewalt (etwa: Ausbeutung und Ausnutzung von objektiven und subjektiven Abhängigkeitsverhältnissen) akzentuiert wird, erscheint Frieden als ein Zustand politischer Passivität und Ausdruck herrschender gesellschaftlicher Norm. Selbst eine Positivdefinition des Friedens, — die sich nicht in der Verneinung erschöpft, sondern um eine inhaltliche Bestimmung der Alternative zu materieller und immaterieller Gewalt bemüht ist und beispielsweise Spielregeln gerechter Verhandlungsführung, Formen wirksamer Solidarität u.a.m. benennt, also politische Aktivität operationalisiert — verharrt zunächst noch auf einer *Makroebene*. Die *Mikroebene* der Friedensproblematik und in ihrem Gefolge eine Analyse auch individueller Komponenten des Friedens wird erst ermöglicht durch die Überlegung, daß politisches und gesellschaftliches Handeln immer das Handeln von Individuen ist, die zwar vielfältigen Sachzwängen, gesellschaftlichem Druck, den Folgen der Eigendynamik tradierter und/oder unüberschaubar gewordener Institutionen u.a. unterliegen können, aber auch nie aus ihrer persönlichen Verantwortung für ihr Tun zu nehmen sind. Individuelle Kompetenz (Persönlichkeitsfaktoren, instrumentelle Fertigkeiten und Fähigkeiten, kommunikatives Leistungsvermögen, Triebkultur u.a.), ihr Ausmaß und ihre Beschaffenheit sowie ihre Wirksamkeit im Prozeß sozialer Interaktionen, in denen sie mit der individuellen Kompetenz anderer konfrontiert wird, sich zu bewähren hat und neue Impulse erhält, ist deshalb ein ganz wesentlicher Faktor negativen und positiven Friedens. Das stark vereinfachte Schema in Abb. 1 läßt ein mehrdimensionales Interdependenzengefüge erkennen:

Auf der Ebene *internationaler* Beziehungen resultieren negativer Friede (Verzicht auf militärische Konfliktlösungen; Toleranz eines status quo der Beziehungen; keine Einmischung in die inneren Verhältnisse des anderen Staates) und positiver Friede (gegenseitige Hilfestellung; unbeschränkter und unbefristeter Austausch materieller und immaterieller Güter) aus einem diesbezüglich wenigstens minimalen Konsens zur offenen Diplomatie auf der jeweils nationalen Ebene der Beteiligten. *Intranational* setzten negativer Friede (Abkehr von bewaffneten Auseinandersetzungen) und positiver Friede (soziale Gerechtigkeit, Chancengleichheit, Unterstützung der Unterprivilegierten) rationale Verkehrsformen (Diskussion, Debatte, demokratische Willensbildung) und sie garantierende Rahmenbedingungen (Rechts- und Sozialstaatlichkeit, Wirksamkeit der Menschenrechtsdeklaration) voraus. Sie werden ihrerseits nicht

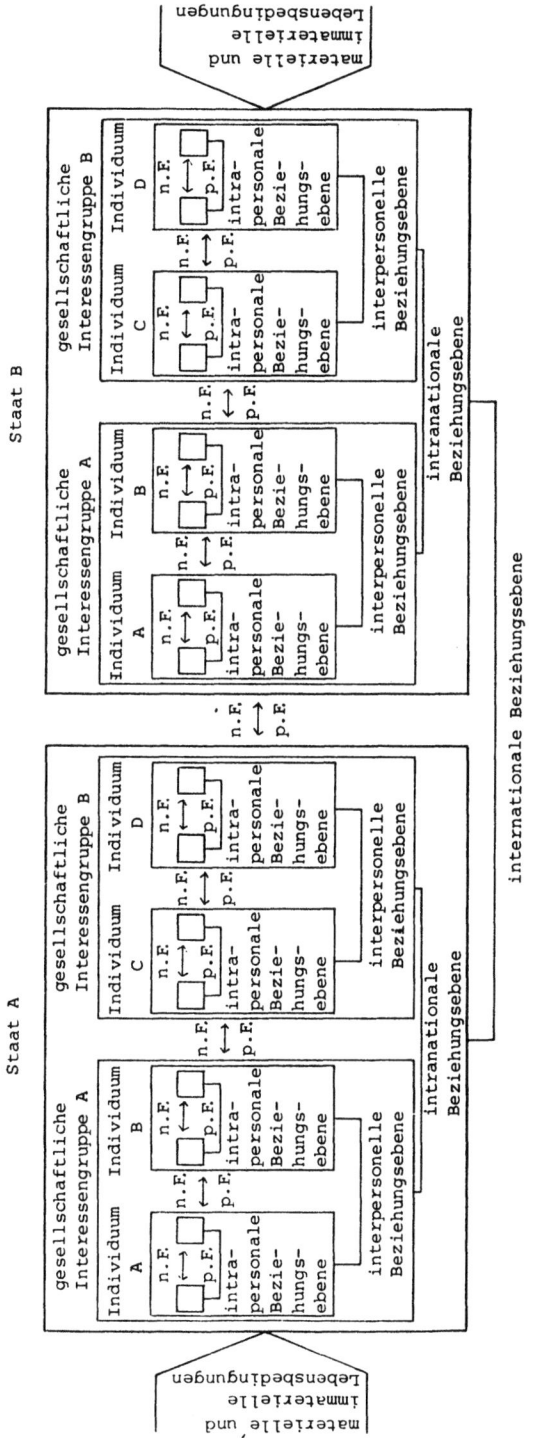

Abbildung 1

n.F. = negativer Friede
p.F. = positiver Friede

voraussetzungslos aus den unterschiedlichen Interessengruppen hervorgebracht. Denn auf der Ebene der *interpersonellen* Beziehungen ist ein negativer Friede (Ablehnung körperlich-physischer und psychischer Angriffe) und positiver Friede (wechselseitige Achtung der Subjekte; gegenseitige Wertschätzung und gegenseitiger Beistand; Nächstenliebe) an einen kommunikativ-diskursiven Interessenausgleich gebunden. Aber auch die beteiligten *Individuen* bringen in den sozialen Prozeß negativen Frieden (ausbalancierte Kompetenzbereiche) und positiven Frieden (Entfaltung und Erweiterung der Persönlichkeit durch gegenseitige Kontrolle und Befruchtung der Kompetenzbereiche) ein. Durchgängig sind bei alledem die materiellen und immateriellen Lebensbedingungen (Rohstoffquellen, Stand der Produktivkräfte, Arbeitsorganisation, Infrastruktur, Bildungs- und Erziehungssysteme, Wert- und Normensysteme, Rekreationsmöglichkeiten, Religion, Wissenschaft, Kunst usw.) in mehrfachen Brechungen wirksam. Zusätzliche Schwierigkeiten entstehen dadurch, daß auf der Ebene intrapersonaler, also innerpsychischer Beziehungen bewußte und unbewußte, rationale und emotionale Komponenten teilweise sehr undurchsichtig verschränkt sind. Und sie entstehen dadurch, daß an der sozialen Interaktion in der Regel mehr als nur zwei Individuen teilnehmen, daß es eine Vielzahl von gesellschaftlichen Interessengruppen gibt, daß neben bilateralen auch multilaterale Beziehungen auf internationaler Ebene möglich sind und daß die nationale Struktur der Beziehungspartner nicht immer ohne weiteres vergleichbar sein muß. Hinzu kommt außerdem ein Anstieg der Gesamtweltbevölkerung und eine starke Dynamik durch inter- und intranationale Differenzierung bei gleichzeitiger Gefahr naturbedingter Wachstumsgrenzen (7).

Im selben Maße, wie im Individuum personale und soziale Faktoren aufeinander bezogen sind und die These von einer mechanistischen Programmierung des Menschen nicht zu verifizieren vermögen (8), hat die Forderung und Realisierung positiven wie negativen Friedens individuelle und gesellschaftliche Dispositionen zur Voraussetzung. Diese — weiter unten zu betrachtenden — Voraussetzungen müssen erfüllt sein, um Frieden in zweifacher Hinsicht, nämlich als inneren und äußeren Frieden auf der Ebene von Individuum, sozialer Interaktion zwischen Personen und Gruppen und internationaler Beziehungen zu ermöglichen. Das wird darauf hinauslaufen, direkte Gewalt (ausgeübt von Personen und Personengruppen auf Personen und Personengruppen) und strukturelle Gewalt ohne unmittelbar bezeichenbare Akte und Akteure (Haß, Armut, Hunger, Angst, Unsicherheit u.a.) bis zur völligen Abschaffung zu minimieren (9).

1.2. Frieden als konkrete gesellschaftliche Utopie

Angesichts weltweit beobachtbarer Realitäten scheint die These gerechtfertigt, daß negativer und positiver Friede kaum irgendwo realisiert und auf keinen Fall als globaler Zustand feststellbar sind. Vielmehr läßt sich konstatieren, daß auf internationaler, nationaler, interpersonaler und intrapersonaler Ebene unterschiedliche Grade von Friedlosigkeit dominieren. Durch das dialektische Beziehungsgeflecht der Ebenen kann unterstellt werden, daß allseitiger negativer und positiver Friede alle Ebenen erfassen muß und Unfriede auf nur einer Ebene Unfrieden auf allen anderen Ebenen bedeutet. Konkret bedeutet dies, daß ein wahrnehmungsfähiges und denkendes Individuum einen totalen inneren Frieden nicht wird erreichen können, solange in der näheren und weiteren Umwelt Friedlosigkeit herrscht. Gleichwohl scheint es denkbar, z.B. durch Ich-Stärke abgestufte Grade inneren Friedens zu erreichen, die sich auch angesichts äußerer direkter und struktureller Gewalt einzustellen vermögen und es überhaupt erst möglich machen, äußeren Unfrieden zu überleben und erfolgreich an seiner

Überwindung sich zu beteiligen. Totaler innerer Friede angesichts äußeren Unfriedens ist nicht nur undenkbar, sondern würde auch, wenn sein Träger sich dadurch zur Selbstgenügsamkeit veranlaßt sehen und seine Sozialverpflichtetheit aufgeben würde, positiven äußeren Frieden verunmöglichen. Entsprechend kann vermutet werden, daß partieller Friede auf einer Ebene immer wenigstens partiellen Frieden auf anderen Ebenen voraussetzt, selbst aber bestenfalls nur notwendige, keinesfalls aber allein schon hinreichende Bedingung für partiellen Frieden auf anderen Ebenen ist. In ähnlicher Weise muß auch das Verhältnis von negativem und positivem Frieden gesehen werden: positiver Friede ist ohne negativen Frieden nicht möglich; negativer Friede bedeutet aber nicht zwangsläufig auch positiven Frieden. Und schließlich läßt sich aussagen, daß strukturelle Gewalt mit großer Wahrscheinlichkeit direkte Gewalt in etlichen Erscheinungsformen provoziert, während ein Defizit an direkter Gewalt durchaus noch kein Indiz für strukturelle Gewaltlosigkeit ist.

Die Existenz direkter und struktureller innerer und äußerer Gewalt ist evident: (Bürger-) Kriege in vielen Teilen der Welt; Folterungen; politische, religiöse und rassische Verfolgungen; Raub und Mord; Leistungsdruck; Vorurteile, Stereotype; emotionale und wirtschaftliche Ausbeutung; Armut und Einsamkeit — sie alle sind nur wenige Beispiele für täglich erfahrbaren Unfrieden. Die Forderung nach Frieden und die Hoffnung auf dessen Verwirklichung — hinter denen sich im übrigen durchaus keine Naturnotwendigkeit, sondern gesellschaftlich tradierte und vermittelte Werte philosophischen, religiösen u.a. Ursprungs verbergen, die sich allerdings (wenn man die Grundwerte von optimaler Bedürfnisbefriedigung und Persönlichkeitsentfaltung aller und überall akzeptiert, auf die hin menschliches Leben angelegt sei) als überaus rational, begründet und konsequent erweisen — nimmt vor dem Hintergrund solcher Beispiele utopische Züge an. Die Realisierung dieser Utopie durch bloße Appelle an Individuen und Spekulationen auf deren sich von allein einstellende moralische Kraft zur Überwindung des Unfriedens sehen an der einfachen Tatsache vorbei, daß Individuen immer zunächst in eine durch Friedlosigkeit gekennzeichnete soziale Umwelt hineingeboren werden, die ihnen schon faktisch als normative Kraft gegenübertritt. Die Utopie vom individuellen Frieden — und auf sie hin ist Gesellschaft ihrem Auftrag nach angelegt, auch wenn ihre historisch gewordene Struktur das Gegenteil vermuten läßt (10) — kann deshalb nur durch gesellschaftlichen Frieden auf nationaler und internationaler Ebene erreicht werden. Folglich erweist sich *Friede als eine Kategorie gesellschaftlicher Utopie*. Daß es sich dabei um eine immerhin konkrete Utopie handelt — dafür sprechen mindestens folgende Gründe:

— Unfriede ist kein unkalkulierbarer Schicksalsschlag, der das Menschengeschlecht unausweichlich und unüberwindbar treffen muß, sondern ist in der Menschheitsgeschichte von Menschen hervorgebracht worden. Irrational gewordene Herrschaft (z.B. beim Übergang von der notwendigen und allen dienenden Naturbeherrschung zur willkürlichen sozialen Machtausübung), Pervertierung menschlicher Bedürfnisse (etwa: Einseitigkeit materieller Interessen und Dominanz von Profitgier) sowie in ihrem Gefolge beobachtbare Verselbständigungstendenzen der von Menschen geschaffenen Technologien und Institutionen lassen sich als ursächliche Variablen benennen. Zwar ist es nicht mehr möglich, das Rad der Geschichte zurückzudrehen, aber das wesentliche konstitutive Moment von Geschichte ist die Chance des Menschen zum intervenierenden Eingriff in ablaufende Prozesse.

— Wesentlicher Garant des Unfriedens sind nicht nur die menschlichen Lebensverhältnisse selbst, sondern in bislang hinsichtlich ihres Ausmaßes völlig unzureichender Form untersuchten Ideologien der Rechtfertigung und Reproduktion eben dieser Lebensverhältnisse. Lebensverhältnisse und sie stützende Ideologien schaffen erst jenes den Unfrieden kennzeichnende Vorhandensein der Barbarei, „daß nämlich im Zustand der höchstentwickelten technischen Zivilisation die Menschen in einer merkwürdig ungeformten Weise hinter ihrer eigenen Zivilisation zurückgeblieben sind" (11). Während die Veränderung der Lebensverhältnisse als Eingriff in den Geschichtsprozeß des unmittelbaren politischen Handelns bedarf, läßt sich Ideologie durch Aufklärung und Kritik überwinden. Allerdings setzt dies nicht nur Aufklärer und Kritiker, sondern auch lernfähige Individuen mit der Bereitschaft zur Informationsbeschaffung und der Kompetenz zur hermeneutischen Entschlüsselung widersprüchlicher Umweltreize voraus.

— Unfriede als dialektischer Funktionszusammenhang genügt dem Wesensgesetz jeglicher Dialektik, daß sich nämlich durch die Veränderung auch nur eines partikularen Elements des Beziehungsgeflechts der gesamte Funktionszusammenhang ändert. So sehr also die Friedensproblematik einerseits nur in ihrer Totalität angemessen betrachtet werden kann, ist sie doch andererseits durch zielgerichtete menschliche Aktivitäten in konkreten Lebensbereichen (und deren Addition wie Multiplikation) auf den Weg der Lösung zu bringen. Wesentlicher Motor für derartige Aktivitäten sind nach wie vor das wachgehaltene und erweiterungsfähige Friedensinteresse der Gattung Mensch sowie die ihm folgende Kreativität zur Durchsetzung dieses Interesses. Dafür lassen sich von individuellem Aufbegehren gegen empfundenes Leid über spezifische Forschungsdisziplinen bis hin zu supranationalen Organisationen zahlreiche Beispiele finden.

Die Realisierung der Friedensidee kann allerdings ihrer Intention und ihren Mitteln nach nicht einem lediglich *praktisch-technischen Interesse* folgen; denn dieses liefe fast zwangsläufig auf eine letztlich doch nur anpassende, bestehende Verhältnisse zwar modifizierende, in ihrer Struktur aber doch eher bestärkende Vorgehensweise hinaus. Vielmehr impliziert bereits der ernsthafte Gedanke an einen baldigen und dauerhaften Frieden ein *emanzipatorisches Interesse,* dessen Radikalität nicht — wie ängstliche Kritiker glauben machen wollen (12) — in einem kämpferisch-progressiven Gehabe bestehen kann. Vielmehr ist es in seinem Festhalten an alten, aber in Vergessenheit geratenen Humanitätsidealen *dem Wesen nach wertkonservativ* und muß *der Erscheinung nach* den *angestrebten Zustand* bereits im Handlungsvollzug der Realisierung *antizipieren. Das aber heißt: der Abbau direkter und struktureller Gewalt darf sich nicht selbst des Mittels der Gewaltanwendung bedienen.* Grundsätzlich gilt also: „Die Toleranz gegen die Aggressionen ... als Voraussetzung dafür ..., daß die Aggressionen ihres barbarischen Charakters sich entäußern, setzt weitgehenden Verzicht auf autoritäres Verhalten ... voraus. Deshalb ist der Aufbau jeglicher Art von unerhellter Autorität ... eine der wichtigsten Voraussetzungen für eine Entbarbarisierung" (13). Wenn aber die Verwirklichung des Friedens Entbarbarisierung bedeutet und diese nicht in autoritären Strukturen hervorgebracht werden kann, dann ist Frieden auch nicht mit den Mitteln reaktionärer Staatsführung oder durch Revolutionsstrategien einzulösen (14). Denn sowohl der reaktionäre Staat wie auch die Revolution und die durch beide evozierten Verhältnisse weisen sich durch einen eminent autoritären Charakter aus. *Deshalb sind sowohl die Ideologie des institutionellen Konservatismus*, der die Demokratie auf ihre Formalia beschränkt, obwohl doch der formaldemokratische Staat durchaus nicht mit realisierter Freiheit deckungsgleich ist (15), *als auch die Ideologie der Polarisierung und gewaltsamen Veränderung zum ‚Besseren'* (16) *gleichermaßen untauglich für die Benennung von Maßstäben und Mitteln der Erfüllung legitimer Friedenshoffnungen.* Weder die Tradierung von Hierarchien, noch der bloße Herrschaftsaustausch können wirklichen Frieden ermöglichen. In ihren pragmatischen und technologischen Variationen leisten sie nur die Vorspiegelung von Frieden und sind damit Garanten des Unfriedens. Frieden aber läßt sich nicht einfach herstellen — er kann nur langsam wachsen: als Idee des besseren Lebens im Bewußtsein von Individuen, als sich darauf gründendes und beständig differenzierendes Lebensprinzip und als eine bleibende Aufgabe. Solange sich der Unfriede aus Interessenpluralität nähren kann (eine Pluralität übrigens, die schon deshalb notwendig ist, weil es keinen Maßstab für objektiv und überzeitlich Richtiges gibt, die aber logischerweise kein Interesse an Nicht-Pluralität enthalten kann), sind Reform und konstruktiver Kompromiß unausweichliche Handlungsmaximen. Gleichwohl sind die durch sie erzielten Ergebnisse im Interesse des Friedens nicht als ein Endprodukt sozialer Interaktion anzusehen. Und schließlich darf, gerade um der Entschleierung von Ideologien willen, Friede nicht als Konfliktfreiheit (17), sondern muß als äußere Form der Lösung produktiver Konflikte verstanden werden.

Friede als Lebensidee, -praxis und -aufgabe in Freiheit setzt daher ein Minimum an fundamentaler Demokratie voraus, das er mit zunehmender Konkretheit und Selbstverständlichkeit erweitern wird. Dabei bleibt freilich „die Frage der Inhaltlichkeit des Demokratisierungsprozesses ... weiterhin Gegenstand der ... Diskussion und Bearbeitung ... und ist keineswegs ein für allemal beantwortet" (18). Daraus entstehen zwar beständig neue, den Frieden gefährdende Konfliktpotentiale; es bleibt aber auch gewährleistet, daß Friedenszustände nicht in gesellschaftliche und individuelle Stagnation münden, welche Unzufriedenheit produzieren und damit Unfriedensmanifestationen provozieren.

Die Verwirklichung der gesellschaftlichen Utopie Friede ist auf das Vorhandensein fundamentaldemokratischer Strukturen angewiesen; der Prozeß der Realisierung selbst kommt einem Beitrag zur Demokratisierung gleich. Ähnlich wie Demokratisierung in allen Lebensbereichen einsetzen kann und muß (19), sollte das Streben nach Frieden multifrontal, nämlich auf den Ebenen von Idividuum, Interaktion, Nation und internationaler Beziehung einsetzen. Neben dem unbestreitbar notwendigen politischen Handeln mündiger Staatsbürger müssen deshalb die Aufklärung Erwachsener und Qualifizierung Heranwachsender als besonders relevant angesehen werden. Da es also neben der Schaffung von materiellen Bedingungen des Friedens auch darum geht, Friedenswillen und -fähigkeit gesellschaftlich zu vermitteln, ist eine Betrachtung der Sozialisationsproblematik unausweichlich.

1.3. Friedensfähigkeit und politische Sozialisation

Da sich Sozialisationsprozesse immer in einem konkreten gesellschaftlichen Sein ereignen und die gesellschaftliche Wirklichkeit durch vielfältige Formen der Friedlosigkeit charakterisiert ist, kann nicht davon ausgegangen werden, daß sich Wille und Fähigkeit zum Frieden organisch aus der Vermittlung gesellschaftlicher Normen und Verhaltensweisen ergeben. Das Gegenteil ist eher wahrscheinlich: da die politische Sozialisation hierzulande empirischen Untersuchungen zufolge hinsichtlich demokratisch zu nennender Kenntnis-, Gefühls- und Verhaltensbereiche defizitär zu nennen ist (20) und — teilweise freilich sehr subtile und verdeckte — Mechanismen der Anpassung, Apathie, Unterwerfung und der Herausbildung passiver und aktiver Autoritätssyndrome wirksam sind (21), sind die Sozialisationsbedingungen kaum förderlich für positive friedensrelevante Lernprozesse oder sogar — zumindest der Funktion nach — friedensfeindlich. Dies hat u.a. zwei wesentliche Ursachen:
— Politische Lernprozesse ereignen sich in einer gesellschaftlichen Situation und einer politischen Kultur, in der es bis heute nicht gelungen ist, den Verfassungsauftrag — vor allem hinsichtlich der Menschenrechte — vollständig formal in allen öf-

fentlichen und privaten Lebensbereichen durchzusetzen und dort konkret-inhaltlich mit Leben zu füllen (22). Spürbare Unterdrückungs-, Einschüchterungs- und Verharmlosungstendenzen zuungunsten der Mehrheit der Bevölkerung — weniger als direkte, sondern eher als strukturelle Gewalt und in bisweilen eindeutig faschistoidem Gewande (23) — begünstigen destruktive Aggressionen und lenken vom Friedensgedanken ab. Wenn dann der dadurch entstehende friedlose Lebensraum auch noch als Beleg für den angeblich natürlichen Zustand von Friedlosigkeit herhalten muß, werden den Menschen in potenzierter Weise positive Identifikationsangebote verweigert und negative Verhaltensmodelle angeboten. Biologische und sozial-darwinistische Erklärungsversuche für den Zustand des Unfriedens — die durchaus anzeigen, daß er als Fragen aufgebendes Phänomen die Menschen beschäftigt — bringen die Lösung kein Stückchen näher; sie dienen nicht dem Frieden, sondern der Minderheit derjenigen, die am Unfrieden profitieren.

— Neben den Verhältnissen wirken die Inhalte und Vermittlungsformen der funktionalen und intentionalen Sozialisation erheblich auf ein Bewußtsein hin, das zwar nur selten — weil eben ein formales und kognitiv nachvollzogenes Friedenspostulat in höchster Abstraktion besteht und allerorten verkündet wird — den Unfrieden ausdrücklich akzeptiert und für gut befindet, das aber die Verhältnisse unbefragt hinnimmt, statt sie verändern zu wollen, das nur das beste daraus zu machen trachtet sowie bereits die geringsten Friedensfortschritte als Optimum begreift, sofern sie nicht überhaupt unbeachtet bleiben oder gar verhöhnt werden. Der geringste negative Sozialisationsbeitrag besteht noch darin, den Unfrieden zu tabuieren und das Friedensproblem vergessen zu machen. Er wird aber häufig dadurch ergänzt, daß in Phasen latenter politischer Sozialisation friedloses Verhalten geradezu antrainert wird (z.B. durch aggressionsfördernde elterliche Erziehungsstile und sog. „versteckte Curricula" mit inhumanen Praktiken). Und selbst die manifesten Sozialisationsleistungen neutralisieren die Appelle zur Friedfertigkeit durch Verzicht auf Analysen des direkten und strukturellen Unfriedens (24).

Derartige Untersuchungsbefunde und -hypothesen gemahnen zu einer sorgenvollen Einschätzung möglicher Chancen dafür, ob in den aktiv im (politischen) Leben stehenden Generationen ein größeres Potential zur Veränderung friedloser Zustände im privaten und (welt-)öffentlichen Bereich gewissermaßen auf Abruf zur Verfügung stünde oder daß ein solches Potential zumindest in der heranwachsenden Generation hervorgebracht würde. Sorgenvolle Problemsicht allerdings ist noch lange kein Grund zu eilfertigem Pessimismus; denn daß durchaus nicht nur grundsätzlich unter bestimmten und bestimmbaren Bedingungen im Lernprozeß Möglichkeiten der Veränderung auch früh erworbener Verhaltensdispositionen hypostasiert werden können (25), sondern auch konkrete Anknüpfungspunkte für einen gedämpften Optimismus bestehen, kann aus folgenden Überlegungen gefolgert werden:

— Offensichtlich leistet zwar die politische Sozialisation von ihren Ergebnissen her tendenziell einen Beitrag zur Stabilisierung von weltweiten Zuständen des Unfriedens. Doch es gibt kein Indiz dafür, daß den wichtigsten Sozialisationskonzepten ausdrückliche Intentionen in Richtung auf Erziehung zum Haß und zur Gewalttätigkeit zugrundelägen (26). Aber selbst diejenigen, die von direkter und struktureller Gewalt profitieren und denen deshalb an einer „Anti-Friedens-Sozialisation" gelegen sein könnte, werden langfristig von derartigen Intentionen abrücken müssen, wenn sie ihre eigene Existenz retten und also überleben wollen (27): die Eskalation direkter und struktureller Gewalt hat nämlich in all ihren Erscheinungsbereichen ein solches Ausmaß angenommen, daß sie sich immer weniger zugunsten partikularer Interessen steuern läßt; destruktive Aggression wendet sich letzlich auch gegen den Aggressor.

— Die Anpassungs- und Bestärkungsfunktion der politischen Sozialisation ist zwar in der Regel faktisch gegeben. Sie ist aber keine unausweichliche Konsequenz von Inhalt und Struktur ablaufender Lernprozesse. Denn da Sozialisationsprozesse zweckmäßigerweise als komplexe Interaktionsvorgänge interpretiert und erklärt werden können, bleiben dem Individuum prinzipiell auch in relativ starren Gesellschaften noch diverse Freiheitsgrade seines Handelns, welche sich in einer dynamischen Gesellschaft wie der unseren noch erweitern. Die Dimensionen dieser Freiheitsgrade lassen sich umreißen durch Artikulation und Verwirklichungsversuche individueller Bedürfnisse gegen kollektive Zwänge, individuell-produktive Eigenleistungen im Vollzuge des Rollenerwerbs, mehrfach gebrochene Verinnerlichung von Normen, Werten und Erwartungen sowie Bewußtsein von der eigenen, durch Einmaligkeit und Konkretheit gekennzeichneten Individualität und daraus resultierende Ich-Stärke (28). Die Freiheitsgrade rekrutieren sich aus dem individuellen Ausstattungsgefüge (Triebkräfte und ihnen adäquate Bedürfnisstrukturen), Diskrepanzen im gesellschaftlichen Sein (Mehrdeutigkeit von Normen, Kontroversen über Werte, Mißverhältnis von Sein und Sollen) und aus der Mehrperspektivität des (kommunikativen) Vermittlungsprozesses zwischen Gesellschaft und Individuum (wechselnde Bezugspartner, Gelegenheiten zur metasprachlichen Bewältigung von Mißverständnissen, wechselseitige Beeinflußbarkeit).

Eine Aussicht auf Durchbrechung der Tendenz politischer Sozialisation zur beständigen Reproduktion bestehender Verhältnisse ist deshalb zweifach gegeben. Durch *aktives politisches Handeln* im Sinne eines verändernden Eingriffs in direkt und strukturell friedlose Lebensbereiche wird sowohl ein Stückchen Friede realisiert wie auch eine Sozialisation zur Friedensfähigkeit begünstigt. Die Notwendigkeit einer friedlich-reformerischen Strategie des Eingriffs ergibt sich aus dialektischen Gesetzmäßigkeiten: die Antithese zum Unfrieden sind nicht Kampf und Gewalt. Durch *Bestärkung der* im Sozialisationsprozeß vielfach vernachlässigten *Freiheitsgrade des Handelns* (z.B. Unterstützung von Kritikfähigkeit und Bedürfnisartikulation) lassen sich mögliche Sozialisationsergebnisse modifizieren, so daß späterhin die Basis der von möglichst vielen Individuen getragenen Friedensbemühungen erweitert werden kann. Da sich kurzzeitig die der Freiheitsfähigkeit dienende Bestärkung von alleine, etwa aus der Sprengkraft der Systemwidersprüche, nur schwer einzustellen vermag, muß die funktionale (wildwüchsige, unplanmäßige und zufällige) Sozialisation um intentionale Maßnahmen ergänzt werden. Diese fast triviale Erkenntnis führt notwendigerweise zur Thematisierung einer am negativen und positiven Frieden orientierten Erziehung.

1.4. Strukturelle Momente und Positionen aktueller Friedenserziehung

Friedenserziehung teilt sich als zielgerichtet-planmäßiger Spezialfall von Sozialisation mit den funktional-unplanmäßigen Teilen lebenslangen Lernens in die Aufgabe der Vermittlung zwischen Gesellschaft und Individuum, zwischen politisch-sozialem System und personaler Struktur. Während die *funktionale Sozialisation* im Regelfalle in ihrer Vermittlungsaufgabe die Ansprüche und Erwartungen der Gesellschaft überproportional akzentuiert (weil sie zumeist unreflektiert an den jeweils vorhandenen gesellschaftlichen Zuständen orientiert ist und dem allmählich in sie hineinwachsenden Individuum Anpassung abverlangt), muß Erziehung als *intentionale Sozialisation* nicht auch diesem Reproduktionszwang unterworfen sein (zumal sie reflektiertes und strategisches Handeln ist). Unter dem Gesichtspunkt der verfassungsgemäßen Sozialstaatlichkeit und individuellen Chancengleichheit, welche nicht nur Verfassungsziele ausdrücken, sondern auch entsprechende Verwirklichungsbedingungen einfordern bzw.

einzufordern gestatten, ist deshalb eine Friedenserziehung legitim zu nennen, welche in ihrer Vermittlungsfunktion ein ausbalanciertes Verhältnis zwischen Gesellschaft und Individuum sucht und Überaktzentuierungen aus Bereichen funktionaler Sozialisation zu relativieren trachtet. Dabei müssen konsequenterweise reproduktive und innovative Erziehungselemente gleichermaßen und in einem angemessenen Verhältnis zueinander repräsentiert sein und dem allgemeinsten Ziel genügen: Erhaltung bzw. Herstellung des die optimale Entfaltung jedes einzelnen ohne Schaden für andere garantierenden gesellschaftlich-politischen Ordnungssystems und Qualifizierung des einzelnen zur optimalen Entfaltung ohne Gefährdung des Allgemeinwohls. Das bedeutet:
— Als reproduktionsfähiger und -notwendiger Lerngegenstand taugt das (im Verfassungsauftrag, in Programmen politischer Parteien, Präambeln von Geschäftsordnungen öffentlicher Organisationen und Institutionen usf.) explizite gesellschaftliche Selbstverständnis. Hingegen ist die gesellschaftliche Wirklichkeit zunächst als analysefähiger und kritiknotwendiger Lerngegenstand anzusehen; erst die dem Selbstverständis entsprechenden Wirklichkeitselemente lassen sich gleichfalls als reproduzierenswert ausfiltern. Das Selbstverständnis unserer Gesellschaft erweist sich als friedlich und auf Frieden gerichtet; die Realität hingegen bietet ein ambivalentes Bild.
— Für das Individuum muß die Erziehung all jene Bedürfnisse zur Artikulation, Entfaltung, Differenzierung und Kultivierung bringen, die direkt oder indirekt friedensrelevant genannt werden können; destruktiv-aggressive Tendenzen sind demgegenüber nicht zu fördern, allerdings auch nicht zu tabuieren, sondern Objekt rationaler Auseinandersetzung.
Friedenserziehung ist, wenn sie diese Ansprüche einzulösen oder auch nur aufrechtzuerhalten vermag, eine parteiliche Pädagogik, da sie nicht alles Denkbare, Vorfindbare und Herrschende reproduziert, sondern die Erhaltung gültiger oberster Werte und die Gestaltung der Realität nach den Maßgaben dieser Werte im Blick hat, was letzlich auf Erhaltung, inhaltliche Vitalisierung und strukturelle Erneuerung hinausläuft. Friedenserziehung von dieser Qualität ist zwar parteilich für gesellschaftliche Normen (29), aber indem sie das ist, ist sie parteilich für das Individuum: „Parteinahme für das Individuum — diese Forderung entspricht formal auch dem Programm der traditionellen geisteswissenschaftlichen Pädagogik — stellt nicht den sozialen Aspekt des Erziehungsprozesses in Frage, sondern entspringt dem Bestreben, die Bildung von ‚Ich-Identität', die ja nicht zuletzt aus der sozio-kulturellen Genese des einzelnen resultiert, zu fördern, damit ‚Ego' in konkreten Interaktionen bestehen kann" (30). Auf dieser Ebene der Abstraktion gelten für die Friedenserziehung alle weiterführenden Überlegungen, wie sie auch für die allgemeine und politische Pädagogik relevant sind (31).
Die besonderen Aspekte einer Friedenserziehung ergeben sich aus ihrer spezifischen inhaltlichen Bestimmung und Zielsetzung. „In einer vorläufigen Begriffsbestimmung läßt sich Friedenserziehung als der Versuch der Erziehung begreifen, die verschiedenen Formen der Gewalt und Friedlosigkeit im internationalen und innergesellschaftlichen Bereich zu thematisieren, ihre Ursachen zu analysieren und ihre Interdependenz zu erkennen sowie zu ihrer Verminderung beizutragen" (32). Darüber besteht seit einiger Zeit sowohl in der wissenschaftlichen wie auch in der breiteren Öffentlichkeit ein ziemlich eindeutiger Konsens. Kontrovers hingegen ist die Einschätzung von unterschiedlichen Konkretisierungsversuchen zur Konstituierung einer Friedenspädagogik auf wissenschafts- und gegenstandstheoretischer Ebene sowie in vorhandenen Handlungszusammenhängen. Dies hängt u.a. — wie eine Sichtung der Konzeptionsvielfalt belegt — damit zusammen, „daß auf dem zur Debatte stehenden Gebiet ein einheitlicher Forschungs- und Arbeitszusammenhang in den letzten zehn Jahren nicht bestan-

den hat und auch noch nicht besteht. Wenn auch nicht zu übersehen ist, daß hinsichtlich einer wissenschaftlichen Fundierung von Theorie und Praxis der Friedenspädagogik ... Fortschritte gemacht worden sind, so bestehen andererseits weiterhin erhebliche wissenschaftstheoretische Lücken und unzulänglich reflektierte Praxisansätze" (33). Stark schematisiert sind dabei drei Phasen friedenspädagogischen Denkens unterscheidbar, aus denen sich noch heute wirksame Grundpositionen erkennen lassen (34):
— Bis zum Ende der Sechziger Jahre dominierte ein friedenserzieherisches Grundverständnis, welches sich stark an die Prinzipien der geisteswissenschaftlichen Pädagogik (duales Erziehungsverständnis, funktionaler Autonomiebegriff usw.) anlehnte und durch idealistische Postulate allgemeiner Völkerverständigung auf weltföderalistischer Basis menschlicher Aggressivität, verstanden als anthropologische Konstante, beikommen wollte.
— In Anlehnung an die sich seit Mitte des sechsten Jahrzehnts unseres Jahrhunderts ausdehnende und variierende Friedens- und Konfliktforschung wurden Konzeptionen der Friedenserziehung, nicht zuletzt auch infolge der sozialwissenschaftlichen Orientierung der Bezugsdisziplinen, als Beiträge zur politischen Bildung formuliert.
— Aus den Anfängen der dadurch eingeleiteten sowie politisch und gesellschaftskritisch motivierten friedenspädagogischen Diskussionen entwickelte sich bis heute, allerdings durchaus nicht unangefochten und auch nicht ohne Elemente älterer Überlegungen aufzugreifen und fortzuführen, in Umrissen eine Kritische Friedenspädagogik. Sie wendet sich von einseitig idealistischen Vorstellungen ab und betont vor allem den Transzendenzgesichtspunkt ihres Tuns, d.h. sie verdeutlicht ihren Beitrag zur Überwindung inhumaner Daseinsbedingungen.
Insgesamt hat „all dies ... zu einer selbst von Fachleuten kaum noch zu übersehenden Zersplitterung und Heterogenität ... geführt" (35). Im Interesse der Pluralität in der Bestimmung positiven Friedens und einer auf ihn bezogenen Erziehung mag diese Diversifikation zweckmäßig und fruchtbar sein. Im Interesse eines Versuches, Gemeinsamkeiten und Übereinkünfte zu erzielen, ist sie allerdings kaum sachdienlich und den Betroffenen gewinnbringend. Wenigstens sollte innerhalb der Kritischen Friedenspädagogik unterschieden werden nach
— Konzepten rein marxistisch argumentierender revolutionärer Konfliktpädagogik (bei der das Ziel „Friede" die Mittel des Kampfes rechtfertigt); ihnen sind die revolutionäre Veränderung von Makrostrukturen wesentlichste Voraussetzung humanerer Mikrostrukturen. Sie sind allerdings „auf der Ebene erziehungswissenschaftlicher Diskussion relativ selten ..., spielen jedoch an der ‚Basis', besonders in einzelnen Feldern von Verbandsarbeit und Jugendarbeit eine Rolle" (36).
— liberal-kritischen Pädagogikentwürfen, welche auf die Qualifizierung im Bereich der Mikroebene setzen, um von dort Reformen auf der Makroebene einleiten zu können; sie haben bislang noch starke Praxisdefizite, sind aber bemüht, diese ohne Akte intellektueller oder psychischer oder physischer Gewalt abzubauen.
Der Unterschied zwischen beiden entspricht etwa der Differenz zwischen klassischem Marxismus/Leninismus einerseits und Sozialphilosophie der Frankfurter Schule andererseits. Am ehesten konsensfähig könnten sich langfristig die liberal-kritischen Richtungen erweisen, auch wenn sie im Zuge allgemeiner Unsicherheit und reaktionärer Diffamierungsversuche (welche ihrerseits als irrationale Formen der Auseinandersetzung mit unliebsamen Denk- und Handlungsmodellen auf manifesten Unfrieden selbst im Lager von Friedenspädagogen verweisen) z.Zt. keinen allzu großen Einfluß nehmen und sich genötigt sehen müssen, dem ungerechtfertigten Vorwurf destruktiver Radikalität unter Beibehaltung ihrer im positiven Wortsinne radikalen Kritik konstruktiv zu begegnen (37).

1.5. Emanzipatorische Dimensionen einer Kritischen Friedenserziehung

Liberal-kritische Friedenspädagogik „fragt nach den ökonomischen, soziokulturellen, technologischen und ideologischen Voraussetzungen von Friedlosigkeit und Gewalt und versucht, ihre Erscheinung unter Einbeziehung der Erfahrungswelt ihrer Adressaten zu analysieren. Dabei ist die Erkenntnis zu vermitteln, daß ... internationale ... und gesamtgesellschaftliche ... Antagonismen die Widersprüche und Konflikte im Mikrobereich der eigenen Lebenswelt bedingen, auf deren Überwindung Friedenserziehung" hinwirken will (38). Sie verfolgt also offensichtlich Ziele wie Aufklärung und Kritik in der Absicht einer Qualifizierung zu rational-friedlichem Handeln. Über ein praktisches Interesse des deskriptiven Aufzeigens von Tatbeständen und ein technisches Interesse des Verhaltenstrainings gehen solche Intentionen hinaus. Sie sind *emanzipatorisch*, insofern Kritische Friedenspädagogik nicht nur beschreibt, sondern auch erklärt, nicht nur die Erscheinungen, sondern auch das Wesen meint, sich nicht mit einem Kurzzeitbild zufriedengibt, sondern das zeitliche Kontinuum im Blick hat, nicht nur Kenntnisse und Erkenntnisse mehrt, sondern auch Tatbestände infragestellt. Dieses emanzipatorische Interesse der Kritischen Friedenspädagogik hat der inneren Struktur nach zwei Dimensionen, nämlich
— die *theoretische* Dimension, indem sie Praxis auf den Begriff bringt, kommunikativ verfügbar macht und somit die Distanz von ihr erleichtert,
— die *praktische* Dimension, indem sie als Alternative zum Kritisierten durch Antizipation auf verändertes Handeln vorbereitet.
Ihrer äußeren Struktur nach will die Kritische Friedenspädagogik ihr emanzipatorisches Interesse dreidimensional realisieren, nämlich
— auf der Ebene erzieherischer *Praxis* durch friedlich-verändernde Eingriffe in das pädagogische Handeln,
— auf der Ebene der *Gegenstandstheorie* durch differenzierte Auslotung des Gesamtzusammenhangs friedensrelevanter Lernprozesse, ihrer Voraussetzungen, Beschaffenheit, Wirkungschance und Weiterentwickelbarkeit,
— auf der Ebene der *Wissenschaftstheorie* durch Verankerung der Prämissen, Fragestellungen, Methoden, Instrumente, Interpretation und Anwendung ihrer Forschungsleistungen in einem positiven Friedensbegriff und dessen Verantwortung vor Individuum und Gesellschaft.
Das emanzipatorische Interesse folgt dabei dem individuellen und gesellschaftlichen Bedürfnis nach „Erweiterung und Erhaltung der Verfügung über sich selbst. Es zielt auf die Aufhebung ... irrationaler Herrschaft, auf die Befreiung von Zwängen aller Art. Zwingend wirkt nicht nur materielle Gewalt, sondern auch die Befangenheit in Vorurteilen und Ideologien" (39). Unterstellt wird dabei mit einiger Plausibilität, daß sich „diese Befangenheit ... wenn nicht völlig lösen, so doch vermindern (läßt) ... durch die Analyse ihrer Genese, durch Kritik und Selbstreflexion" (40). Hervorgehoben werden muß in diesem Zusammenhang, daß der Emanzipationsbegriff nicht — wie vielfach geschehen — als simple Negation des Bestehenden mißinterpretiert werden darf. Emanzipatorische Prozesse wären dann ja auch nur ausschließlich destruktiv (Ablehnung, Abwehr, Abschaffung). Vielmehr muß man — schon wegen des antizipatorischen Charakters der auf Emanzipation zielenden Erziehungsvorgänge (begründetimaginative Handlungsorientierung und -planung) — besonders die konstruktive Bedeutung Kritischer Friedenspädagogik sehen. Insofern haben also die reproduktiven Funktionen jeglicher Erziehung (Integration des Individuums in das politisch-soziale System, Adaption von Verhaltensmustern, Identifikation mit Werten und sie repräsentierenden Personen) neben der Distanz nach wie vor Gültigkeit — nur sind sie nicht

blind gegenüber den jeweiligen inhaltlichen Implikationen. Im Gegenteil: sie beziehen sich nur auf rational begründbare Anforderungen, bleiben hinterfragbar und müssen sich beständig neu als verantwortbar bewähren. Es schließt deshalb auch die Emanzipation von den unbefragten Sinnsetzungen von Kriegsbereitschaft, -fatalismus, -mythos und -tradition, Widerstandslosigkeit gegenüber direkter und struktureller Gewalt usf. ein, „zugleich die neue Aufgabe..., nach einem Sinn zu suchen, ohne den eine Befreiung ‚bloßer Schein' bliebe" (41), und nach einem neuen, besseren Weg der Konfliktlösung (42).

Orientierung an einem vor allem auch positiv interpretierten Friedensbegriff und Konstruktivität zeichnet demnach die emanzipatorischen Dimensionen Kritischer Friedenspädagogik liberal-kritischer Richtung aus. Obwohl für eine solche Friedenspädagogik vielfältige Konkretionen möglich sind — womit sich das dritte und vierte Kapitel dieses Beitrags noch ausführlich beschäftigen werden —, ist es gleichwohl nicht möglich und wäre es auch wenig ratsam, Ziele und Inhalte in exakt operationalisierter Form zu bestimmen. Denn die der Operationalisierung innewohnende Technologiegefahr ist bereits als partielle Fremdbestimmung emanzipationsfeindlich. Friede und Emanzipation sind nicht einfach in einem Akt des technischen Zugriffs von außen, also durch Manipulation des Individuums, Zwangsausübung auf Gruppen und Nationen oder Überredungsstrategien aller Art herstellbar (43). Beide müssen vielmehr organisch wachsen aus einer sehr behutsamen und allmählichen Koordination von verändertem und sich veränderndem Bewußtsein, rationalem Handeln sowie darauf Einfluß nehmenden Lebensbedingungen. Beiden ist gemeinsam, daß es für sie keine Patentrezepte gibt; denn „der Fortschritt ... ergibt sich aus dem Zusammenwirken vieler theoretischer und praktischer Aktivitäten. Ihr Weg ist schwierig, ihr Erfolg ungewiß, ihre Theorie darum nicht dogmatisch, sondern hypothetisch... Ihr Prüfstein ist die *kommunikative Erfahrung nachlassenden Leidens. Man könnte auch sagen: der wachsenden Erfüllung von Möglichkeiten menschlichen Glücks*" (44).

1.6. Zusammenfassung

Positiver und negativer Friede haben gesellschaftlich-politische und individuelle Komponenten, indem nämlich äußerlich-materielle Lebensbedingungen und deren Organisation durch interessengebundene und handelnde Menschen sowie innerpsychische Determinanten und andere personale Strukturen gleichermaßen auf direkte und strukturelle Gewalt einwirken. Die Realisation des Friedens, die einen andauernden Prozeß aktiven Bemühens bedeutet, ist Teilaspekt einer Emanzipation der Gattung Mensch, abhängig von anderen Teilaspekten und andere Teilaspekte bedingend. Trotz des Zustandes weltweiten Unfriedens ist Friede heute mehr als eine nur von irrationaler Hoffnung getragene Kategorie menschlichen Fortschritts; er ist angesichts des Standes der Produktivkräfte und unbestreitbarer Demokratisierungsversuche heute mehr denn je als konkrete Utopie greifbar und tendenziell möglich geworden. Der Aufhebung direkter und struktureller Gewalt steht u.a. eine Unfrieden eher bestärkende als hemmende politische Sozialisation im Wege, welche den Unfrieden reproduziert und dem zivilisatorischen Fortschritt nachhinkt. Planmäßige Friedenserziehung bietet sich hier als ausgleichende Alternative an; die Chancen ihrer Wirksamkeit resultieren aus der Brüchigkeit von Sozialisationsprozessen und den in ihnen sich niederschlagenden gesellschaftlichen Widersprüchen. Innerhalb der friedenspädagogischen Richtungen ist die liberal-kritische Variante Kritischer Friedenspädagogik der weitestreichende und konsequenteste Versuch, das individuelle Pendant der emanzipatorischen Friedenspolitik (welche die Auseinandersetzung mit äußerer Natur und den Abbau überflüssig gewordener sozialer Repressionen anstrebt) durch Hilfestellung zur Disziplinierung von Triebstrukturen und Auflösung von Verkrampfungen der Charaktere zu ermöglichen (45). Damit ist allerdings eher eine Programmatik als eine bereits existente folgenreiche Praxis beschrieben.

2. Friedenserziehung als didaktisches Problem

Mit dem Begriff der Friedenserziehung wird *inhaltlich* ein Programm angedeutet, wie es oben in groben Umrissen skizziert wurde und auf die allmähliche Qualifikation von Individuen zum friedensrelevanten Denken, Fühlen und Handeln abzielt. *Formal* grenzt dieser Begriff den intentional-planmäßigen Aspekt friedensbedeutsamer Sozialisation vom funktional-unplanmäßigen ab. Damit ist zwar eine Einschränkung gegeben, doch bleibt noch immer sehr viel Spielraum für die Differenzierung des inhaltlichen Programms. Während sich die Theorie der Friedenspädagogik um die Gesamtheit aller für intentionale friedensrelevante Lernprozesse bedeutsamen Faktoren kümmert, soll hier nun eine weitere Eingrenzung erfolgen, indem das Problem einer Kritischen Friedenspädagogik unter *didaktischem* Gesichtspunkt erörtert wird. Die Begründung der didaktischen Dimensionierung, der Aufweis der mit ihr verbundenen Schwierigkeiten, die Bezeichnung der relevantesten Grundlagen, die Bestimmung des Verhältnisses von Didaktik und Methodik sowie ausgewählte didaktische Prinzipien sollen dabei im Mittelpunkt der Betrachtung stehen.

2.1. Von der Notwendigkeit einer Didaktik der Friedenserziehung

Im Gegensatz zum umfassenderen Begriff der *Erziehung,* welcher eine Vielzahl von Handlungsperspektiven umfaßt, ist der Begriff der *Didaktik* schon unmittelbar auf die kriteriumsbezogene Begründung und Organisation von Lernprozessen gerichtet und thematisiert als Theorie einer Praxis das Zusammenwirken von Zielen, Inhalten, Methoden, Kommunikationsformen und ihnen adäquaten Medien. Die Didaktik der Friedenserziehung ist demnach eine Teildisziplin der Erziehungswissenschaft, welche sich mit friedensrelevanten Lernprozessen unter der Fragestellung ihrer Organisation in pädagogischen Institutionen beschäftigt (46). Während Friedenspädagogik ganz allgemein absichtsvoll in Lernprozesse einzugreifen trachtet, erörtert ihre Didaktik die Legitimation und Auswahl bestimmter Kriterien und Maßnahmen, nach denen das geschehen soll. Die Kriterien können dabei formal sein (demokratische Entscheidung über Ziele; Ziele in Form von Verhaltenserwartungen) und inhaltlich gefüllt werden (Benennung der Objekte, an denen gelernt wird und auf die das erwartete Verhalten bezogen sein soll). Ebenso kann es sich bei den Maßnahmen um bloße Vermittlungstechniken und um Prinzipien des Lernens handeln. Didaktik der Friedenserziehung ist folglich auch eine Filterungs- und Planungsinstanz. Insofern sie selbst keine Entscheidungen trifft, untersucht sie zumindest andernorts getroffene Entscheidungen. Während oben bereits deutlich zu machen versucht wurde, weshalb es überhaupt einer Friedenserziehung bedarf, muß an dieser Stelle untersucht werden, warum eine solche unter legitimatorisch-organisatorischem Aspekt zweckmäßig und besonders wichtig ist. Dazu sollen folgende Gedanken dienen:
— Bereits aus der Intentionalität und Planmäßigkeit, die dem Erziehungsbegriff innewohnen, ergibt sich fast zwangsläufig die Forderung der Organisation; denn Ziele drängen auf Realisierung, und Planmäßigkeit ist ohne — wenigstens ganz allgemeine

— Ordnungsprinzipien und Entscheidungen über Schrittfolgen gar nicht denkbar. Der Weg vom Wollen friedensrelevanten und friedlichen Verhaltens zu dessen Realisierung muß deshalb über strukturierte Stationen laufen, wenn Friedenserziehung nicht im voluntaristischen Appell steckenbleiben soll. *Didaktik der Friedenserziehung ist ein Instrument der Praxisorientierung friedenspädagogischer Absichten.*

— Da zwar über die Notwendigkeit einer Erziehung zur Friedensfähigkeit ein breiter Konsens besteht, hinsichtlich der dafür erforderlichen Teilqualifikationen aber interessenabhängige Uneindeutigkeit vorherrscht, bedarf es einer Instanz, die über die Auswahl geeignet erscheinender Teilqualifikationen bestimmt bzw. den damit Beschäftigten Entscheidungshilfen an die Hand gibt. Diese Entscheidungen und Entscheidungshilfen müssen rational begründet und nachprüfbar sein; sie können indes aus keinerlei System abgeleitet werden. Sie können dies deshalb nicht, weil Wertprämissen einfließen, die nicht als objektiv und absolut gelten können, solange Werte gesellschaftlich vermittelt und historisch wandelbar sind. Für die weitere Entscheidungsfindung ist es auch erforderlich, bereits abgeschlossene Entscheidungsprozesse über notwendige oder für notwendig gehaltene Teilqualifikationen kritisch zu untersuchen, um die Tradierung von Mängeln zu vermeiden. *Didaktik der Friedenserziehung beschäftigt sich mit der begründeten Auswahl von notwendig zu erwerbenden Teilqualifikationen einer erstrebenswerten Friedensfähigkeit entweder im Sinne eines Angebots solcher Auswahl an die Entscheidungsgremien der Bildungspolitik oder im Sinne einer Kritik bildungspolitischer Entscheidungen.*

— Selbst wenn über ein Bündel von Teilqualifikationen (zumeist in Form von Lernzielen) ein Konsens besteht, ist damit ihr Erwerb noch nicht gesichert. Ergänzend müssen Inhalte hinzukommen, an denen Lernenswertes und -notwendiges tatsächlich erlernt werden kann und an denen sich das Erlernte bewähren soll. Auch die Auswahl von Inhalten folgt wieder einem Entscheidungsprozeß, der nicht allein einer formalen Logik genügt, sondern Wertungen enthält. Der Spielraum von Willkür wird aber dadurch verengt, daß sich Ziel und Inhalt entsprechen müssen und für die Konstitution des Inhaltes außerdem Kriterien wie Zugänglichkeit (für die Lernenden), Relevanz (für Individuum und Gesellschaft); Repräsentanz (für umfangreichere Sachverhalte), Durchschaubarkeit der Struktur (für eine optimale Erschließung) u.a. hinzukommen (können). *Didaktik der Friedenserziehung beschäftigt sich mit der begründeten Auswahl von friedensrelevanten Lerngegenständen für friedensrelevante Lernziele.*

— Lernziele und -inhalte bedürfen eines Arrangements, innerhalb dessen ihre Aneignung optimal begünstigt ist. Dazu zählen äußere Rahmenbedingungen des Lernens ebenso wie geeignete Verfahren der zielgerichteten Darbietung von Inhalten wie auch der Rezeption und aktiven Auseinandersetzung mit inhaltsbezogenen Problemen und Lösungsmöglichkeiten. *Didaktik der Friedenserziehung beschäftigt sich mit der begründeten Auswahl von Methoden des aktiven und passiven Lernens sowie mit den äußeren Rahmenbedingungen selbst- und fremdbestimmter Lernorganisation und deren Legitimation.*

— Friedenserzieherisches Handeln läßt sich am besten als komplexes kommunikatives Handeln beschreiben. Charakterisiert wird der friedenspädagogische Kommunikationsprozeß durch seine Inhalts- und Beziehungsebene. D.h. in der Kommunikation sind Sachen, Dinge, Gegenstände, Tatbestände, Problemzusammenhänge usw. untereinander und mit den untereinander verbundenen Verhältnissen der beteiligten Kommunikationspartner verbunden. *Didaktik der Friedenserziehung beschäftigt sich mit dem lerngegenstands- und personenbezogenen Kommunikationsprozeß, seiner Struktur und seinen Medien in der Absicht einer Auswahl von (der Sache sowie den Bedürf-*

nissen und den Emotionen der Teilnehmer möglichst optimal gerecht werdenden) Kommunikationsformen.
— Organisierte Friedenserziehung bedarf der Selbstkritik ihrer eigenen Prämissen, Erkenntnisse, Einflußnahme usw., um sich vor Individuen und Gesellschaft verantworten und beständig verbessern zu können. *Didaktik der Friedenserziehung beschäftigt sich mit den Grundlagen, internen und externen Bedingungen sowie Methoden ihrer Theoriebildung, Forschungspraxis und Konsequenzen sowie mit deren Legitimation.*
Didaktik der Friedenserziehung ist insofern ein wissenschafts- und gegenstandstheoretischer sowie konkreter Handlungs- und Arbeitszusammenhang. Sie vollzieht sich auf der Ebene einer auf Abstraktion drängenden wissenschaftlichen Disziplin (Fachdidaktik) wie auf der Ebene pädagogischen Alltagshandelns (z.B. Lehrgangsplanung). Im ersten Falle stellt sie eine Theorie als Reflexion und Antizipation organisierten friedensrelevanten Lernens, im zweiten Falle ein Anwendungsfeld dar, wobei letzterer seine Kriterien aus dem ersteren erhält. De facto ist die wissenschaftliche Fachdidaktik nicht die Instanz der Entscheidung über Ziel, Inhalte, Methoden und Kommunikationsformen; denn diese erfolgt in der Regel allgemein (und weisungsgebend) auf der Ebene von Kultusbürokratien, Spitzengremien der Parteien, Beiräten von Bildungsträgern usf. sowie konkret (und Weisungen interpretierend, gestaltend, ausführend) auf der Ebene der jeweiligen Erziehungsinstitution und der darin handelnden Individuen. Daß dabei oft ein Minimalkonsens vorausgesetzt werden kann, garantiert freilich eine Abkehr von einseitig autoritativen Entscheidungen. Aber wissenschaftliche Fachdidaktik hat nachweislich gewisse Chancen der Einflußnahme auf die Entscheidungen in beiden Ebenen, indem sie diese Ebenen kritisch untersucht, an sie ihre Erkenntnisse weitergibt, Öffentlichkeitsarbeit betreibt und Bestandteil der Ausbildung von Pädagogen ist. Schon um der Kontrolle, Kritik und Stimulierung der Entscheidungsträger willen ist eine didaktische Dimensionierung der Friedenspädagogik erforderlich. Sie ist die notwendige theoretische Basis einer Praxis des organisierten Lernens. Dies ist auch deshalb ein Erfordernis, weil die materiellen Mittel des Lernens knapp sind, Institutionen nicht lebenslang wirken und vorhandene direkte und strukturelle Gewalt es nicht zulassen, darauf zu warten, daß sich Menschen irgendwann einmal zufällig und nach vielen Verirrungen des Lernweges auf das Gebot des Friedens besinnen.
Da die wissenschaftliche Fachdidaktik — auch die der Friedenserziehung — eingebunden ist in das gesamtgesellschaftliche und politische System, ist ihr Einflußbereich begrenzt und konkret davon abhängig, wie ernst die Gesellschaft die Garantie bezüglich der Freiheit von Forschung und Lehre nimmt, welche Mittel der Forschung bewilligt werden, wie hoch das Ansehen der Disziplin im öffentlichen Bewußtsein ist und wie gut sie sich selbst darzustellen vermag. Konsequenterweise kann die Didaktik der Friedenserziehung — wie andere Wissenschaftsdisziplinen auch — nicht wertneutral sein, zumal sie ja gerade einen Lernbereich zum Gegenstand hat, der seine Existenz der Bewertung gesellschaftlicher Tatbestände verdankt. Auf keinen Fall aber kann sich Didaktik der Friedenserziehung in einer bloßen Zulieferfunktion für politische Entscheidungsgremien erschöpfen. Sie hat zweifelsfrei eine relative Autonomie zu wahren oder auch erst einmal zu gewinnen, wenn sie als Kritische Theorie der Legitimation und Organisation friedensrelevanter Lernprozesse auch eine Instanz der Kritik bildungspolitischer Entscheidungen und pädagogischer Institutionen sein will.

2.2. Aspekte der Synchronisation didaktischer Theorien und kontroverser Friedensvorstellungen

Die Konstituierung einer praxisrelevanten Didaktik der Friedenserziehung, die es als ausdifferenzierten wissenschaftlichen Argumentationszusammenhang im eigentlichen Sinne noch gar nicht gibt, steht derzeit vor einem doppelten Dilemma: *Erstens* kann sie sich nicht an eine bewährte formale Struktur halten, da es kein allgemeinverbindliches Verständnis von Didaktik gibt. Die oben als notwendig gekennzeichneten Aufgabenfelder vereinen in ihrer Gesamtheit bereits mehrere Verständnisweisen und sind durchaus noch kein befriedigender Versuch zu einen Kompromiß (47). *Zweitens* erschwert eine gesamtgesellschaftliche Uneinigkeit über das, was — vor allem positiver — Friede sei, eine Bestimmung selbst oberster Ziele und Inhalte der Disziplin.
Würde sich eine Didaktik der Friedenserziehung am geisteswissenschaftlichen Modell der *bildungstheoretischen Didaktik* orientieren, dann müßte sie in praktischer Absicht als Theorie des Handelns den Schwerpunkt ihrer Arbeit auf die Auswahl und Konzentration von Inhalten setzen, die einer für den Erwerb friedensrelevanten Verhaltens entsprechenden Wirklichkeit zu entnehmen wären. Ihr Maßstab, der sie dabei vor der Gefahr einer bloßen Anreicherung und Effizienzsteigerung planmäßiger Lernorganisation schützt, wäre das Postulat einer anzustrebenden Autonomie des Lernenden, welche sich in der Fähigkeit zur Analyse der Strukturen latenter und manifester Friedlosigkeit und zur Orientierung in einer privaten und öffentlichen Welt des Unfriedens manifestieren. Allerdings wäre nicht auszuschließen, daß eine solche Didaktik der Friedenserziehung — bliebe sie dem Anspruch der bildungstheoretischen Didaktik auf das hermeneutische Prinzip des Verstehens und auf das Primat der Inhalte eng verhaftet — im Zuge der von ihr intendierten kategorialen Bildung, welche formale und materielle Bildung in sich unauflöslich vereint, schließlich nur auf die Verwaltung des direkten und strukturellen Unfriedens durch den Menschen hinausliefe, nicht aber auf dessen Änderung bis hin zur Auflösung. Denn sie würde den Pädagogen dazu anhalten, aus dem gesamten Strukturzusammenhang friedloser Wirklichkeit all jene Elementaria mit (vermutetem) Gegenwarts- und Zukunftsbezug für den Heranwachsenden aufzubereiten, die ihm ein Handeln in gegebenen Zuständen zwar ermöglichen, aber ein mögliches Transzendieren nicht antizipieren. Die Abkehr von normativen Setzungen würde Autonomie lediglich funktional akzeptieren, könnte zu Aspekten einer Emanzipation aber nicht vordringen.
Vom Gegenmodell zur bildungstheoretischen Didaktik, nämlich von der *lerntheoretischen Didaktik*, könnte eine Didaktik der Friedenserziehung in mancherlei Hinsicht profitieren. Vor allem der dort durch die Akzentuierung des Lernens bewußt angelegte Versuch, einer eindimensionalen Betrachtung (z. B. durch Schwerpunktsetzung hinsichtlich eines Elements des Lernens wie etwa Inhalt) und dem in Deutschland vor allem ideologisch belasteten Bildungsbegriff zu entgehen, legt nahe, daß es auch einer Friedenspädagogik offensichtlich nicht genügen darf, lediglich eine mehr oder minder intensive Begegnung des Lernenden mit den elementaren Problemen von direkter und struktureller Gewalt zu suchen. Auch verdeutlicht die lerntheoretische Didaktik sehr nachdrücklich, daß Planung und Ablauf von friedensrelevanten Lernprozessen mindestens in einem Feld der Entscheidungen (Bestimmung von Lernzielen, Auswahl von Themen, Benutzung von Methoden und Medien usf.) und einem Feld der Bedingungen (individuelle, gesellschaftliche und materielle Voraussetzung des Lernens) angesiedelt sind. Allerdings ist auch nach diesem Modell nicht gewährleistet, daß Friedenspädagogik in ihrem Bemühen über eine immanente Auseinandersetzung mit direkter und struktureller Gewalt hinausgeht. Denn im Ideologiebegriff der von der

lerntheoretischen Didaktik um der Verhinderung beliebiger Verwertbarkeit willen geforderten Ideologiekritik ist lediglich der Aufweis logischer Widersprüche enthalten, nicht aber eine inhaltliche Kritik. Ihr mangelt es eines präskriptiv festzusetzenden Bezugspunktes; deshalb enthält sie auch keine Hinweise darauf, wie eine emanzipatorische Friedenspädagogik anzulegen sei. Vielmehr gibt sie allgemeine Planungshilfen für die Organisation von Lernprozessen und überläßt es weitgehend dem guten Willen und dem Geschick des Pädagogen, ob er Frieden in emanzipatorischer oder affirmativer Absicht thematisiert.

Wenn die Didaktik der Friedenspädagogik den Vorstellungen der *informationstheoretischen Didaktik* folgen würde, dann wäre sie nur ein Instrument der optimalen Steuerung von Lernprozessen im Sinne einer möglichst ökonomischen Realisierung von außen vorgegebener Ziele, die innerdidaktisch überhaupt nicht mehr zur Debatte stehen. Ihre emanzipatorische Relevanz steht und fällt also mit der Qualität und der Tendenz von ihr unbeeinflußter Intentionen und wird doch schon in jedem Falle durch die kybernetische Regelkreis-Vorstellung und die damit unvermeidbare Verdinglichung der Lernenden ganz erheblich relativiert. Daß der Erwerb von Friedensfähigkeit programmierbar *sei*, kann nicht nur aus technologischer Sicht mit Skepsis betrachtet werden. Daß dieser Erwerb dermaßen mechanistisch hergestellt werden *dürfe*, muß unter dem Anspruch von Humanität entschieden bezweifelt werden: die sanfte Gewalt unmerklicher technischer Fremdverfügung über den Menschen und der Zwang für den einzelnen, im output seines Verhaltens dem input der in ihn investierten Erziehungsanstrengungen kongruent entsprechen zu müssen, ist ein neues Feld struktureller Gewalt und mit einer Erziehung zur Friedensfähigkeit nicht zu vereinbaren.

Die *kommunikative Didaktik* zielt nicht primär auf Emanzipation ab, sondern setzt diese als essentielle Bedingung im Verhältnis von Lernenden und Lehrenden für humane Lernprozesse voraus. Um diese Voraussetzung erbringen zu können, geht es ihr im wesentlichen um die Realisierung einer herrschaftsfreien Kommunikation, insofern sie erzieherisches Handeln als kommunikatives Handeln begreift. Während auf der Inhaltsebene von Kommunikation in der Lerngruppe durchaus Uneinigkeit (z.B. in Form einer kontroversen Diskussion über die Legitimation von Gewalt) bestehen kann oder gar notwendig ist, um möglichst alle Sichtweisen eines Problems zu thematisieren, ist auf der Beziehungsebene der Kommunikation ein weitgehendes gegenseitiges Verständnis der Kommunikationspartner erstrebenswert und erfordert eine Beseitigung von Störfaktoren im Kommunikationsprozeß. Da in der kommunikativen Didaktik Ziele und Inhalte nicht vorgegeben werden, sondern sich im diskursiven Einigungsprozeß der Kommunikationspartner herauskristallisieren sollen, besteht grundsätzlich die Gefahr, daß friedensrelevante Absichten und Themen u.U. überhaupt nicht im Lernprozeß angesprochen werden.

Kritische Friedenspädagogik, die sich nur an eines der möglichen didaktischen Modelle anlehnt, reduziert damit automatisch ihren emanzipatorischen Anspruch. Andererseits ist es leicht einsichtig, daß auf diese Modelle bzw. ihre Grundannahmen nicht ohne weiteres verzichtet werden kann. Denn es ist ja durchaus zutreffend, daß ein friedensrelevanter Lernprozeß ohne Inhalte formalistisch wäre, andererseits aber mehr als nur Inhalte umfaßt. Auch stimmt es wohl, daß in ihm die Erziehungsmittel rationell Anwendung finden müssen und daß er sich als ein mehrdimensionaler Kommunikationsvorgang ereignet. Gleichwohl wäre es unzweckmäßig, wollte man im Interesse einer wirkungsvollen Didaktik der Friedenspädagogik die allgemeinen didaktischen Modelle nur schlicht addieren und nur um ein spezifisches Gegenstandsfeld gruppieren: die Gefahr einer *Addition* auch der Mängel aller Modelle wäre unübersehbar. Als

Alternative bietet sich deshalb die Integration wesentlicher Elemente aller Modelle an. Sie ist schon deshalb gerechtfertigt, weil auch in der Lebenspraxis emanzipatorisches, technisches und praktisches Interesse und Handeln nicht strikt voneinander getrennt sind, sondern sich zu einem Gesamtzusammenhang der Aktivität des gesellschaftlichen Wesens Mensch verdichten (48). Die Integration aber bedarf eines verständlichen und begründeten Kriteriums, um nicht auf Umwegen doch noch zu einem Modellallerlei zu entarten. Spätestens durch die Benennung dieses Kriteriums ist aber die Friedenspädagogik veranlaßt, einen neutralen Standpunkt aufzugeben. Und auch die Kritische Friedenspädagogik, die ja Neutralität für sich nicht mehr beansprucht, ist zu einer Konkretion herausgefordert, um die Integration in praxisbezogener Absicht zu betreiben.

Bestimmendes Moment der Integration kann eigentlich nur ein positiver Friedensbegriff sein, in den die Erkenntnis eingeht, daß Friede individuelle und gesellschaftliche Komponenten beinhaltet. Es müßte ein Friedensbegriff sein, welcher nicht nur auf ein besseres Leben mit dem Unfrieden abzielt, sondern diesen Unfrieden selbst in all seinen Erscheinungsformen an den Wurzeln zu packen und aufzuheben gedenkt (49). Eine in diesem Sinne engagierte Didaktik der Friedenserziehung wäre demnach eine präskriptive Didaktik. Sie steht vor dem Problem, daß es über ihre leitende Norm in der Gesellschaft der Bundesrepublik Deutschland durchaus keinen Konsens gibt. Ob Frieden nur ein Zustand der Absenz militärischer Auseinandersetzung sei oder mehr beinhalte, ob Abschreckung Gewaltfreiheit garantiere oder potentielle Gewalt sei, ob Unfriede naturnotwendig oder Ausfluß sozialer Bedingungen sei usw. sind nur wenige von vielen Punkten, die in diesem Zusammenhang kontrovers diskutiert werden. Präskriptive Didaktik der Friedenserziehung ist demnach parteiliche Didaktik in dem Sinne, daß sie sich in einem Zustand der Unentschiedenheit über den Ausgang der Kontroversen auf die Seite bestimmter Argumente schlägt. Freilich geschieht dies nicht durch abstraktes und bloßes Wollen, sondern begründet. Der in der Verfassung ausgedrückte Selbstanspruch unserer Gesellschaft und die Notwendigkeit, ihm durch die Schaffung von Realisierungsbedingungen Geltung zu verschaffen, legitimieren diese Parteilichkeit. Und auch wenn über den präskriptiven Anspruch noch kein breiter Konsens besteht, so ist doch damit noch nicht nachgewiesen, daß dieser Anspruch nicht langfristig durchaus konsensfähig ist. Die Unterstellung einer prinzipiellen Konsensfähigkeit der Präskription impliziert die Bereitschaft präskriptiver Didaktik der Friedenserziehung, den in ihr sich ausdrückenden Geltungsanspruch in diskursiven Prozessen — also in dialogischer Auseinandersetzung mit anderen Didaktik-Konzeptionen — zu verteidigen und zur Disposition zu stellen. Allein dadurch wird bereits der Verabsolutierung und einer drohenden Indoktrination wirksam vorgebeugt. Wenn aber die Präskription grundsätzlich konsensfähig ist, dann knüpft sich an sie die Hoffnung und begründete Chance, eines Tages Norm von allgemeiner Gültigkeit zu sein.

Die Norm einer präskriptiven Didaktik der Friedenserziehung wäre dann: Antizipation einer später möglichen Norm. Und die Parteilichkeit für eine mögliche Tendenz ablaufender Prozesse wäre: Vorwegnahme eines später denkbaren Zustands. Didaktik der Friedenserziehung ist demnach, dergestalt betrachtet, durchaus von einer positiven Utopie geleitet, welche umso dringlicher erscheint, als es kaum denkbar ist, daß sich der gegenwärtige Zustand des Unfriedens ohne gedachte radikale Alternative nachdrücklich beseitigen ließe (50).

Die Berechtigung einer solchen Aussage leitet sich außer aus den bereits skizzierten Demokratisierungstendenzen auch aus der Überlegung her, daß durch einen Verzicht auf diese Normativität und Parteilichkeit einer anderen Normativität und Parteilichkeit nicht nur nicht begegnet, sondern sogar Unterstützung zuteil würde. Denn sie

läßt eine Orientierung an nur einem didaktischen Modell zu: das Diktat dessen, was die Wirklichkeit derzeit an möglichen Inhalten zuläßt; die Beliebigkeit individuell Normen setzender Pädagogen; die programmierte Tradierung und Optimierung des status quo; die Zufälligkeit von Alternativen im Kommunikationsprozeß.
Wie das Ergebnis einer kriteriumsbezogenen Integration didaktischer Modelle in einer Didaktik der Friedenserziehung als Synchronisation von Didaktik und positivem Friedensbegriff in Umrissen aussehen könnte, wird in Ergänzung der vorbereitenden Bemerkungen im voraufgegangenen Abschnitt in Abschnitt 3.4. und 3.5. sowie im vierten Kapitel noch aufzuzeigen sein.

2.3. Kritische Theorie des Subjekts, der Gesellschaft und der Pädagogik als Bezugsdisziplin einer Didaktik der Friedenserziehung

Die leitende Norm einer Didaktik der Friedenserziehung kann aus wissenschaftlichen Aussagesystemen nicht deduziert werden. Sie ist vielmehr Ergebnis begründeter und für gesellschaftliches Zusammenleben prinzipiell notwendiger Setzungen, welche allerdings vor dem Hintergrund des wissenschaftlichen Erkenntnisfortschritts sich bewähren und als plausibel ausweisen müssen. Im Rahmen der wissenschaftlichen Aussagesysteme sind leitende Normen aber auch Gegenstand kritischer Bearbeitung (wodurch ihre beständige Hinterfragung gesichert wird) und Grundlage von Erkenntnisinteressen. Dies, indem sie Kriterien für die Beurteilung der Relevanz erbrachter oder noch zu erbringender Forschungsleistungen bereitstellen.
Auch die Inhalte friedensrelevanten Lernens kann eine Didaktik der Friedenserziehung nicht ohne weiteres aus der Wissenschaft ableiten. Denn dann liefe ihr Bemühen auf eine simple Abbilddidaktik hinaus, in der fachwissenschaftliche Systematiken elementarisiert und Lernprozesse zu einer Wissenschaftspropädeutik werden. Trotzdem kann eine Didaktik der Friedenserziehung (als wissenschaftliche Theorie einer Praxis des intentionalen friedensrelevanten Lernens) nicht auf die Erkenntnisse anderer Disziplinen verzichten. Ihre Autonomie gewinnt sie, indem sie nicht der verlängerte Arm einer oder mehrerer Wissenschaftsdisziplinen ist, sondern durch genuine Fragestellungen Ergebnisse und Methoden anderer Disziplinen auswählt und für die Lösung ihrer spezifischen Probleme nutzbringend aufbereitet. Sie hat deshalb auch keine Appendix-, sondern eine Filterungsfunktion. Anderer Wissenschaften bedarf sie deshalb, weil sie — gerade auch wegen ihrer Absicht einer ökonomischen Lernorganisation — auf die jeweils fortgeschrittensten Erkenntnisse zurückgreifen können muß, welche in der Regel nicht als erstes in Alltagstheorien zusammenkommen (51).
Eine von einem kritisch-emanzipatorischen Selbstverständnis geleitete Didaktik der Friedenserziehung braucht als erziehungswissenschaftliche Disziplin mit selbständigem Aufgabenbereich allerdings nicht in einer Sisyphus-Arbeit allen Erkenntnissen aller Disziplinen zu folgen und in einer unübersichtlichen Akkumulation von Einzelwissen wichtige Energien aufzuzehren. Sie kann ohne weiteres „zahlreiche, empirische Ergebnisse aus den ‚Nachbardisziplinen', die für sie immer nur Hilfs- und Zuträgerwissenschaften sein können, unberücksichtigt lassen... Beispielsweise dürfte mittlerweile einsichtig geworden sein, daß die Tierverhaltensforschung, die sich von sich aus immer wieder in den Bereich pädagogischer Fragestellungen eingemischt hat, bisher nichts zutage gefördert hat, was die Erziehungswissenschaft in ihre Selbstreflexion hätte aufnehmen müssen. Es hat ihr bisher nur der Mut gefehlt, dies deutlich auszusprechen und die Ethologie in ihren eigenen Bereich zu verweisen, nämlich in den des Tierverhaltens" (52). Entsprechendes gilt auch für andere Disziplinen (53).
Wegen ihrer utopischen Funktion ist es für die Didaktik der Friedenserziehung nahe-

liegend, zunächst und primär nicht auf unverbundene Details zu achten, sondern ihren Blick eher für die Totalität des Friedensproblems zu öffnen. So werden — von ihr deduktiv ausgehend und in der Spur der Normentscheidung bleibend — bearbeitungswürdige Details erst sukzessive sichtbar. Dem entspricht bereits die Absicht, nicht an Randerscheinungen und Symptomen zu laborieren, sondern dem Übel auf den Grund zu gehen. Dafür bieten sich — zumal direkte und strukturelle Gewalt ja schon als individuell und gesellschaftlich bedingt identifiziert wurden und die Notwendigkeit intentionaler Sozialisation für erfolgreiches friedensrelevantes Lernen einsehbar war sowie auch die Parteinahme für Emanzipationsprozesse begründet wurde — eine Kritische Theorie des Subjekts, der Gesellschaft und der Pädagogik an.

Jede dieser — interdependent verbundenen — Disziplinen hat jeweils die Ganzheit ihres Gegenstandsfeldes zum Thema und verzichtet, ohne deshalb an Differenzierung zu verlieren, auf eine Parzellierung des wissenschaftlichen Bewußtseins:

— Die *Kritische Theorie des Subjekts* „ist geeignet, den Bearbeitungsprozeß menschlicher Natur hinsichtlich seiner Dimension ‚Individuum' kategorial zu fassen. Ihre Begriffe haben einen historischen Kern, sie beziehen sich systematisch auf Menschheitsgeschichte und Lebensgeschichte zugleich. Auf dieser Basis können Spannungsverhältnisse zwischen individuell gewordenen Wünschen, deren kollektiver Organisation und gesellschaftlichen Verhältnisse analyisiert werden" (54). Es geht also im wesentlichen um eine Betrachtung der Auswirkungen gesellschaftlicher Verhältnisse (z.B. direkter und struktureller Gewalt) auf das Denken, Fühlen und (gemeinschaftliche) Handeln von Individuen *und* um den individuellen (evtl. kollektiv organisierten) Beitrag zum Gesellschaftsprozeß, um den Niederschlag gesellschaftlichen Seins in der psychischen Struktur konkreter Menschen in konkreter Situation. Es geht aber auch um die Bedeutung des plastischen individuellen Ausstattungsgefüges für die aktive Ausgestaltung jeglicher Sozialität. Konkret werden u.a. der Wandel sozialer Kontrolle, Identitätsverlust und Angst, politische Apathie und Wahlverhalten, (massenmediale) Kommunikation und Propaganda, soziale Vorurteile und Herrschaft, massen- und individualpsychologische Implikationen sozialer Bewegungen, personaler und internationaler Beziehungen usw. in ihrem Wechselverhältnis zu direktem gewalttätigen Verhalten und Phänomenen wie Hunger, Bürokratie, Massenvernichtung, Gesinnungsterror usw. untersucht (55). Der Mensch wird dabei nicht als abstraktes Wesen, sondern immer als Individuum in seiner gesellschaftlichen Dimension betrachtet.

— Die *Kritische Theorie der Gesellschaft* beschäftigt sich mit der historischen Entwicklung, dem augenblicklichen Wesen und der derzeitigen Erscheinung, den Strukturprinzipien und dem Verhältnis von Sollen und Sein in der vorfindbaren Gesellschaft. Das gesellschaftliche Sollen wird dabei zurückgeführt auf die Garantie optimaler Bedürfnisbefriedigung für die einzelnen Gesellschaftsmitglieder. An diesem Anspruch wird der gesellschaftliche Zustand gemessen. Die Analyse dient der Ermittlung von Ursachen und Bedingungen der Verwirklichung optimaler Bedürfnisbefriedigung und dazu erforderlicher humaner Verkehrsweisen. Die Kritik prangert an und formuliert denkbare subjektbezogene Alternativen. Hier geht es also u.a. um die Aufdeckung der Provokation, Legitimation und Begünstigung direkter und struktureller Gewalt durch gesellschaftliche Institutionen, durch soziale Zwänge, Normenperversion, Widersprüche, Verselbständigungstendenzen von Institutionen, Vergesellschaftung des Menschen, Hierarchien, Profitgier u.a.m. Wichtig ist dabei immer, daß das Individuum nicht als ein dem bloßen Schicksal ausgeliefertes Objekt betrachtet wird, sondern als ein handelndes Subjekt, welches als Träger der Geschichte unter bestimmten Voraussetzungen zwar Geschehenes nicht mehr ungeschehen machen, aber doch richtungsweisend und verändernd in ablaufende Prozesse eingreifen kann (56).

— Die *Kritische Theorie der Pädagogik* hat die (institutionalisierte) Vermittlung zwischen Individuum und Gesellschaft zum Gegenstand. Sie beschreibt, analysiert, erklärt und kritisiert kriteriumsbezogen den intentionalen Erziehungsprozeß, seine Grundlagen, Randbedingungen und Wirkungen im Gesamtzusammenhang lebenslangen Lernens und in der Absicht einer Vorbereitung des Individuums auf seine persönliche sowie die gesellschaftliche Selbstverwirklichung. Dabei wird das Individuum als auf Lernen angewiesenes und lernfähiges Wesen begriffen, dessen freiheitliche Persönlichkeitsentfaltung auf der Grundlage intrapersonaler Strukturen weitgehend durch äußere Lebensbedingungen begrenzt oder erweitert wird. An ihnen kann das Individuum aber aktiv gestaltend mitwirken, wenn es dafür qualifiziert worden ist (57).

Friedens- und Konfliktforschung erscheint weniger als eigenständige Bezugsdisziplin einer Didaktik der Friedenserziehung, sondern eher als eine den anderen drei Disziplinen zugeordnete Teildisziplin. Sofern die Bezugsdisziplinen eine Methodologie anzubieten haben, die den Fragestellungen der Didaktik der Friedenserziehung gerecht werden kann, wird darauf durchaus zurückzugreifen sein. Als Aspekt der Bildungsforschung hat diese Didaktik aber auch einen Beitrag zur Methodologie zu leisten, in der gesellschafts-, organisations-, interaktions- und persönlichkeitstheoretische Elemente entsprechend der Ansiedelung friedensrelevanten Lernens im Spannungsfeld von sozialer Determination, Institutionalisierung, kommunikativem Handeln und Individualität zur Übereinstimmung zu bringen sind (58).

2.4. Das Verhältnis von Didaktik und Methodik im friedenspädagogischen Kontext

Während in der bildungstheoretischen Didaktik die Methodik des Lehrens und Lernens ausdrücklich als eigenständiges Aufgabenfeld ausgegrenzt wird, während die lerntheoretische Didaktik methodische Fragen als Aspekt didaktischer Entscheidungen sieht und während die informationstheoretische Didaktik in einem strengen Verständnis gar nur Methodik im Sinne einer Vermittlungstechnik ist, und schließlich die kommunikative Didaktik sich noch nicht zum Problem der Methodik vorgearbeitet hat, besteht eine der ersten Integrationsaufgaben einer Didaktik der Friedenserziehung in einer vorläufigen Klärung des Verhältnisses von Didaktik und Methodik.
In einer Didaktik der Friedenserziehung als Theorie der Praxis intentional-organisierten Lernens als Beitrag zum Erwerb positiver Friedensfähigkeit, deren Voraussetzungen, Elementen und Konsequenzen erscheint Methodik als integraler Bestandteil eines didaktischen Gesamtzusammenhangs. Sie folgt nicht auf inhaltliche Entscheidungen, sondern ist mit ihnen verknüpft; sie ist auch nicht nur Gegenstand von Entscheidungen, sondern latent oder manifest auch schon im Bedingungskanon enthalten. Dies wird besonders deutlich, wenn man einigen neuerdings reaktualisierten Erkenntnissen folgt, nach denen Objekte der Erkenntnis, Erkenntnisprozesse und Methoden eine strukturelle Ähnlichkeit aufweisen: „Methode muß, so gesehen, nicht nur *gegenstandsadäquat* sein, d. h. den Zielen und Inhalten angemessen, sie ist unvermeidbar auch *gegenstandskonstitutiv*, d. h. sie bestimmt den Gegenstand (mit). Unter diesen Voraussetzungen ist . . . ein doppelter Methodenbegriff zu unterscheiden, freilich nicht im Sinne einer Trennung beider Begriffe bzw. Funktionen von Methode bzw. Methodik: Es geht einmal um die Methode, mit der das Verhältnis von Gesellschaft, Mensch und Natur

untersucht wird, und zum anderen um die Art und Weise, in der der Prozeß der Informationsverarbeitung organisiert wird" (59).

Konkret bedeutet dies, daß eine Didaktik der Friedenserziehung nicht nur, wie im vorigen Abschnitt aufgezeigt, an der Entwicklung von Methoden der Erkenntnisfindung über ihren Gegenstandsbereich mitarbeiten muß, sondern, daß die Verfahrensweisen der Lernorganisation ebenso Gegenstand dieser erziehungswissenschaftlichen Disziplin sein müssen wie die begründete Bestimmung der Methoden, mit denen die Lernenden notwendigerweise umgehen können müssen, wenn sie die erstrebenswerten Qualifikationen zur Friedensfähigkeit erwerben wollen und sollen, und somit Methodik nicht als Kunstfertigkeit allein den Pädagogen ziert, sondern durch Verfügbarmachung für die Lernenden demokratisiert wird.

Die Wechselbeziehung von Gegenstand, Erkenntnis und Methode — die ja kein gewaltsames Konstrukt, sondern nur konsequente Umsetzung von Realität ist — ist zugleich auch Voraussetzung dafür, daß Lernprozesse zunehmend von Fremdbestimmung befreit werden können und in selbständige Aktivität der Lernenden münden. Außerdem ist ein derartiger Umgang mit den Methodenfragen ein notwendiger Beitrag dafür, daß Lernprozesse durchschaubar werden und damit Lernende sich ihren eigenen Sozialisationsprozeß aneignen und planmäßig beeinflussen lernen. Hinter einem so verstandenen Verhältnis von Didaktik und Methodik verbirgt sich die schon länger bekannte pädagogische Feststellung: „An den Fronten des Wissens und in der dritten Klasse erweist sich ... die geistige Arbeit als dieselbe. (...) Es gibt, streng genommen, keinen ‚didaktischen Rest'. Diese Überlegungen führen ... für die Unterrichtsplanung und Unterrichtsforschung zu einer Kreisbewegung zwischen Forscher, Lehrer und Lernenden, zwischen Unterrichtsplanung, Unterrichtsdurchführung und Unterrichtsforschung" (60).

2.5. Allgemeine Probleme und Prinzipien der Konstituierung und Organisation friedensrelevanter Lernprozesse

Wie die lerntheoretische Didaktik geht eine integrative Didaktik der Friedenserziehung von der Erkenntnis aus, daß es sich bei organisierten Lernprozessen um ein vielschichtiges Beziehungsgeflecht handelt, welches durch Intentionen, Objekte, Methoden und Medien strukturiert wird und verschiedenen Bedingungsfaktoren unterliegt. Der präskriptive Charakter friedenspädagogischer Didaktik verhindert weitgehend, eben durch die oberste Normsetzung, daß die didaktischen Strukturelemente willkürlich konkretisiert und zueinander in Beziehung gesetzt werden.

Daß ein organisierter Lernprozeß, welcher Friedensfähigkeit erreichen oder wenigstens vorbereiten will, nicht ohne *Lernziele* auskommen kann, ist unbestreitbar. Denn ohne die Angabe von Zielen ist Organisation nicht möglich, und ist auch nicht feststellbar, ob die Organisationsprinzipien sich bewähren oder modifiziert werden müssen. Es geht aber um die Frage, welcher Art die Lernziele sein sollen, müssen und dürfen, und: wer über sie (im Detail) entscheidet. Von grundsätzlichen Überlegungen her kann bezweifelt werden, ob operationalisierte Lernziele die geeignete Form sind. Denn erstens engen sie das zu Erlernende auf meßbare Verhaltensweisen ein und klammern damit u.U. gerade besonders friedensrelevante Aspekte des Lernens aus. Und zweitens engen sie den Lernprozeß in seinem Ablauf und seiner Beschaffenheit durch allzu starke Vorstrukturierung ein. Es ist deshalb, wenn man nicht bei der Rückmeldung über Lernerfolge auf das Niveau beliebiger subjektiver Anmutungen zurückfallen will, nach einem Instrument einer Lernerfolgskontrolle zu suchen, welches zwar eine Intersubjektivität des Urteils über erreichte oder nicht erreichte Lernziele gestattet, zugleich aber eine

Verdinglichung der Lernenden ausschließt und den Lernweg offenhält. Naheliegend ist es, dabei auf Prinzipien kommunikativer Einigung zurückzugreifen, innerhalb derer die Geltungsansprüche über Erfolgs- oder Mißerfolgsbehauptungen zur Disposition stehen und sich auch gegenüber berechtigter Skepsis Unbeteiligter behaupten müssen. Die *kommunikative* Einigung über Lernerfolge anstelle einer quantifizierenden Leistungsprüfung scheint schon deshalb zweckmäßig, weil ja auch oberste Normen (und folglich von ihnen abhängige Lernzielentscheidungen) nicht objektive Gegebenheiten, sondern sozial vermittelt sind. Entsprechend kann außerdem gelten, daß der Lernprozeß kein starrer Regelkreis ist, sondern wegen der Interaktion der Beteiligten (in deren Kommunikation sich auch Ziele verändern können) ein dynamisches Gebilde genannt werden muß. Daß allerdings u.U. die kommunikative Einigung ein verzerrtes Urteil über Lernerfolge erbringen und vielleicht auf Bestätigung von Vorurteilen oder Selbstgenügsamkeit hinauslaufen kann, läßt sich nicht leugnen. Allerdings kann eine solche Gefahr gemildert werden, wenn vorher auch Zielbestimmung, Lernweg und Lernkontrolle gleichermaßen kommunikativer Einigung — und somit Selbst- und Mitbestimmung — unterliegen und nicht, wie im Schulsystem üblich, auf eine chancenverteilende Notenvergabe abzielen und auf fremdgesetzte Lernziele bezogen werden.

Daß man Lernziele nur in Auseinandersetzung mit Objekten, also durch Beschäftigung mit *Inhalten* erreichen kann, ist gleichfalls einsehbar. Für eine Didaktik der Friedenserziehung sind dabei von vornherein all jene Inhalte relevant, an denen sowohl Ausmaß, Beschaffenheit, Ursachen, Entwicklung und Konsequenzen direkter und struktureller Gewalt zu entdecken, zu erkennen, zu analysieren und zu kritisieren sind, und auch solche Inhalte, an denen alternative, direkt und strukturell gewaltfreie Verhaltensweisen, Konfliktlösungen, Interessenausgleich auf individueller, interpersoneller, nationaler und internationaler Ebene erahnt, bestimmt, konkretisiert, erprobt und modifiziert werden können. Solche Inhalte können sich entweder quasi von selbst ergeben, weil sie in der Gruppe der Lernenden offen zutage treten, oder sie lassen sich von außen in die Gruppe einbringen. Auf jeden Fall muß man sich auch auf sie gemeinsam einigen. Das hat den Vorteil, daß die Bedürfnisse der Lernenden starke Berücksichtigung finden können und oftmals überhaupt direkter Ausgangspunkt des Lernens sind. Der Lehrende kann als gleichberechtigter Kommunikationspartner dabei ebenfalls inhaltliche Vorschläge machen (und wird wohl infolge seiner Fachkompetenz zumeist dafür Sorge tragen, daß Inhalte von außen repräsentiert werden). Er muß den Geltungsanspruch für ihre Relevanz aber gegenüber den Lernenden argumentativ vertreten, ebenso wie er die Überprüfung des Geltungsanspruches anderer erwarten kann (61). Nur so gelten gleichermaßen das Prinzip von Selbst- und Mitbestimmung und die Sicherung relativer Unbeschränktheit der Inhalte. Die Orientierung der bildungstheoretischen Didaktik an Inhalt und Autonomie des Lernenden wird so beibehalten und erweitert.

Daß auch die *Methoden* in Lernziele und -inhalte eingebunden sind, wurde im voraufgegangenen Abschnitt bereits diskutiert. Grundsätzlich kann ergänzend dazu gelten: „Methodenlernen erlaubt ... eine Antwort auf das Problem, ob inwieweit und wie ... Lernen mit ... Aktion ... verbunden werden soll oder kann. Darüber wird immer wieder kontrovers diskutiert, meist mit dem Ergebnis, daß weder ein unreflektierter Aktionismus noch eine grundsätzliche Handelnsabstinenz zu rechtfertigen sind. (...) Ein Geschehen, das Lernende so unmittelbar betrifft (wie ein Lernprozeß), wird auch subjektiv als Aktionsfeld begriffen, sofern Lernende qualifiziert werden, ... mitzubestimmen und zu organisieren. (...) Zwar wird sich (der Lernprozeß) meist auf vorwegnehmende Reflexion beschränken müssen, auf Antizipation der Konsequenzen

von Alternativen; es gilt aber auch reale Möglichkeiten zu nutzen" (62). An der Methodenproblematik, die ähnlich wie die Frage nach Lernzielen und Inhalten in den Entscheidungsspielraum der am Lernprozeß Beteiligten gehört, läßt sich auch sehr gut stellvertretend die von der lerntheoretischen Didaktik aufgezeigte Notwendigkeit einer Einbeziehung von Lernvoraussetzungen in die Lernplanung verdeutlichen: wer bestimmte Ziele erreichen und Inhalte bearbeiten will, muß sich der Angemessenheit von Methoden und ihrer Vermittlung angesichts eines Kenntnis-, Entwicklungs- und Bedürfnisstandes der Lernenden vergewissern, wenn er nicht an den Beteiligten vorbei, zum Schaden der Sache und gegen ursprüngliche Ziele unterrichten will.
Während die Auswahl von *Medien* in der lerntheoretischen Didaktik auf der Entscheidungsebene angesiedelt ist und nahezu nur als vermittlungstechnologisches Instrument der Veranschaulichung, Illustration, Sachinformation und Motivation interpretiert wird, scheint es zweckmäßiger zu sein, den Anregungen der kommunikativen Didaktik zu folgen und Medien im Kontext der Kommunikation einer Lerngruppe zu reflektieren. Eine solche Zweckmäßigkeit ergibt sich, zumal oben bereits Lernziel, -inhalt und -prozeß unter dem Gesichtspunkt kommunikativer Einigung erörtert wurden. Ob Lernende „mitbestimmungsfähig, friedensfähig/durchsetzungsfähig, konfliktfähig werden, sich für mehr strukturelle Gleichheit entscheiden, Chanchen und Gefahren je zu beurteilen wissen, hängt davon ab, ob sie Gelegenheit erhalten, selbsttätig und in angstfreier Kommunikation sich mit problemhaltigen Realsituationen und entsprechenden Informationen auseinanderzusetzen" (63). Wenn deshalb die Kommunikation in Lerngruppen als *Diskurs* definiert wird, in dem die Argumentation in Rede und Gegenrede geführt werden soll, und wenn herrschaftsfreie Beziehungen zwischen Lehrenden und Lernenden sowie symmetrische Kommunikationsstrukturen den anzustrebenden Kommunikationsstil bilden, drückt sich darin eine auf Frieden und Demokratie gerichtete Antizipation gesellschaftlicher Zukunft aus. Personale und technische Medien sind dann nicht Mittel der Effizienzsteigerung fremdverfügender Lernprozesse, sondern Instrumente mit kommunikationsstiftender Funktion zur Präsentation von Inhalten und Protokollierung ablaufender Prozesse. Durch die Protokollierung wird das Anliegen erleichtert, Prozesse selbst zum Lerngegenstand zu erheben. Dahinter verbirgt sich ein Anspruch auf Metakommunikation, welche der Aufdeckung und Beseitigung von Störfaktoren in der Kommunikation dient (64). Partiell wird dadurch Deckungsgleichheit mit der Zielrichtung informationstheoretischer Didaktik auf Beseitigung von Störgrößen im Lernvorgang hergestellt.
Didaktik der Friedenserziehung muß in erster Linie die Wirklichkeit des Lernens unter Beachtung didaktischer Strukturprinzipien untersuchen und in ihr die friedensrelevanten Defizite aufspüren und kritisch zur Sprache bringen. Sie muß sich zugleich aber auch darum bemühen, alternative Angebote zu begründen, einzuführen und auf ihre Wirkung hin zu kontrollieren. Didaktik der Friedenserziehung ist damit als eine konstruktiv-kritische Disziplin ausgewiesen. Sie erschöpft sich nicht in Negation, kann aber auch, wenn sie die gesellschaftlichen Bedingungen ihrer Existenz reflektiert, kaum je in Euphorie münden. Daß sie ihr Streben um Praxisorientierung auf das Niveau von Rezeptologien sinken läßt, verbietet sich schon aus dem Grunde, daß dadurch Lehrende und Lernende entmündigt würden und durch Fremdverfügung just jener Beitrag zur strukturellen Gewalt geleistet würde, den zu minimieren sich Didaktik der Friedenserziehung anschickt.

2.6 Zusammenfassung

Friedenspädagogik bedarf der didaktischen Dimension, um Lernprozesse bewußt organisierbar zu machen. Didaktik der Friedenserziehung umfaßt dabei eine Aufklärung über alle Elemente vorfindbarer Praxis friedensrelevanten Lernens und eine Antizipation veränderter Praxis. Ihr Maßstab ist dafür nicht das jeweils unter bestimmten Bedingungen nur Mögliche, sondern das Notwendige, dem die Bedingungen schrittweise anzupassen sind. Handlungsfähigkeit und Verantwortung können von einer Didaktik der Friedenserziehung nur dann erwartet werden, wenn sie Partei nimmt für einen reflektierten Friedensbegriff und diesen ggf. auszudifferenzieren versucht. Als präskriptive, allerdings konsensfähige und -bereite Didaktik muß sie gemäß ihrer Parteinahme die für ihren Gegenstandsbereich bedeutsamen Elemente unterschiedlicher Modelle allgemeiner Didaktik neu strukturieren und teilweise ergänzen. Sie kann sich um ihrer Selbstverständlichkeit willen nicht als Appendix anderer Disziplinen betrachten, sondern muß vielmehr ein lernförderndes Filtrat aus ihnen hervorbringen. Kritische Theorie des Subjekts, der Gesellschaft und der Pädagogik sind dabei ihre primären Bezugswissenschaften. Als Theorie von der Ganzheit intentionalen friedensrelevanten Lernens umschließt sie ausdrücklich zielbezogene, inhaltliche, methodische und kommunikative Aspekte dieses Lernens einschließlich seiner Voraussetzungen. Praxisorientierung bedeutet ihr nicht eine Verlagerung der Lösung praktischer Probleme aus dem Praxisfeld in die Wissenschaft; Hilfestellungen in Form von Wirklichkeitserhellung, Entscheidungskriterien und Ermutigung können von ihr aber erwartet werden.

3. Didaktik der Friedenserziehung und politische Bildung

Der Auftrag Kritischer Friedenspädagogik läßt sich umschreiben als „Überwindung nur passiver Sehnsucht nach Beseitigung allgegenwärtiger Konfliktträchtigkeit" und als Immunisierung „gegen die Abrichtung zur Friedfertigkeit als Massenloyalität. Es geht um die Enttarnung der Beschwichtigungs-Regulative . . ., die lediglich den Unfrieden stabilisieren. Kritische Friedenserziehung verlangt, daß Pädagogik nicht in den Dienst der Reproduktion bestehender Gewaltverhältnisse gestellt wird. Konzeptioneller Kern ist die auf Frieden angelegte Gesellschaftsveränderung" (65). Damit ist Friedenserziehung bereits per difinitionem politische Bildung bzw. Beitrag zur politischen Bildung. Die meisten Konzeptionen zur Friedenspädagogik verstehen sich zwar ausdrücklich als Momente politischer Pädagogik, doch haben sie in der Regel die Diskussionen seitens der Politikdidaktik nur unzureichend aufgearbeitet und ihre relative Autonomie im Lernfeld Politik nur unzureichend beansprucht (66). Auch politikdidaktische Konzeptionen haben hierzulande die Friedensproblematik zumeist bestenfalls nur peripher behandelt (67). In diesem Beitrag ist nicht der Platz, die wenigen direkt aufeinander bezogenen Diskussionen nachzuzeichnen oder Versäumtes nachzuholen. Vielmehr sollen Grundelemente des Stellenwertes Kritischer Friedenspädagogik innerhalb der Theorie und Praxis politischer Bildung durchleuchtet werden, um die bisherigen Überlegungen zu präzisieren.

3.1. Friedenserziehung als intentionaler Beitrag zur politischen Sozialisation

Normalerweise wird man davon ausgehen können, daß die tatsächlichen friedensrelevanten „Lernprozesse eines Menschen, wann immer sie auf planmäßige politische

Bildungsangebote treffen, sich bereits in einer bestimmten Inhaltlichkeit als Resultat einer politischen Sozialisation präsentieren. An ihnen sind bewußte pädagogische Maßnahmen immer nur zu einem ganz geringen Teil beteiligt. Die Chance pädagogischer Maßnahmen besteht also niemals darin, das optimale Endprodukt eines Sozialisationsprozesses perfekt zu entwerfen und selbst realisieren zu können; sie besteht vielmehr in der Chance des Umstrukturierens" (68). Aufgabe politischer Bildung braucht es deshalb in erster Linie nicht zu sein, in das Problem von direkter und struktureller Gewalt sowie von positivem und negativem Frieden einzuführen; denn mit Informationen dazu werden Individuen selbst schon im Kindesalter täglich mehr oder minder unfreiwillig versorgt. Die eigentliche Aufgabe politischer Bildung besteht darin, derartige Informationen, wo nötig, zu ergänzen und systematisch zu thematisieren und zu problematisieren. Denn: ,,Methodische intellektuelle Bearbeitung von alten und neuen Informationen ... ist etwas, was ... heute noch nicht ‚von selbst' geschieht, sondern in eigens dafür eingerichteten, eben ‚pädagogischen' Institutionen erfolgen muß. (...) In einem allgemeinen sozialisationstheoretischen Sinne ist es zweifellos richtig, daß das menschliche Verhalten sich von Geburt an den gesellschaftlichen Normen und Erwartungen anpassen muß. Da das aber — abgesehen von den Fällen dissozialer oder krimineller Entwicklungen — im allgemeinen ‚von selbst' geschieht, müssen pädagogische Institutionen das nicht unbedingt noch verstärken; ihre Aufgabe läge vielmehr ganz überwiegend darin, solche Anpassungsvorgänge wieder zu relativieren und im Sinne von ‚Kritik‚ und ‚Widerstand' wieder aufzubrechen" (69). Erziehungsinstitutionen als ein menschlicher Lebensbereich hätten demnach im Sinne einer Didaktik der Friedenserziehung die Funktion zu übernehmen, anderen Lebensbereichen die Instanz distanzierter Auseinandersetzung zu sein. Entsprechend dem zeitlichen Kontinuum lebenslangen Lernens würde sich diese Funktion dreifach differenzieren müssen:
— Von einer *therapeutischen Funktion* ist insofern zu sprechen, als politische Bildung dem Lernenden eine nachträgliche Bewältigung von Erlebnissen und Erfahrungen alltäglichen und weltweiten Unfriedens ermöglicht. Dies dergestalt, daß unbewußt gewordene und erlebte Gewalt im Umgang mit anderen, subtile Unterdrückungsmechanismen, destruktiv-aggressive Strebungen usw. ins Bewußtsein gehoben werden. Aber auch Vorerfahrungen teilweisen Friedens, z.B. emotional befriedigende herrschaftsfreie Beziehungen, konstruktiv-aggressive Tendenzen, praktizierte Solidarität u.ä., gilt es zu aktualisieren, um sie als realisierte und realisierbare Alternativen aus dem Ghetto unbewußter Selbstverständlichkeit zu befreien. Die behutsame Durchleuchtung individueller Lebensgeschichte ist, insofern sie Ursachen bewußten und unbewußten Leidens aufzudecken trachtet, immer auch ein Stück Durchleuchtung der Gesellschaftsgeschichte. Die Verknüpfung von individueller Biographie und Sozialhistorie, die faktisch immer schon gegeben ist, wird so auch intellektuell nachvollziehbar und macht sie dem Betroffenen verfügbar. Daß dies anders als kommunikativ und durch Zwang nicht geleistet werden kann, ist evident. ,,Die durch Aufklärung induzierte Erfahrung der Reflexion ist ... der Akt, durch den sich das Subjekt aus einer Stellung, in der es ... zum Objekt geworden war, gerade löst. Diese spezifische Leistung muß dem Subjekt zugemutet werden; es kann dafür einen Ersatz, also auch eine Technologie nicht geben, wenn anders Technik dazu dient, das Subjekt von eigenen Leistungen zu entlasten" (70).
— Eine *Funktion der Lebensbegleitung* ist dann gegeben, wenn politische Bildung dazu beiträgt, dem Lernenden die Existenz in der vorfindbaren und vom Widerspruch zwischen latentem Friedensbedürfnis und manifester Friedlosigkeit gekennzeichneten Welt durch Orientierung und Vermittlung von Überlebensstrategien zu erleichtern. Durch die Ausrichtung am kurzfristig Möglichen ist damit eine Kom-

promißformel zwischen maximalen Bedürfnissen und minimalen Befriedigungschancen aufzustellen. Kompromiß muß freilich durchaus keine Anpassung im Sinne einer Unterwerfung bedeuten. Dies vor allem dann nicht, wenn darauf verzichtet wird, ihn als Optimum auszugeben und wenn seine Vorläufigkeit permanent bewußt bleibt. Als Basis der Handlungsfähigkeit ist er aber unausweichlich, da nämlich erstens der Gang der Geschichte bis zu einem gegenwärtigen Zustand nicht geleugnet und die geschichtlich gewordenen Verhältnisse durch bloße Negation nicht überwunden werden können, und weil zweitens die psychische und physische Belastbarkeit von Subjekten überschätzt würde, wollte man ihnen die schlagartige Umstrukturierung lebens- und gesellschaftsgeschichtlich allmählich erworbener Bewußtseins- und Verhaltensdispositionen zumuten. Aktuelle Gewalt wahrnehmbar, analysier- und kritisierbar zu machen, bedeutet aber bereits, menschliche Ohnmacht zugunsten angemessener Aktivität aufzulösen.

— Die *Funktion der Antizipation* ist schon deshalb dringend erforderlich, weil sich Friedenserziehung nicht auf eine Aufarbeitung der Vergangenheit und die Existenz hier und heute beschränken darf. Antizipation meint aber nichts anderes als eine kreativ-gedankliche Vorwegnahme späterer gesellschaftlicher Lebenspraxis in den Dimensionen der Prognose des aufgrund heutiger Erkenntnisse wahrscheinlich zu Erwartenden, der Bestimmung des zukünftig Notwendigen und der Kalkulation von Handlungsperspektiven für Versuche einer Angleichung von Realität an Utopie: Hochrechnung der Konsequenzen andauernden Unfriedens, Konkretisierung und Manifestation des Friedenswillens sowie Vorbereitung auf Realisierungswege und Rückschläge bei friedenspolitischen Aktivitäten. Notwendigkeit und Verwirklichungschance von Antizipation und ihr folgendem Handeln ergeben sich aus der Trias von augenblicklichem Zustand, menschlichen Bedürfnissen und realen Alternativen. So wird die Existenzbedrohung von Individuum und Gesellschaft durch mannigfache Formen direkter und struktureller Gewalt fast täglich eindringlich unter Beweis gestellt. Selbst angesichts einer überaus defizitären politischen Sozialisation wäre es aber „verfehlt, daraus auf eine allgemeine friedenspolitische Indifferenz und Apathie schließen zu wollen. Statt dessen dürfte es zutreffender sein, von einem ohnmächtigen Interesse an der Überwindung von Gewalt ... zu sprechen ... Das Zu-Sich-Selbst-Kommen dieses latenten Pazifismus, den man wohl als Teil eines relativ diffusen Überlebenwollens angesichts vielfältiger, scheinbar unbeherrschbarer, abstrakter Lebensgefährdungen verstehen muß, kann ... nicht von der Friedensforschung allein oder auch nur in erster Linie erwartet werden. Hier steht sie zunächst in einer Reihe mit anderen Überlebens-Wissenschaften. Sodann muß sie sich auf die Dynamik sozialer Lernprozesse einlassen, die sie nicht ersetzen, allenfalls in gewissem Umfange abkürzen helfen kann. Ausschlaggebend dürfte sein, ob diese Lernprozesse zur Erkenntnis und tätigen Überwindung der Antinomie von Demokratie und Gewaltpolitik führen" (71). Schließlich gibt es in der Vergangenheit und Gegenwart durchaus gelebte Modelle friedlichen Zusammenlebens (z.B. bei nordamerikanischen Indianerstämmen), in denen die Ganzheit der Person, des Kollektivs und beider harmonisches Verhältnis zur Natur gewahrt wurden. Solche Modelle sind zwar nicht ohne weiteres in unsere Zeit oder in industrielle Gesellschaften übertragbar. Aber sie verdeutlichen die Vitalität von Alternativen, bieten beachtenswerte Anregungen und ergänzen europäische Philosophie-Ansätze utopischen Zuschnitts: „Das, worin die Menschen gerne leben, haben sie zunächst geträumt. Warum also sollte die Phantasie der Utopie nicht auch über die Berechnungen siegen können, die uns vieles so ausweglos erscheinen lassen?" (72)

In den drei beschriebenen Funktionen leistet politische Bildung in friedenspädagogischer Absicht einen intentionalen Beitrag zur Gesamtheit des Prozesses politischer

Sozialisation, indem sie korrigierend, kompensierend und subsidiär diesen Prozeß zu strukturieren hilft. Ihre in einer Parteinahme begründeten Grundlagen verhindern dabei, daß sie irgendwelchen Tendenzen politischer Sozialisation folgt und bestehendes Elend verfestigt. Sie will vielmehr Veränderung — eine Veränderung von Einstellungen und Verhaltensweisen, denen Wissen und Erkenntnis nicht Selbstzweck sind, sondern ausgerichtet bleiben auf das Ziel andauernden Friedens. Daß intentionale Lernprozesse Einstellungen und Verhalten tangieren und verändernd beeinflussen können „ist alles andere als eine pädagogische Selbsttäuschung" (73). Das konkrete Ausmaß der Veränderung ergibt sich aus der Dialektik von funktionaler und intentionaler Sozialisation. Freilich ergibt sich die Chance der Veränderung nicht schon aus dem pädagogischen Handeln an sich, sondern erst aus der Qualität dieses Handelns, über die in den nachfolgenden Abschnitten noch zu sprechen sein wird. Hier sollen vorläufig nur folgende strukturelle Notwendigkeiten festgehalten werden: Wenn es stimmt, daß Unfriede alle menschlichen Lebensbereiche durchzieht und Friede eine die Lebensbereiche übergreifende Kategorie menschlichen Daseins sein soll, dann könnte es auf längere Sicht verhängnisvoll sein, die Friedensproblematik zu einem eigenständigen und isolierten Lernfeld (etwa im Sinne eines Unterrichtsfaches) zu machen. Die ohnehin durch Arbeitsteilung, Spezialistentum und Unterteilung nach einem traditionellen Fächerkanon bedrohliche Bewußtseinsparzellierung würde dadurch nur noch gefördert werden. Friedenserziehung gehört deshalb, solange die bisherige Fächeraufteilung nicht verändert wird, als zentraler Gegenstand in den Bereich institutionalisierter politischer Bildung (Unterrichtsfach, Kurs u.ä.) und in den Bereich politisch relevanter Bildung (Unterrichtsprinzip im Zusammenhang mit anderen Lernbereichen u.ä.). Didaktik der Friedenserziehung sollte deshalb überwiegend als Teildisziplin der Politikdidaktik begriffen werden, welche von anderen Teildisziplinen und Fachdidaktiken betroffen ist und auf diese einwirkt.

3.2. Die Wert- und Zielproblematik politisch motivierter Didaktik der Friedenserziehung

So sehr eine Didaktik der Friedenserziehung im Rahmen der Politikdidaktik ihren präskriptiven Anspruch auch verständlich darstellen und ausführlich begründen mag, sie wird — selbst dann nicht, wenn es ihr gelingen sollte, einen innerwissenschaftlichen Konsens herbeizuführen (74) — kaum kurzfristig mit einem gesamtgesellschaftlichen Konsens über ihre Leitnorm und die damit implizierten Werte rechnen können (75). Dagegen spricht u.a. schon der Widerspruch zwischen latentem Friedenswunsch und partikularem Interesse am Unfrieden in ein und derselben Gesellschaft. So nimmt es nicht wunder, daß Versuche einer Transformation didaktischer Theorie in konkrete Praxis ebenfalls einen Kompromiß zwischen optimalen Wünschen und minimalen Zugeständnissen bedeuten, zumeist mit der Konsequenz, „daß bei einer Übernahme der Friedenserziehung in die Curricula durch einen bürokratischen Apparat viel von der Substanz" verlorengeht (76). Didaktik der Friedenserziehung muß sich, will sie sich nicht völlig aufgeben, auf einen beständigen Dialog mit den relevanten gesellschaftlichen Gruppen einlassen und darf von ihrem Bemühen um argumentative Durchsetzung ihres Standpunktes solange nicht abrücken, wie ihr keine besseren Argumente entgegengehalten werden. Sie, die sich als Beitrag zur Emanzipationsbewegung versteht, muß sich mit anderen in die Erkenntnis teilen: „Emanzipationsbestrebungen lassen sich schon aufgrund der jeweils vorherrschenden Machtverhältnisse nicht auf einen Schlag realisieren. In der Regel werden immer nur Teilerfolge erzwungen im Rahmen dessen, was innerhalb einer bestimmten Konstellation möglich ist" (77). Gerade deshalb muß Didaktik der Friedenserziehung als politikdidaktische Disziplin aber nachhaltig aus dem Blickwinkel des von ihr als notwendig Erachteten argumentieren; sonst würde sie nur zu leicht in das Fahrwasser von Alltagspolitik geraten, der hierzulande nur viel zu oft das kurzfrstig Machbare zuungunsten einer umfassenden Konzeption und begründeten langfristigen Perspektive vorgeht (78). Durch Insistieren auf ihrer Position würde dann Didaktik der Friedenserziehung die Wert- und Ziellegitimation durch Entscheidungen parlamentarischer und vergleichbarer Mehrheiten ergänzen und relativieren oder als notwendige Lobby neben der schon vorhandenen beratend an dieser Entscheidung partizipieren (79). Die Legitimation läßt sich zudem auf eine breitere Basis stellen, wenn die Verfahren des Zustandekommens von didaktischen Entwürfen für die Praxis und ihre Prämissen offengelegt werden. Dies ist vor allem dann wichtig, wenn über getroffene Optionen durch öffentliche Diskussionen nachträglich ein Konsens herbeigeführt werden soll. Problematisch ist dabei allerdings, daß die Konsensfindung selbst präjudiziert wird, solange nicht schon ein Konsens über diese Art der nachträglichen Legitimation besteht. Im Rahmen allgemeiner Richtlinien, die ihrerseits auf konsensuellen Entscheidungen fußen müssen, wäre schließlich eine „Legitimation durch Entscheidungskompetenz der Basis" (80) nicht nur denkbar, sondern im fundamentaldemokratischen Interesse auch notwendig.

Einer pluralistischen Demokratie entspricht durchaus auch ein plurales System der Legitimation didaktischer Wert- und Zielentscheidungen. Solange dabei sichergestellt bleibt, daß Relativierung zulässig ist und keine Verabsolutierung eines Systemelements erfolgt, ist dieser Tatbestand auch wenig problematisch. Zwar ist durch jeden Konsens und jegliche Legitimation ein indirektes Lernverbot gegeben, da eine positive Bestimmung dessen, was sein soll, immer schon impliziert, was nicht sein soll. Aber solange daraus nicht ein direktes Lernverbot wird, und d.h. solange es prinzipiell und praktisch möglich bleibt oder gar gefördert wird, daß über die Ziele auch in der Gruppe der Lernenden diskutiert wird, bleibt das Verbot nur eine relativ geringe Gefahr. Sie wird noch gemildert, wenn – wie oben erörtert – auf eine Operationalisierung im Zusammenhang mit Sanktionen verzichtet wird. Auf höheren Abstraktions- und mittleren Konkretionsebenen von Lernzielen verbleibt noch immer ein ganz erheblicher Interpretationsspielraum, um die im zweiten Kapitel genannten Freiheitsgrade des Handelns entfalten zu können.

Zumindest seitens einer kritisch-emanzipatorischen Didaktik der Friedenserziehung besteht auch keine Bedrohung durch Indoktrination, Fremdbestimmung und Geschlossenheit von Lernprozessen. Sie zielt zwar ihrem Wesen nach auf Veränderung des friedlosen status quo, präjudiziert aber noch nicht den Veränderungsprozeß und den Zustand nach der erfolgreichen Veränderung. Gerade darin ist sie ja demokratisch, daß sie die Lernenden zur Veränderung nach friedlich-rationalen Kriterien befähigen will, ihnen aber nicht aufträgt, wie sie zu ändern haben, ihnen also die Verantwortung vor sich selbst und der Gesellschaft nicht abnimmt. Die objektive Zieldefinition pädagogischen Handelns ist deshalb immer nur vorläufig und muß, indem sie einerseits den Lernprozeß leitet, andererseits auch ständig durch die Intentionen der Lernenden modifiziert werden. Sie muß prinzipiell und langfristig offen diskutierbar bleiben. Es ist deshalb objektive Zielbestimmung – sei es auf der Ebene von Richtlinien und Lehrplänen, Kurszielen oder Zielen kurzer Lernsequenzen – grundsätzlich in dem Maße legitim zu nennen, wie sie schließlich mit den aufgeklärten Zielen, Bedürfnissen und Lebensentwürfen zusammenfällt. „Nicht daß dies bedeuten würde, daß die Bestimmung des guten Lebens der privaten Willkür ... überlassen bliebe" (81). Im Gegenteil ist davon auszugehen, „daß diese Bestimmung nur in der

Verständigung mit anderen Subjekten möglich ist. Aber es bedeutet, daß dem Einwirken ... eine Grenze gesetzt ist" (82); auf sie wird in Abschnitt 4. eingegangen. Dies bedeutet eindeutig nicht, daß der Pädagoge darauf warten muß, daß die Lernenden mehr oder minder zufällig Intentionen artikulieren, aufgrund derer dann pädagogisches Handeln zu strukturieren wäre. Als Kommunikationsteilhemer in der sich aus Lernenden und Lehrendem zusammensetzenden (oder formell zusammengesetzten) Gruppe, wie z.B. in der Schule, kann und darf er Lernintentionen antizipieren und als Angebote in die Lernsituation einbringen. Bei dieser Antizipation ist er durchaus nicht auf bloße Spekulation angewiesen, da er latente Bedürfnisse der Lernenden interpretieren, sich an formulierten Wünschen orientieren und als Diskussionsvorschläge vorhandene Lernzielkataloge auswerten kann.

Der bislang umfangreichste und systematisierte Lernzielkatalog (83) umfaßt die Bereiche

— *Internationales System* mit dem Lernzielzusammenhang Internationales System und Krieg;

— *Gesellschaft* mit den Lernzielzusammenhängen Gesellschaft, strukturelle Gewalt und Herrschaft sowie Interessen, Konflikt und Emanzipation;

— *Individuum* mit den Lernzielzusammenhängen Vorurteil, nationale Stereotypen und internationale Solidarität, Freund-Feind-Bilder und Aggression.

Diese Lernzielbereiche reichen von der Erkenntnis und dem Verständnis von Hintergründen, Auswirkungen und Erscheinungsformen kriegerischer Auseinandersetzungen und ihrer wirksamen Veränderung über die Einsicht in Gewalt produzierende Herrschafts- und Gesellschaftsstrukturen, die Ursachen von unterschiedlichen Interessen und daraus resultierenden Konflikten und die Emanzipation verhindernden Mechanismen sowie über die Entdeckung von Vorurteilen und ihren gesellschaftlichen Funktionen, Nationalitätenrollenklischees und dichotomischer Denkstrukturen bis hin zur Erkenntnis individueller Verhaltensmerkmale (84). Insgesamt sind die Ziele angesiedelt im Feld einer systematischen, exemplarischen und intensiven ,,Bearbeitung des Zusammenhangs und der Differenz von Mikro-Ebene und Makro-Ebene des Friedensproblems einerseits, von politischen und psychologischen Aspekten destruktiver Aggression andererseits" (85). Verhaltensangaben und inhaltliche Dimensionierung der Lernziele weisen allerdings bereits auf einen curricularen Gesamtzusammenhang didaktisch organisierter Friedenserziehung, von dem im nachfolgenden Abschnitt gehandelt werden soll.

3.3. Friedenserziehung als curricularer Zusammenhang

Lernziele zur Friedenserziehung sind immer objekt- und subjektzentriert, d.h. sie beziehen sich (wie die Inhaltsebene pädagogischer Kommunikation) auf die Beschaffenheit, Struktur, Entstehungsgeschichte, Bedingtheit und Veränderbarkeit von Unfriedens- und Friedenstendezen oder auf einzelne Faktoren dieser Tendenzen und auf die Beziehung der Lernenden als einzelner Individuen und Gruppenmitglieder zu diesen Objekten.

Die Objekte (als Gegenstand der Bearbeitung im Lernprozeß) sind grob vom Phänomen des Unfriedens oder vom Friedenswillen her zu entwickeln. Im ersten Falle ermöglicht eine (zu differenzierende) Typologie der Gewalt (Abb. 2) die Gewinnung von konkreten Inhalten bzw. die Strukturierung von sich aus dem Lernprozeß ergebenden Inhalten (86).

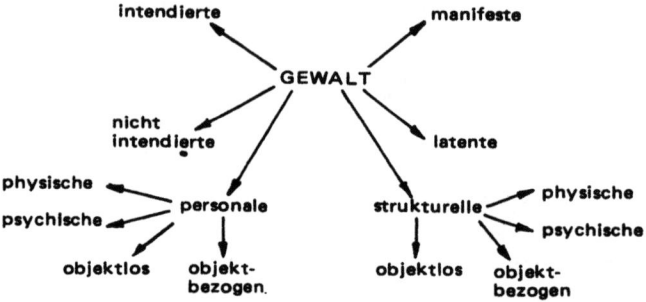

Abbildung 2

Im zweiten Fall ist es ebenfalls zulässig, Inhalte nach strukturellen Vorgaben einzuführen oder auf solche zu beziehen; dazu dienen erweiterte Gewalt- und Friedensbegriffe und ihr Zusammenhang (Abb. 3) (87).

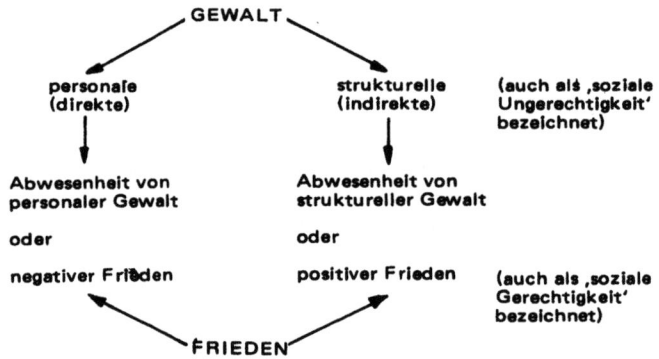

Abbildung 3

Konkrete Lerngegenstände verschiedener Bereiche, die vom Pädagogen vorgeschlagen werden oder sich aus artikulierten Bedürfnissen der Lernenden ergeben können, sind der nachfolgenden Tabelle als unverbindliche Beispielsammlung zu entnehmen (88).
Die exemplarischen Lerngegenstände sind qualitativ so beschaffen, daß an ihnen die Analyse vorfindbarer Zustände in Mikro- und Makrosystemen möglich ist. Sie sind gewissermaßen Konstituentien komplexer Wirklichkeit des Unfriedens. Dies hat den Vorteil, daß Lösungsansätze, Alternativen und Handlungsstrategien nicht präjudiziert werden, sondern als direkter und indirekter antizipatorischer Arbeitsauftrag der Lerngruppe vorbehalten bleiben. Die Konfrontation mit den Inhalten provoziert gleichsam eine Aktualisierung latenter Wünsche und unbewußter Beurteilungsmaßstäbe, deren Geltungsanspruch zu diskutieren ist und in einen Konsens oder Dissens münden kann, aber auf jeden Fall indifferente Einstellungen tangiert. Daraus ergeben sich bereits Konsequenzen für die Methodik des Lernprozesses. Denn wenn Analyse geboten ist

Dimension	Gegenstandsbereich	exemplarische Lerngegenstände
Individuum	intrapersonale Beziehungen	stereotypes Denken, eingeschränkte Wahrnehmung, reduziertes Alltagsbewußtsein, unausgeglichene Bedürfnisstruktur, Frustationen, mangelnde Ich-Stärke, wenig differenziertes Verhaltensrepertoire etc.
Gruppe	interpersonale Beziehungen	destruktive Aggression, Konkurrenz, soziale Vorurteile, gestörte Kommunikation, mangelnde Kooperation, Interessengegensätze, Hackordnungen u.a.m.
Gesellschaft	intranationale Beziehungen	Konflikte, Konfliktaustragung und -regelung, Wehrdienst- und Kriegsdienstverweigerung, ungleiche Lebens- und Entfaltungschancen, soziale Schichtung, soziale Diskriminierung, Erziehungssystem, Leistungsdruck, Verdinglichung usw.
internationales System	internationale Beziehungen	Krieg, waffentechnische Entwicklung, Rüstungsdynamik, Abschreckungssysteme, Abrüstungsstrategien, internationale Assoziationen, Abhängigkeit, Ausbeutung, Unterentwicklung o.ä.

und die Ebene der Beschäftigung mit Ist-Zuständen verlassen werden soll, dann ist eine rezeptive Lernhaltung (Frontalunterricht, Lehrervortrag) um aktive Aspekte des Lernens zu ergänzen.
Analyse, Selbstreflexion und Ideologiekritik sind die Verfahren der Bearbeitung der Lerngegenstände. Die *Analyse* leistet die detaillierte Betrachtung von Einzelelementen, die Verknüpfung von Elementen und das Denken in kleineren und größeren Zusammenhängen. So läßt sich beispielsweise ein Konflikt unter unterschiedlichen Gesichtspunkten bearbeiten: zu untersuchen sind dann etwa offensichtliche Gegensätze, Entstehungsbedingungen, der Nutzen für Betroffene und Beteiligte, allgemeine und besondere Bedeutung, weitreichende Konsequenzen u.a.m. (89). *Selbstreflexion* zielt auf Introspektion in Form von Ermittlung personaler Beziehung zum Objekt(bereich). Beispielsweise ist hier im Zusammenhang mit dem Bau von Atomkraftwerken abseits der Lebensregion der Lernenden die Bedeutung von Gefahren von Energieerzeugung und -verknappung für die Lernenden herauszuarbeiten (90). *Ideologiekritik* schließlich dient der Aufklärung über Begründungen und Interessen, die unter Phänomenen verborgen sind und einem ausgesprochenen oder unausgesprochenen Frageverbot unterliegen. Die Behauptung von der Naturnotwendigkeit kriegerischer Konfliktlösung ist so etwa auf Verschleierung anderer Kriegsursachen, deren Nutzen für Rüstungsindustrien und die Scheinheiligkeit der Lösung zu befragen (91). So wie durch die Begriffe Krieg und Frieden bereits dialektische Kategorien vorgegeben sind, laufen Analyse, Selbstreflexion und Ideologiekritik auf ein entsprechendes Denken und Handeln hinaus: aus dem Vergleich von Sein und Sollen wird die Handlungsperspektive für die Zukunft antizipiert (92).
„Dies kann mit Hilfe deduktiver, von bestimmten Sachverhalten und Materialien

ausgehender sowie mit Hilfe induktiver, bei der Reflektion der Erfahrungswelt ansetzender Strategien geschehen. Beide Ansätze sind in der schulischen und außerschulischen Friedenserziehung aufeinander zu beziehen. Eher deduktiv verfahrende Strategien scheinen sich besser zum Aufbau von komplexen Vorstellungszusammenhängen zu eignen, zu deren Klärung bereits wissenschaftlich aufgearbeitetes Material herangezogen werden muß. Das gilt z. B. auch für solche Zusammenhänge des internationalen Systems, deren unmittelbare Auswirkungen auf die Erfahrungswelt des einzelnen nur schwer zu erfassen sind. Eher induktiv verfahrende Strategien setzen bei der Analyse der Erfahrungswelt, bei den sich in ihr zeigenden Widersprüchen und Erscheinungen von Gewalt und Friedlosigkeit an" (93). Während deduktive Verfahren eher einer allgemeinen Orientierung der Transparenz übergreifender Strukturen, der Vermittlung theoretischer Klassifikations- und begrifflicher Arbeitsinstrumente dienen, gilt es im Verlauf induktiver Verfahren, „sich die Erscheinungen struktureller und manifester Gewalt in der eigenen Lebenswelt bewußt zu machen, ihre inner- und intergesellschaftlichen Ursachen zu erkennen und daraufhin unter emanzipatorischen Zielsetzungen zu handeln. In diesem Prozeß geht es darum, zur Stärkung der personalen und sozialen Ich-Identität der Betroffenen beizutragen, in der eine wichtige Voraussetzung für ein friedensbezogenes Engagement und politische Aktion liegt" (94).
Bewährte „Modalitäten der Bearbeitung politischer Themen" (95) eignen sich für deduktive und induktive Analysen, Selbstreflexion und Ideologiekritik in unterschiedlicher Weise. Der *Lehrgang* dient der Vermittlung von Grundkenntnissen zu allgemeinen und speziellen Problemen in Kursform (z. B. ein Seminar über Infrastrukturprobleme in der Dritten Welt). In der *Produktion* wird zu einem vorhandenen Problem Material aufbereitet, welches sich multiplizieren läßt und in der Arbeitsphase der Erkenntnisfindung dient (etwa: Vorbereitung und Durchführung einer Ausstellung über die Wohn- und Arbeitsverhältnisse von Gastarbeitern). Die *Sozialstudie* entspricht einer Problemerforschung im Sinne von Hypothesenbildung und -prüfung sowie Interpretation der Ergebnisse (beispielsweise: Untersuchung eines Schulkonflikts). In der *Provokation* machen sich Lernende (für andere Lernende) selbst zu einem (begrenzten) Politikum (Selbstanklage und bewußte Normverletzung als zwei von mehreren Möglichkeiten). *Rollenspiele* vermögen Verhaltensweisen und Strukturen in Gruppen bewußt zu machen (Darstellung einer familialen Situation, Beobachtung und Diskussion). Im *Planspiel* lassen sich Entscheidungsprozesse simulieren, um reale Entscheidungsvorgänge durchschaubar zu machen und Alternativen zu erproben (Vorbereitung und Durchführung einer Etatdebatte und -entscheidung für militärische Ausgaben u. a. m.). Im *Tribunal* geht es um einen Prozeß, welcher — freilich ohne Vollzug von Urteilen — Zuständen, Entscheidungen und Verhaltenseigenschaften gemacht wird (spielerische Gerichtsverhandlung über einen Fall imperialistischer Ausbeutung o. ä.). Das *Projekt* ist komplexen, fächerübergreifenden und handlungsbezogenen Lerngegenständen besonders angemessen (ein Beitrag der Lerngruppe zur Stadtteilsanierung usf.).
Zweckmäßigerweise bietet sich je nach Intention und Objekt eine Kombination von Modalitäten an. Die Phasen von Vorbereitung (durch den Pädagogen oder die Realität), Einstieg (über eine Präsentation der Thematik oder einen offenkundigen Konflikt), Arbeitsplanung (gemeinsame Entwicklung von Zeitplan, Informationsbeschaffung, Entscheidung über Arbeitsweisen wie Lehrervortrag, Einzel- und Gruppenarbeit, Unterrichtsgespräch, Schülervortrag, Diskussion, Debatte, Expertenbefragung u.ä.) sowie den Lernprozeß begleitende Kritik und Ergebnisfeststellung nebst Lernkontrolle sind in Abhängigkeit von Intention, Inhalt und Modalität sowie von konkreten Voraussetzungen zu präzisieren.

Personale und technische Medien fungieren in einem solchen Lernprozeß, wie oben angedeutet, als kommunikationsstiftende Arbeitsmittel. Sie sind Handwerkszeuge im Erkenntnisprozeß und müssen als solche flexibel genutzt werden. Das aber bedeutet, daß sie selbst immer Gegenstand der Bearbeitung sein müssen: wenn in einem Film über die Entwicklung des Vietnamkrieges berichtet wird, dann ist nicht nur der Vietnamkrieg, so wie er dargestellt wird, sondern auch die Darstellung, deren bewußte oder unbewußte, beabsichtigte oder unbeabsichtigte Manipulationstendenz, sofern sie erkannt wird, Gegenstand der Erkenntnis auch über den Krieg (96). Wenn sich die Friedenserziehung „in der Analyse sozialer Realität konkretisiert, muß sie in der Lage sein:
— theoretisch-analytisch: Realität als medial vermittelte zu erkennen und auf die Konsequenzen dieser Vermittlung kritisch hinzuweisen;
— praktisch-konstruktiv: Realität den Intentionen einer Friedenserziehung, nicht nur im Bereich der Schule, medial organisieren und vermitteln zu können" (97). Daß dabei den Massenmedien, weil sie vielfach überhaupt erst (direkt nie erfahrene) Zustände weltweiten Unfriedens erfahrbar machen, eine ganz besondere Bedeutung zukommt, kann hier nur erwähnt werden (98).
Für den Bereich einer politischen Friedenserziehung gibt es derzeit eine ganze Reihe konkreter Curricula von unterschiedlicher Qualität (99). Die meisten dieser Arbeiten haben den Charakter von Unterrichtsmodellen, überwiegend in der Form von Unterrichtseinheiten, aber auch als Stundenplanungen. So sehr sie einerseits als Versuch der Konkretisierung und praktischen Wendung theoretischer Konzeptionen zu würdigen sind und zu belegen vermögen, daß eine wenigstens minimalen didaktischen Ansprüchen genügende Lernplanung auch im Lernbereich der Friedenspädagogik nicht unmöglich ist (100), unterliegen sie doch fast alle der Gefahr herkömmlicher Unterrichtsmodelle: nämlich entweder zufällige Konstrukte oder nicht erprobt worden zu sein. Außerdem ist ihnen fast allen gemeinsam, daß sie durch mehr oder minder starre Strukturschemata und allzu leicht Verzicht auf die Angabe von alternativen Lernphasen Lernprozesse reglementieren (101). Andererseits bedarf es curricularer Diskussionsbeiträge, die in sich den Charakter des Vorläufigen tragen, um spontane Lernbedürfnisse strukturieren zu können, Lernsituationen antizipieren zu lernen, Pädagogen plastische Beispiele für eigene Planungsarbeit zu liefern und sie zu ermutigen. Solche Curricula dürfen aber „nicht als geschlossene Systeme entwickelt werden, in denen Lehrern und Schülern die einzelnen Unterrichtsschritte vorgeschrieben werden. Friedenspädagogische Curricula müssen vielmehr als Handlungsentwürfe begriffen werden, in die Lehrer und Schüler ihre eigenen Erfahrungen einbringen können" (102). Solche Curricula sollen, darüber besteht ein teilweiser Konsens, vier Kriterien erfüllen (103):
— *Begründbarkeit* der in sie eingehenden Wert- und Normentscheidungen auf Ziel-, Inhalts- und Verfahrensebene.
— *Angemessenheit* (ökonomisch vertretbare Relation von finanziellem und personellem Aufwand und Ertrag, Multiplizierbarkeit, Aktualitätsdauer, Breite des Adressatenkreises, Lerneffizienz);
— *Überprüfbarkeit* sowohl einzelner Produktionsphasen als auch der inneren Stringenz, Übereinstimmung mit grundgelegten Intentionen;
— *Offenheit* nicht nur im Sinne von Partizipationsmöglichkeit der Lernenden, sondern auch bezüglich einer Aufforderung zur Modifikation und selbständigen Produktivität.
Die Erarbeitung derartiger Curricula ist eine der Aufgaben, welche eine Didaktik der Friedenserziehung zu bewältigen hat. Sie kann dies nur im Zusammenwirken mit der Praxis unter Beteiligung studierender und praktizierender Pädagogen und Lernender.

Deren Partizipation bedeutet ein Stück Verwirklichung des Demokratisierungspostulats und schafft ein Mehr an sozialer Gerechtigkeit.

3.4. Gedanken zur Verknüpfung von Bedürfnis, Betroffenheit und Erfahrung

Das Ziel Kritischer Friedenspädagogik, in den Lernenden ein Potential zur friedlichen Veränderung der Gesellschaft in Richtung auf mehr soziale Gerechtigkeit und zum Engagement für gewaltlose Konfliktregelung hervorzubringen, läßt sich kaum erreichen, wenn sich der Lernprozeß auf Vermittlung von Kenntnissen und Einsichten beschränkt. So sehr planvolles politisches Handeln im Sinne einer Herbeiführung herrschaftsfreien Zusammenlebens auf Wissen und Verstehen angewiesen ist, wird es dadurch allein keinesfalls garantiert. Erreicht wird ein solches Ziel allenfalls durch
— „Initiierung von Bewußtseinsprozessen, welche die gesellschaftliche Realität und die eigenen Einstellungen und Verhaltensweisen durchschaubar machen und zu politischer Identität führen" (104);
— „Einführung von Interaktionsformen, die für das angestrebte politische Handeln qualifizieren und motivieren" (105).
Im didaktischen Prozeß der Friedenspädagogik kommt es auf eine Verknüpfung der kognitiven, affektiven und konativen Lerndimensionen bzw. Fähigkeiten an.
Das *kognitive Element* wird in der politischen Friedenserziehung in Anlehnung an allgemeine Prinzipien politischer Bildung schon immer sehr stark akzentuiert: Informationsvermittlung, begriffliche Erschließung von Konfliktstrukturen, Wissensaneignung, Analyse, Synopse, Kritik und gedankliche Antizipation von Zukunft. Da sich Friedenspädagogik kommunikativ mit menschlichen Verkehrsformen beschäftigt, die ohne Kommunikation gar nicht vorstellbar sind, und da Kommunikation weitgehend im Medium der Sprache operiert, ist das auch kaum anders möglich. Allerdings: „Im Verlauf eines solchen Aufklärungsprozesses gilt es, durch die Vergegenwärtigung und Analyse von Gewalt und Friedlosigkeit auch eine *affektive Betroffenheit* der Adressaten zu erzeugen, in der Annahme, daß diese eine wichtige Voraussetzung dafür bildet, die verinnerlichten Ohnmachtserfahrungen und die politische Apathie aufzubrechen und damit Möglichkeiten für politisches Handeln zu schaffen. Zugleich kommt es jedoch darauf an, den von Gewalt und Friedlosigkeit auch emotional Betroffenen gesellschaftliche Spielräume für friedensrelevante Handlungen zu zeigen, entsprechende Handlungsdispositionen zu entwickeln und diese durch Erfolgserlebnisse zu verstärken" (106).
Durch die motivationale Komponente wird die intellektuelle Problembearbeitung ergänzt. Dabei sollte man aber „die Verknüpfung zwischen der kognitiven Struktur und der affektiven Dynamik einer Haltung so eng wie nur möglich sehen, so daß die beiden theoretisch unterschiedenen Komponenten nur wie zwei Aspekte des gleichen dispositionalen Gebildes anzusehen sind. Dabei sollte man den affektiven Aspekt tatsächlich nur auf die Stärke (stärker oder schwächer) und die Richtung (positiv oder negativ) der emotionalen Beteiligung beschränken, während man mit dem kognitiven Aspekt alle unterscheidbaren und relevanten Strukturelemente zu erfassen sucht" (107). Kognitive und affektive Aspekte des Lernens lassen sich demnach auch im Planungsstadium nicht auseinanderdividieren, sondern sollen ausbalanciert aufeinander bezogen bleiben und keines gegenüber dem anderen dominieren (z. B. Analyse eines Konflikts ohne Rücksichtnahme auf die emotionale Anteilnahme der Lernenden oder Abscheubekundung gegen Gewalttätigkeit) oder einander gar widersprechen (etwa: ausführliche Beschäftigung mit Abrüstungsstrategien trotz offensichtlicher Langeweile der Lernenden oder Abbruch einer lebhaften Diskussion über Aggres-

sionen beim Fußballpublikum). Auf diese Weise würde am ehesten eine Koordination der Inhalts- und Beziehungsebene der Kommunikation ermöglicht.
Es geht dabei um ein ausgeglichenes Verhältnis zwischen der Auseinandersetzung mit der Sache einerseits sowie der Hinwendung der Lernenden zu dieser Sache und zueinander bzw. zum Pädagogen andererseits. Daß diese Affekte selbst Gegenstand sein können und oftmals sein müssen, wurde in den voraufgegangenen Abschnitten schon mehrfach indirekt angeregt. Für die erstrebenswerte Koordination von Inhalts- und Beziehungsaspekt ist neben einer interessanten Präsentation der Sache (so ist es beispielsweise ein Unterschied, ob man in die Betrachtung des Zweiten Weltkriegs mit nüchternen Statistiken oder mit Augenzeugenberichten einsteigt) vor allem auch wiederum die Offenheit des Lernprozesses von Bedeutung (Abbruch unlustbetonter Detailanalysen, Verfolgung eines von Schülern spontan aufgespürten Weges).
Trotz der Ernsthaftigkeit der Friedensproblematik sollte nicht vergessen werden, daß der Lernprozeß auch freudebringend (im Sinne von spürbaren Erfolgen, befriedigenden Entdeckungen usw.) sein muß. Dabei soll allerdings keine Motivationstechnologie befürwortet werden, wie sie traditionell als Überrumpelung von Lernenden verwendet wird, um sie mit etlichen ‚Tricks' — und damit durch subtilen Zwang — zu etwas zu bringen, was sie eigentlich gar nicht wollen, von dem sie aber allmählich glauben sollen, daß ihnen nichts lieber wäre (108). Andererseits muß man aber auch die oftmals durch Sozialisationserlebnisse geprägte Erwartungshaltung und Rezeptionsweise von Lernenden respektieren und zunächst immer nur an sie anknüpfen. Wenn also Kinder leichter lernen, indem man sie mit einem Film konfrontiert, anstatt daß sie selbst Intention und Objekt des Lernens benennen, dann kann es anfänglich legitim sein, einem solchen — oftmals ja nur diffusen — Wunsch zu folgen, wenn daraus eine Vorbereitung auf Selbständigkeit resultieren soll und die erwartete Darbietungsform u.U. Verfremdungen enthält, die das gewohnte Sehen und Hören durchbrechen.
Betroffenheit ist aber nicht nur in Auseinandersetzung mit Sachen affektiv induzierbar; sie ist auch in vielen Fällen von vornherein vorhanden. Dies trifft vor allem bei unmittelbar und von allen Lernenden gleichermaßen erfahrenen Phänomenen des Unfriedens (z. B. Interessenkonflikt in einer Schulklasse) zu. Hier ist jeder Beteiligte allein durch die Beteiligung mehr oder minder stark auch affektiv betroffen, — teilweise sogar so stark, daß dadurch eine rationale Betrachtung der jeweiligen Schwierigkeit erheblich erschwert wird. Es ist deshalb sehr vernünftig, wenn Friedenspädagogen fordern, das Problem der direkten und strukturellen Gewalt anknüpfend an derartige unmittelbare *Erfahrungen* zu thematisieren. Erfahrungen aus der näheren Umwelt der Lernenden (z.B. in den Familien) müssen bereits wieder einigen Lernenden (nämlich denen, die aus anderen Familien kommen) vermittelt werden, damit alle an und aus ihnen lernen können. Dabei hilft allerdings die strukturelle Vergleichbarkeit (etwa auch verschiedener Familien) und die Beziehung der Lernenden untereinander (Anteilnahme infolge Sympathie u.a.). Allen müssen, wie oben im Zusammenhang mit der Medienfrage ausgeführt, Erfahrungen der weiteren Umwelt vermittelt werden. Hier sind dann Analogiebildung u.ä. erforderlich, damit ein unmittelbarer Bezug hergestellt werden kann: ein Film über die Verelendung von Indios bleibt leicht ein exotisches (und nur deshalb ‚interessantes') Erlebnis, wenn er nicht das Vordringen zu strukturell vergleichbaren Erkenntnissen über die Dritte Welt und ihre Bedeutung für Europa und jeden einzelnen gestattet bzw. dazu verwendet wird.
Erfahrung, die im Lernprozeß nur als Anknüpfungspunkt Beachtung findet, ist lediglich reduzierte Erfahrung. Nicht nur das bereits Vergangene, sondern auch das Gegenwärtige und Zukünftige müssen in der Dimension von Erfahrung den Lernprozeß bestimmen. De facto ist es ja schon immer so, daß der Lernprozeß selbst erfahrungs-

stiftend ist. Auch in diesem Zusammenhang ist deshalb die Koordination kommunikativer Inhalts- und Beziehungsebenen wertvoll: friedenspädagogischer Unterricht gerät an den Abgrund der Absurdität, wenn er positiven Frieden propagiert, zugleich aber mit den Mitteln subtilen Terrors (z.B. Angsterzeugung, Streß) arbeitet (zu den Perspektiven einer Kritischen Friedenspädagogik angesichts solcher ja tatsächlich fast alltäglichen und üblichen Widersprüche vgl. den nachfolgenden Abschnitt!).

Wesentlich gehört deshalb zur Friedenserziehung auch die Ermöglichung von *Handlungserfahrungen,* auf die die oben angeführte *konative Komponente* sich bezieht. Zwar ist wegen des diskursiven Charakters von Pädagogik das Handeln im Sinne des Einwirkens auf politische Vorgänge — vor allem auf Vorgänge außerhalb der eigenen Institution und mit unerwachsen-abhängigen Lernenden — vom Pädagogen nicht ohne weiteres zu verantworten und deshalb nur begrenzt möglich (109), doch sind ja immerhin die Interaktionsformen innerhalb der Erziehungsinstitutionen bewußtes oder bewußt zu machendes Handeln und kommen einem Testfall für außerinstitutionelle Realisationen gleich.

Je mehr es gelingt, den gewaltfreien Ausgleich von Interessengegensätzen und humanen Umgang miteinander in den Erziehungsinstitutionen zu praktizieren, desto größer ist die Wahrscheinlichkeit, daß derartige aktuelle Erfahrungen zukünftige Erfahrungen antizipieren und strukturieren. Das muß nicht so aussehen, daß erworbene Verhaltensweisen einfach auf neue Situationen übertragen werden (was schon deshalb nicht geht, weil beispielsweise Fabriken und Großraumbüros anderen Organisationsprinzipien unterliegen als ein Jugendclub). Aber es wäre schon viel gewonnen, wenn positive Erfahrungen heute wenigstens in Umrissen einen sinnlichen Eindruck von Alternativen hinterlassen würden und als ein Maßstab der Kritik anderer Verhaltensformen und als Zielrichtung für Veränderungen nicht in Vergessenheit gerieten.

Ob im Interesse der Intentionen von Kritischer Pädagogik Erfahrungen positiv sind oder Positives fördern, hängt zentral von der Befriedigung menschlicher *Bedürfnisse* ab. Nur wenn Lern- und Handlungserfahrungen Lust erzeugen, steigern, kultivieren und befriedigen, also ein ganz elementares und legitimes Bedürfnis von Individuen befriedigen, wird Lernen langfristig Verhaltensweisen verändern und verändertes Verhalten stabilisieren können. Aber auch Befriedigung ist nicht lerntechnisch herstellbar; sie ist zu sehr in das Innere einer Person eingebunden, als daß die Äußerlichkeit von Technik nicht — bewußt oder unbewußt — vom Individuum registriert würde und deshalb Befriedigung verhindert. Befriedigung, wie sie dem Anliegen Kritischer Friedenspädagogik gerecht werden könnte, stellt sich bestenfalls nur in echten, aufrichtigen und weitgehend ungestörten Kommunikationsbezügen inter- und intrapersonaler Qualität ein. Berücksichtigung von Bedürfnissen bedeutet darum im Lernprozeß nicht nur ein Eingehen auf direkt geäußerte Lernwünsche. Sie meint auch die Einbeziehung indirekter Bedürfnisse (z.B. durch Anknüpfung an unmittelbare Konflikte), Hilfen bei der Artikulation und Differenzierung von Bedürfnissen (etwa durch Einführung von Lerngegenständen) und — ganz wesentlich — die Befriedigung von Bedürfnissen, die mit dem Lerngegenstand unmittelbar nichts zu tun haben, den Zugang zu ihm aber verhindern, solange sie unbefriedigt sind. Bedürfnisbefriedigung hat unmittelbar bestärkende und ermutigende Wirkung — sie macht auch die meist technologisch verkürzte und personale Abhängigkeiten aufrechterhaltende Bestärkung durch den Pädagogen überflüssig oder relativiert sie doch dort, wo sie natürlich legitim zu nennen ist. Die Frage nach der Richtigkeit, Angemessenheit und Rangfolge von Bedürfnissen kann freilich nicht absolut, allgemeingültig und ahistorisch beantwortet werden. Sie muß vielmehr — und das wäre bereits gewaltfreie Interaktion — unter Einhaltung weitestgehender Pluralität und Toleranz diskursiv zu klären versucht werden (110).

3.5. Bedingungen, Reichweite und Grenzen politischer Friedenserziehung

Didaktisch organisierte Friedenserziehung ist nur durchführbar in der jeweils vorhandenen konkreten Gesellschaft. Sie unterliegt damit den Bedingungen, welche diese Gesellschaft charakterisieren. Daraus ergeben sich zugleich Reichweite und Begrenzung.

Da die gesellschaftliche Wirklichkeit von direkter und struktureller Gewalt durchzogen ist, sind auch die Institutionen, in denen Friedenserziehung sich ereignen soll, alles andere als vom Frieden gekennzeichnet. Darum ist auch jede Kritische Friedenserziehung bereits im Ansatz gefährdet, weil friedensrelevantes Lernen unter den Bedingungen des Unfriedens permanent unterlaufen und durchkreuzt wird. Die normative Kraft des Faktischen sollte deshalb in ihrer mitprägenden Funktion nicht unterschätzt werden. Das ist besonders relevant in der Institution Schule, deren Beitrag zu einer isolierten und auf unmittelbare Verwertbarkeit angelegten Qualifikation, der Selektion von immanent Leistungsfähigen und Integration in das bestehende System unbestreitbar ist, auch wenn es Reformbestrebungen und Einzelbeispiele andersartiger Praxis gibt. „Unter diesen Bedingungen stellt sich die Frage, ob Friedenserziehung im Rahmen der Schule überhaupt realisierbar ist. Friedenserziehung, verstanden als emanzipatorischer Prozeß zum Abbau struktureller Gewalt, steht in diametralem Gegensatz zu den Strukturen, die sie in der Schule vorfindet" (111). Würde man die Frage verneinen, müßte man konsequenterweise überhaupt auf schulische Friedenserziehung verzichten, solange strukturelle Gewalt herrscht. Da aber Friedenserziehung geradezu als Antithese zu den äußeren Bedingungen ihrer Praxis gedacht, formuliert und postuliert werden muß, hat sie überall dort anzusetzen, wo es strukturelle Gewalt zu bearbeiten und zu verändern gilt (112). Schule ist deshalb nicht trotz, sondern gerade wegen ihres Leistungsdrucks, ihrer vertikalen Gliederung und ihrer Kontrollverfahren zentraler Ort einer Kritischen Friedenserziehung: „In diesen Strukturen muß sie agieren und versuchen, wirksam zu werden. Sie muß sich gleichsam das Feld ihrer Wirkungsmöglichkeiten erst selbst bereiten" (113). Daß der Schule trotz aller Reglementierungstendenzen Freiräume (infolge unvollständiger Bürokratisierung, den in Widersprüchen liegenden Lernpotentialen, der Brechung makrostruktureller Bedingungen im Mikrobereich usw.) verblieben sind, kann kaum geleugnet werden. Diese Freiräume, die durchaus von einer Schule zur anderen unterschiedlich kombiniert sein und anders aussehen können, sind daher von den Betroffenen flexibel zu nutzen. Anknüpfungspunkt ist dabei zuallererst die Ebene konkreter Interaktion innerhalb formeller und informeller Lerngruppen. Die Wandlung der Rollenstruktur wird damit zu einem primären Anliegen Kritischer Friedenspädagogik. Rollendistanz und Rollenverweigerung sind dabei zweifelsfrei wenigstens partiell und zeitweilig förderungswürdige Elemente strukturellen Wandels. Offensichtlich muß hier das oft negativ besetze Phänomen des abweichenden Verhaltens in einem völlig neuen Licht gesehen werden: die Verletzung von Normen und Konventionen hat ja nicht nur die Funktion von Sozialschädigung, sondern nicht eben selten auch eine positiv innovierende Kraft. Da aber Schule eine hierarchische Organisation ist, in der sich zunächst einmal Lehrende und Lernende in Macht- und Ohnmachtrollen befinden, kann selten erwartet werden, daß die Schüler ohne weiteres innovierend initiativ werden und dem Lehrer „Macht" abringen. (114) Hierarchien lassen sich auch abbauen durch freiwilligen Verzicht auf autoritäres Verhalten, durch Delegation von

Entscheidungskompetenz, durch Weitergabe von Privilegien (115). Die Humanisierung des Unterrichtsstils, die einer solchen Demokratisierung vor Ort entgegenkommt, ist primär keine technologisch beantwortbare Frage: Diskussion anstelle der Anordnung, Zuhören anstelle des Dozierens, Echtheit anstelle aufgesetzter Freundlichkeit, Anteilnahme anstelle formaler Forderungen und Hilfestellung anstelle des Alleinlassens sind weniger pädagogisch-handwerkliche Fertigkeiten als vielmehr Bestandteile einer ganzheitlichen Lehrerpersönlichkeit; in ihnen dominiert das Ethos über das instrumentelle Handeln. In Überwindung des antiautoritären Irrtums von der totalen Umkehrbarkeit menschlichen Verhaltens ist dabei eine behutsame Strategie angemessen. Wenn man Schülern zubilligt, daß sie nur gemäß ihrem im Sozialisationsprozeß erworbenen Bewußtsein und Verhaltnsrepertoire handeln können, dann darf man sie nicht schlagartig, unvorbereitet und unaufgeklärt in unbekannte Strukturen entlassen, weil sie dort, verunsichert und verängstigt, bestenfalls nur die ihnen bekannten Strukturen wieder abbilden werden. Behutsamkeit (in der Abkehr vom Frontalunterricht, in der Einführung neuer Lernmethoden, in der Legitimation reversiblen Verhaltens usw.) ist deshalb weniger eine Taktik der Verzögerung mit dem Ziel, wenigstens Teile von Hierarchie möglichst lange zu erhalten, als verantwortliches und verantwortbares Handeln: reflektiertes Tun anstelle unreflektierten Aktionismus. Daß der Lehrer freilich seine Überlegungen transparent macht und im Urteil der Betroffenen spiegelt, ist dabei nicht nur unbenommen, sondern metakommunikatives Erfordernis (116). Erst aufbauend auf dem Wandel von Interaktionsmustern läßt sich wahrscheinlich eine Kritische Friedenspädagogik, wie sie oben umrissen wurde, manifestieren.

Die dann zwar nicht zu euphorischen Hoffnungen Anlaß gebende, aber kalkulierbare und begrenzten Optimismus gestattende Wirksamkeit schulischer Friedenserziehung ließe sich noch ausbauen, wenn
— sie Inhalt und Form aller Schularten wäre und nicht dem Privileg weiterführender Schulen überlassen bliebe (117),
— sie sich nicht länger, wie in der Regel üblich, auf ältere Jahrgangsstufen beschränkte, sondern eine Konsequenz aus der simplen Tatsache zieht, daß Friede auch und besonders „die Kleinen" tangiert (118),
— sie nicht auf die Schule beschränkt bliebe, sondern sich der außerschulischen Friedenserziehung vergewissern könnte und auf sie vorbereiten, sich von ihr unterstützen lassen und sie ergänzen würde (119).

Daß eine solche Überlegung durchaus nicht trivial ist, sondern ganz entschieden in bildungspolitische Forderungen münden muß, läßt sich schnell belegen: Die Diskussion um die Hauptschule als Restschule, sichert den ersten Punkt argumentativ ab (120); die Verteufelung oder Eindimensionalität politischer Erziehung im Kindesalter legitimiert den zweiten Punkt (121); und der desolate Zustand der außerschulischen politischen Bildung begründet die Angemessenheit des dritten Punktes (122).

Vor allem die Verzahnung schulischer und außerschulischer Friedenserziehung stellt eine große Herausforderung an die Didaktik der Friedenserziehung dar. Sie steht in der Gefahr, ähnlich wie schon ihre Mutterdisziplin — die Politikdidaktik — auf die Funktion eines Erfüllungsgehilfen administrativ verordneter Schulpädagogik reduziert zu werden. Eine solche Didaktik aber, die nur die Schule — noch dazu die Schule, wie sie heute beschaffen ist — im Blick hat, arbeitet nur einseitig abnehmerorientiert.

Politikdidaktik sollte mehr sein als nur eine Theorie des heutigen Politikunterrichts. Ebenso muß Didaktik der Friedenserziehung die Notwendigkeit einer Koordination friedenspädagogischer Bemühungen in verschiedenen Institutionen sehen und zur Instanz einer solchen Koordination werden. Für die Koordination (von Familienpädagogik, Schule, Erwachsenenbildung, Gerontagogik, Heimerziehung, Kindergarten,

Jugendfreizeitstätten usw.) in friedenspädagogischer Absicht sprechen schon unökonomische Reibungsverluste unkoordinierten Neben- oder Nacheinanders, die These vom lebenslangen Lernen, der Abbau von Lehramtsstudiengängen an Universitäten und Pädagogischen Hochschulen usw. Daß eine Koordination auch eine stärkere Kooperation mit der praktischen Friedenspolitik beinhalten sollte, müßte in entsprechende Überlegungen eingehen (123). Von daher begründet sich auch eine Abkehr von partikularistischem Spezialistendenken: in ihrer antizipatorischen Qualität bleibt Didaktik der Friedenserziehung wegen der faktischen Kontinuität von Diskurs und Aktion solange Bestandteil Kritischer Theorie, wie sie am emanzipatorischen Interesse festhält. Die realistische analytische Trennung von pädagogischem und politischem Handeln bestimmt schließlich die Einschätzung langfristiger Chancen der Praxis, deren Theorie Didaktik ist: „Insgesamt wird man ... statt von einer ‚Erziehung zum Frieden' *bescheidener* vom schrittweisen Abbau gewalt- und destruktionsfördernder Lern- und Entwicklungsprozesse und vom schrittweisen Aufbau friedensrelevanter Dispositionen sprechen müssen" (124).

3.6. Zusammenfassung

Die Definition des Unfriedens als direkte Gewalt und soziale Ungerechtigkeit impliziert die Zweckmäßigkeit, mit der Didaktik der Friedenserziehung als Teildisziplin der Politikdidaktik zu verstehen und friedenspädagogische Praxis als politische Bildung zu realisieren ist. Die strukturelle Gewalt, die in einer Fremdbestimmung von Lernzielen liegt, macht es erforderlich, Wert- und Normenentscheidungen auf oberster Ebene wenigstens durchschaubar und für alle argumentativ nachvollziehbar und sinnlich erfahrbar zu machen, auf konkreter Ebene aber in die Hände der Betroffenen zu legen: Konsens läßt sich nicht erzwingen, sondern nur intersubjektiv erarbeiten. Organisierte Friedenserziehung stellt ein mehrdimensionales curriculares Netzwerk dar, innerhalb dessen sich relevante Inhalte als Objekte von Analyse, Selbstreflexion und Ideologiekritik sowie Methoden, Arbeitsweisen und Arbeitsmittel friedensrelevanten Lernens näher bestimmen lassen, ohne daß aus ihrer Integration eine den Intentionen widersprechende geschlossene Lernplanung folgen muß. Von einer Friedenserziehung in der Schule und in anderen Bildungseinrichtungen kann, ohne Rezepte zu verlangen und in technologisch perfektionierten Pragmatismus zu verfallen, ein Beitrag für einen Schritt auf dem Wege zu mehr sozialer Gerechtigkeit durch eine lernmäßige Verschränkung emotionaler, intellektueller und handlungsbezogener Strukturen des sozialen Wesens Mensch erwartet werden (125).

4. Kritik der Didaktik der Friedenserziehung im Lichte einer ganzheitlichen Anthropologie des Menschen

So sehr die Forderung nach einer Etablierung und Differenzierung der Didaktik politischer Friedenserziehung zu unterstützen ist, weil die Herbeiführung und Sicherung eines dauerhaften positiven Friedens ohne rationales politisches Handeln sich abstimmender Individuen nicht verwirklicht werden kann, ebenso sehr muß sie auch kritisch betrachtet werden. Freilich zielt die Kritik nicht darauf, diese Didaktik in ihrer praktischen Konsequenz wieder zu neutralisieren. Aber es muß doch auch um dieser Didaktik und ihres Selbstverständnisses willen Kritik zulässig sein und bleiben, damit sie in ihrer notwendigen Totalisierung nicht in unsinnige Absolutheitsansprüche verfällt.

Didaktik der Friedenserziehung als eine zwar konkret parteinehmende, aber auch distanziert-abstrahierende Aufklärung und Antizipation ist als Wissenschaft keine Technik, sondern primär Instanz der Reflexion. Gemeint ist allerdings keine ,,Reflexion in abstracto. Denn Reflexion kann genauso ... der blinden Herrschaft wie ihrem Gegenteil dienen. Also diese Reflexionen müssen selber in ihrem humanen Zweck durchsichtig sein" (126). In diesem Rahmen ist sie aber inhaltlich unumschränkte und damit auch radikale *Reflexion*. Pädagogische Praxis zeigt nun aber und wird wahrscheinlich auch weiterhin zeigen, daß ,,die Erwartung, daß solche Reflexion, die ja immer auch konkret unterrichtsbezogene Planung einschließt, sich mehr oder minder selbstverständlich in die Realisierungsfähigkeit der Lehrer umsetzen wird, ... sich nicht erfüllt. Das heißt also: Die Fähigkeit, das eigene didaktische Reflexionsniveau in pädagogisches Handeln übersetzen zu können, muß in spezifischen Lernprozessen des Lehrers entwickelt werden. Diese Fähigkeit, theoretische Einsicht in praktisches Handeln im Unterricht übersetzen zu können, ist etwas ganz anderes als etwa technische Umsetzungsfähigkeit. Die damit bezeichnete Aufgabe kann didaktische Theorie als bloße Theorie überhaupt nicht bewältigen, sie kann höchstens die darin liegenden Probleme aufweisen" (127). Als gedankliche Vorwegnahme von Lernprozessen ist deshalb Didaktik der Friedenserziehung ebenso begrenzt, wie diese Lernprozesse als gedankliche Vorwegnahme politischen Handelns begrenzt sind. Beide teilen sich als Bestandteile eines Emanzipationsprozesses mit anderen Bestandteilen in ein Grundcharakteristikum des emanzipatorischen Interesses in unserer Zeit: ,,Emanzipation heute muß in ihrer Ohnmacht ihrer Macht sich versichern, mit der sie die herrschende Macht ihrer Ohnmacht überführt. Sie muß dieser Dialektik bewußt sein, oder sie ist keine" (128). Nicht das Eingebundensein der Didaktik der Friedenserziehung in diesen Dialektikzusammenhang freilich ist zu kritisieren, sondern die übersteigerte Hoffnung auf eine pragmatisch-technologische Wende der Didaktik, welche doch als Theoriegebäude gar nicht der Praxis das Handeln abnehmen kann.

Zu kritisieren ist aber auch, daß durch den Beitrag einer politisch motivierten Didaktik der Friedenserziehung zur Bewußtmachung der Notwendigkeit des politischen Handelns im Friedensinteresse der Eindruck nicht nur entstehen kann, sondern de facto bereits entstanden ist, daß Frieden allein durch politisches Handeln realisierbar ist. Der materialistische Kern aller Überlegungen zur Verwirklichung positiven Friedens als politischer Aktivität im Sinne eines Eingriffs in Lebenswelten sowie einer darauf abzielenden Didaktik unterliegt dem Mangel allen materialistischen Denkens, sei es der die Gesellschaftsstruktur lediglich bestätigende Positivismus westlicher oder der die Gesellschaft nicht grundlegend wandelnde Marxismus östlicher Prägung: dialektisch gesehen ist Materialismus nur die Antithese zum Idealismus; eine Synthese aber ist er noch nicht (129). Eine Synthese hätte aber zu berücksichtigen, daß der Mensch mehr ist als ein nur — materialistisch gesehen — politisch-soziales Wesen. Die notwendige Antithese zum Unfrieden durch einen Materialismus, der wie die Didaktik der Friedenserziehung, den politisch-sozialen Kompetenzbereich des Menschen thematisiert, wäre ,,zu ergänzen durch eine zukunftsweisende ganzheitliche Anthropologie, welche alle Bestimmungen der menschlichen Existenz, neben den gesellschaftlichen auch die biologischen, kosmischen, tiefenpsychologischen und religiösen einschließt und zur Grundlage der Befreiung macht" (130). Nun könnte man zwar folgern, Didaktik der Friedenserziehung und Praxis der Friedenspädagogik sollten einfach um die anderen Bestimmungen der menschlichen Existenz erweitert werden. Das wäre aber problematisch: denn wenn die Ganzheit der Wissenschaft, der Erziehung und des Menschen aus analytischem Interesse in Disziplinen, Erziehungsfelder und Persönlichkeitsdimensionen zergliedert werden (was solange zulässig ist, wie bei Bewußtheit der Dialektik die Akzentuierung eines Moments einer Dialektik unter zeitweiliger Ausblendung anderer Momente erkenntnisfördernd ist und human bleibt), dann steht dem eine Mediatisierung der Friedenserziehung ebenso entgegen wie eine durch Friedenserziehung provozierte Politisierung anderer Elemente der Ganzheit. Da der Mensch zweifelsfrei auch materiell existent ist, vermag ihm eine materialistisch orientierte Didaktik durchaus auch Hilfestellungen für die materielle Seite des Lebens zu geben, sofern sie sich ihrer Beschränktheit bewußt ist und andere Existenzformen nicht nur nicht leugnet, sondern nachdrücklich befürwortet und unterstützt. Didaktik der Friedenserziehung kann dann in der oben geschilderten Weise einen Beitrag zum Frieden und zur Emanzipation leisten. Dies wäre auf der Ebene von Pädagogik ein notwendiger, aber kein hinreichender pädagogischer Beitrag. Hinreichend werden pädagogische Beiträge erst dann, wenn sie auch die nicht politisch-gesellschaftlichen Bestimmtheiten im Blick haben. Lernfelder in musischen, religiösen, handwerklichen u.a. Bereichen können dazu als indirekte Friedenserziehung ein Stück beisteuern, auch wenn sie legitimerweise primär anderen Intentionen dienen, die freilich denen der Friedenserziehung nicht zuwiderlaufen sollten (131).

Die Angemessenheit, wenn nicht gar unausweichliche Notwendigkeit einer Ausweitung der Perspektive über die materialistische Problemsicht hinaus läßt sich verdeutlichen, wenn man sich auf eine Definition des Friedens als Erlösung von Leid einläßt, was der positive Friedensbegriff geradezu herausfordert: „Die radikale Erwartung der *Erlösung* zur Freiheit ist hier keine Projektion, die es erlaubte, sie als utopische Zielvorstellung vor das Programm einer gerechteren Gesellschaftsordnung zu spannen, welche seine zwangsweise Realisierung gestattete; ihre Anfechtung entsteht gerade an jeder geschichtlichen Positivität des Heils, in der sie auch ihren realen Grund hat. Sie vermag eine Dynamik der Befreiung auszulösen, die auch begrenzte Identifikationen, Teilemanzipationen für Zeichen der Erlösung zu halten zuläßt. Ein solches Bejahen der Endlichkeit heißt jedoch nicht, daß die Heilserwartung des Glaubens sich mit solchen Zeichen zufriedengeben und mit der Unaufhebbarkeit von Leidenserfahrungen abfinden müßte. Sie findet ihre Grenze nicht an den objektiven Möglichkeiten, die das System der gesellschaftlichen Arbeit, die wissenschaftlich-technische Rationalität und die Raison der Herrschaft für Emanzipation lassen, sondern an dem Maß der zwanglosen Solidarität der Leidenden. So liegt die Pointe der Heilserwartung nicht in der *Emanzipation von Leiden,* sondern in der Emanzipation als *Solidarität der Leidenden,* nicht im Zwang zur Selbsterlösung, die alsbald der Logik der Selbsterhaltung verfällt, sondern in der Möglichkeit der ‚Imitatio Christi', der Nachfolge des gekreuzigten Gottes, nicht in dem Zwang, eine repressionsfreie Zukunft durch fortschrittsorientierte und wissenschaftlich geplante soziale Evolution hervorzubringen, sondern in der Gegenwart des *Geistes* Gottes. Sie durchbricht den Bann des Teufelskreises einer verzweifelten *Vernunft*, die durch bestimmte Negation des Leides neues unbestimmtes Leid produziert, durch jene erfahrbare geschichtliche Positivität des Heils, die der Religionskritik als Schwäche des christlichen Glaubens galt" (132).

Die Überwindung materialistischer Einseitigkeiten zugunsten einer Ausbalancierung menschlicher Bestimmtheiten erfordert zuallererst eine Auflösung des übersteigerten individuellen Strebens nach immer mehr Gewinn und Macht, bedeutet eine Auflösung von Gier, Neid und Haß. Dies würde nicht erst durch eine veränderte gesellschaftliche Struktur begünstigt, zu welcher sie selbst beiträgt, sondern schon durch eine starke Konzentration auf das Sein hier und heute, auf Lust, Liebe, schöpferische Tätigkeit, auf die Sinnlichkeit des Augenblicks. Die ja durch die Antizipation auf die Zukunft gerichtete Didaktik der Friedenserziehung ist also auch um eine Pädagogik zu ergänzen, die den Genuß des Jetzt heranzubilden imstande ist, und zwar nicht um den unausweichlichen und zeitlich nicht prognostizierbaren materiellen Tod zu leugnen, sondern gerade im Bewußtsein kommenden Todes das Leben zu bejahen: „Die spätmittelalterliche Kultur blühte, weil die Vision von der *Stadt Gottes* die Menschen beflügelte. Die Gesellschaft der Neuzeit blühte, weil die Vision der *Irdischen Stadt des Fortschritts* die Menschen mit Energie erfüllte. In unserem Jahrhundert hat diese Vision jedoch die Züge des *Turms von Babel* angenommen, der jetzt einzustürzen beginnt und schließlich alle unter seinen Trümmern begraben wird. Wenn die Stadt Gottes und die Irdische Stadt *These* und *Antithese* darstellten, dann ist eine neue Synthese die einzige Alternative zum Chaos: die Synthese zwischen dem ‚religiösen' Kern der spätmittelalterlichen Welt und der Entwicklung des wissenschaftlichen Denkens und des Individualismus seit der Renaissance. Diese Synthese ist die *Stadt des Seins*" (133).

Anmerkungen

1 Einige Passagen dieses Beitrags verarbeiten Überlegungen aus Teilen eines vorbereitenden Manuskripts von *Berthold Langer,* dem der Verfasser ebenso wie *Wolfgang Hilligen* für einige hilfreiche Anregungen dankt.
 Dem aufmerksamen Leser wird nicht entgehen, daß der Verfasser in einigen Punkten von der Position und vom Begriffsgebrauch der Autoren der vorausgegangenen Beiträge abweicht. Der gesamte Beitrag macht aber die abweichende Position (gekennzeichnet durch einen stärkeren Bezug zur kritisch-emanzipatorischen Wissenschaft) deutlich. Das jeweilige Begriffsverständnis (resultierend aus der aus der Position abgeleiteten oder ihr angemessenen Probleminterpretation) wird im jeweiligen Kontext offenkundig. Auf spezielle Hinweise auf die Differenzen zu den anderen Autoren wird verzichtet. Dafür sind folgende Überlegungen maßgebend: Erstens kann der Leser durch kritischen Vergleich derartige Differenzen selbständig ausfindig machen und bewerten. Zweitens will sich dieser Beitrag nicht anmaßen, die Position der anderen Autoren, und sei es auch nur um partieller Abgrenzungen willen, zu kommentieren, zumal ja auch in den vorstehenden Beiträgen eine kritische Auseinandersetzung mit diesem Beitrag unterbleibt. Drittens wird der Auftrag zur Einführung in die didaktischen Probleme der Friedenserziehung vom Verfasser so interpretiert, daß ein Problemaufriß anstelle einer detaillierten Auseinandersetzung im Vordergrund der Überlegungen stehen sollte. Viertens müßte einer Abgrenzung von den anderen Autoren dieses Bandes fairerweise auch eine ausführliche Abgrenzung von anderen Arbeiten zur Friedenspädagogik folgen; dafür fehlt hier aber der Platz. Sollte sich gleichwohl beim Leser der eine oder andere Gedanke der Verwirrung einstellen, so ist die Ursache dafür weder in einer unaufmerksamen Lektüre noch in mangelhafter Koordination der einzelnen Teile dieses Buches zu suchen. Widersprüche in diesem Band sind vielmehr symptomatisch für die Widersprüche der Diskussion um eine legitimierbare und praktikable Friedenserziehung. Das Problem läßt sich auch in einer Einführung nicht harmonisieren; seiner Lösung müssen erst weitere Diskussionen vorausgehen.
2 *H. Scarbath,* Friedenserziehung, in: *L. Roth* (Hrsg.), Handlexikon zur Erziehungswissenschaft, München 1976, S. 192-196, hier S. 192; Kursivdruck wurde nicht übernommen.
3 Vgl. dazu *K. Schaller,* Einführung in die Kritische Erziehungswissenschaft, Darmstadt 1974.
4 Die nachfolgenden Ausführungen beziehen sich nur auf eine Betrachtung, welche auf die bundesrepublikanische Situation und Sichtweise beschränkt bleiben muß. Zu Ansätzen territorialer Verschiedenheiten und internationaler Vergleiche vgl. die Beiträge bei *Ch. Wulf* (Hrsg.), Friedenserziehung in der Diskussion, München 1973, S. 62 ff.
5 Die miteinander verzahnten quantitativen und qualitativen Aspekte von Demokratie finden am deutlichsten Berücksichtigung in Konzepten der Fundamentaldemokratisierung, welche die repräsentative und formale Demokratie in spezifischen politischen Institutionen und Organisationen um demokratisches Verhalten in allen Lebensbereichen zu ergänzen und zu korregieren trachten. Siehe dazu auch *U. v. Alemann* u.a. (Hrsg.) Partizipation – Demokratisierung – Mitbestimmung. Problemstellung und Literatur in Politik, Wirtschaft, Bildung und Wissenschaft, Eine Einführung, 2. erg. Aufl. Opladen 1978.
6 Diese These wird besonders eindringlich und eigenwillig expliziert bei *O. Negt,* Keine Demokratie ohne Sozialismus. Über den Zusammenhang von Politik, Geschichte und Moral, Frankfurt/Main 1976, mit dem sich der Verf. freilich nicht in allen Punkten zu identifizieren vermag.
7 Zu den vorstehenden Ausführungen vgl. auch *D. Senghaas,* Abschreckung und Frieden, Frankfurt/Main 1969; *D. Senghaas* (Hrsg.), Kritische Friedensforschung, Frankfurt/Main 1971.
8 Dazu: *M. Rösel,* Pädagogische Dimensionen der Didaktik von Individuum und Gesellschaft, Essen 1972.
9 Ergänzend sei verwiesen auf *J. Galtung,* Gewalt, Frieden und Friedensforschung, in *Senghaas,* Kritische Friedensforschung, a.a.O., S. 55-104.
10 Gedanken dazu bei *P. Schulz-Hageleit,* Erziehung zum Glück. Überlegungen zu einer pädagogischen Grundfrage, in: aus politik und zeitgeschichte (1975), 13, S. 28-47.
11 *Th. W. Adorno,* Erziehung zur Entbarbarisierung, in: *Th. W. Adorno,* Erziehung zur Mündigkeit. Vorträge und Gespräche mit Hellmut Becker 1959-1969, Frankfurt/Main 1971, S. 120-132, hier S. 120.

12 Im erziehungswissenschaftlichen Bereich liefert dafür ein polemisches Beispiel: *W. Brezinka*, Erziehung und Kulturrevolution. Die Pädagogik der Neuen Linken, München 1974.
13 *Adorno*, a.a.O., S. 131.
14 Vgl. dazu auch *H.-G. Assel*, ‚Frieden in Freiheit': eine zentrale Kategorie politischer Pädagogik, in: aus politik und zeitgeschichte (1975), 15, S. 21-30, insbes. S. 26 ff.
15 Siehe diesbezüglich *G. Hartfiel* (Hrsg.), Die autoritäre Gesellschaft, 3. Aufl. Opladen 1972.
16 Ansätze dazu bei *L. Dencik*, Plädoyer für eine revolutionäre Konfliktforschung, in: *Senghaas*, a.a.O., S. 247-169. Vgl. auch die Kritik bei *Schaller*, a.a.O., S. 56 ff.
17 Zu derartigen Gefahren vgl. *K. Priester*, Erziehung zum Frieden oder die Abrichtung zur Friedfertigkeit, in: betrifft: erziehung, 5 (1972), 7, S. 27-32.
18 *H. Giesecke*, Didaktik der politischen Bildung, 10. erw. Aufl. München 1976, S. 123; Kursivdruck wurde nicht übernommen.
19 Dazu: *F. Vilmar*, Strategien der Demokratisierung, Band 1 und 2, Darmstadt u. Neuwied 1973.
20 Zur Einführung: *B. Claußen* (Hrsg.), Materialien zur politischen Sozialisation. Zur sozialwissenschaftlichen Fundierung politischer Bildung, München u. Basel 1976 sowie *B. Claußen* (Hrsg.), Politische Sozialisation in Theorie und Praxis, München u. Basel 1980.
21 Exemplarisch: *G. Beck*, Autorität im Vorschulalter. Eine soziologische Untersuchung zur politischen Sozialisation in der Familie, Weinheim u. Basel 1973.
22 Die Lebensqualität nur am Verfassunsauftrag zu messen, entspräche einer halbierten Wahrnehmung bundesrepublikanischer Wirklichkeit. Aus den unverkennbaren Diskrepanzen allerdings die Demokratie-Unfähigkeit des Systems abzuleiten, greift ebenfalls zu kurz, wenn man bedenkt, daß das Grundgesetz einen Auftrag darstellt, über dessen Einlösungschance nur die geschichtliche Erfahrung richten kann, für die freilich drei Jahrzente durchaus noch keine ausreichende Basis abgeben.
23 Die Verdinglichungsgefahr in modernen, äußerlich gefälligen Bürokratien und Technologien scheint dem Verfasser mindestens ebenso inhuman zu sein wie nackter Terror und nationalsozialistischer Staatsfaschismus.
24 Dies wird u.a. deutlich an den hinsichtlich friedensrelevanter Lerninhalte überaus defizitären Schulbüchern (nicht nur) für die politische Bildung. Vgl. dazu exemplarisch: *G. Erb*, Zum Friedens- und Konfliktbegriff in Schulbüchern, in *F. Neumann/K. G. Fischer* (Hrsg.), Option für Freiheit und Menschenwürde. Festschrift für Wolfgang Hilligen zum 60. Geburtstag, Frankfurt/Main u. Kronberg 1976, S. 39-46 und *H. Nicklas u.a.*, Das Freund-Feind-Schema als stereotypes Interpretationsmuster internationaler Politik. Aus einer Schulbuchuntersuchung, in: Zeitschrift für Pädagogik 19 (1973), S. 235-240.
25 Verwiesen sei in diesem Zusammenhang auf *W. Hilligen*, Zur Didaktik des politischen Unterrichts I. Wissenschaftliche Voraussetzungen – Didaktische Konzeptionen – Praxisbezug, Ein Studienbuch, Opladen 1975, S. 255 ff.
26 Blinder und militanter Antikommunismus wäre freilich ähnlich wie terroristische Versionen des Anarchismus und dogmatische Klassenkampfparolen sowie faschistoider Techno- und Bürokratismus ein Beispiel für immerhin auch vorhandene Bedingungen eindeutiger, gegen den Frieden gerichteter Sozialisation.
27 Vgl. zur näheren Begründung *H.-E. Bahr* (Hrsg.), Politisierung des Alltags – Gesellschaftliche Bedingungen des Friedens, Neuwied 1972; *F. Lademacher*, Der Friede als Inhalt des Politischen und als politische Zielprojektion, in: Geschichte in Wissenschaft und Unterricht 22 (1971), S. 22-32 und vor allem *A. Mitscherlich*, Die Idee des Friedens und die menschliche Aggressivität, Frankfurt/Main 1969.
28 Detailliertere Beschreibungen bei *Rösel*, a.a.O., S. 38 ff.
29 Daß dies nicht mit Indoktrination gleichzusetzen ist und auch keiner Parteinahme für politische Parteien als Organisationseinheiten entspricht, kann hier nicht näher ausgeführt werden. Vgl. dazu *Giesecke*, a.a.O., S. 229 ff.
30 *Rösel*, a.a.O., S. 61.
31 Als Einstieg vgl. *H. Giesecke*, Einführung in die Pädagogik, 6. Aufl. München 1974.
32 *Ch. Wulf*, Friedenserziehung, in: *Ch. Wulf* (Hrsg.), Wörterbuch der Erziehung, 2. Aufl. München 1976, S. 218-223, hier S. 218 f.
33 *H. Schierholz*, Konzeptionen der Friedenspädagogik in der Bundesrepublik Deutschland. Darstellung und Kritik, Hamburg 1975, S. 43.
34 Im einzelnen vgl. dazu auch a.a.O., S. 5 ff., insbesondere auch die Quellenangaben.
35 A.a.O., S. 44. Ergänzend: *H. Schierholz*, Friedensforschung und politische Didaktik. Studien zur Kritik der Friedenspädagogik, Opladen 1977, S. 54 ff.
36 *Scarbath*, a.a.O., S. 194
37 Vgl. ergänzend *H. Röhrs*, Erziehung zum Frieden, Stuttgart 1971 und *J. Galtung*, Probleme der Friedenserziehung, in : Zeitschrift für Pädagogik 19 (1973), S. 185-200 sowie *J. Becker/ E. Jahn*, Bibliographie zur Friedenserziehung, in *Wulf*, Friedenserziehung (Sammelband), a.a.O., S. 258-265. Zu den erwähnten Diffamierungsversuchen vgl. exemplarisch: *H. Günther u.a.*, Die Gewalt der Verneinung. Die Kritische Theorie und ihre Folgen, 2. Aufl. Stuttgart 1978. Als indirekte Zurückweisung vgl. *H. Gripp*, Kritische Theorie und Gewalt. Der Versuch einer Klärung, in: Die Mitarbeit 27 (1978), S. 17-27.
38 *Wulf*, Friedenserziehung (lexikalisches Stichwort), a.a.O., S. 219.

39 W. Lempert, Leistungsprinzip und Emanzipation. Studien zur Realität, Reform und Erforschung des beruflichen Bildungswesens, Frankfurt/Main 1971, S. 318.
40 Ebd.
41 Hilligen, a.a.O., S. 289 (unter Verweis auf Habermas).
42 Zur Abwehr weiterer möglicher Mißverständnisse hinsichtlich des Emanzipationsbegriffs vgl. auch a.a.O., S. 285 ff. Zu ergänzenden Aspekten emanzipatorischer Friedenserziehung vgl. A. Kuhn u. a., Historisch-politische Friedenserziehung, München 1972.
43 Nähere Begründungen dazu bei B. Claußen, Emanzipation — Normengefüge — Erziehung. Kritische Anmerkungen zu einem Aufsatz von Lutz Rössner, in: Zeitschrift für Pädagogik 19 (1973), S. 123-133.
44 W. Lempert, Zum Begriff der Emanzipation, in: M. Greiffenhagen (Hrsg.), Emanzipation, Hamburg 1973, S. 216-226, hier S. 226; Hervorhebungen z. T. v. Verf. Zur Kritischen Friedenspädagogik vgl. außerdem P. Ackermann u. a. (Hrsg.), Erziehung und Friede, Materialien zur Diskussion, München 1971; S. Dasgupta, Erziehung zur eine Gesellschaft der Gewaltlosigkeit, in: Zeitschrift für Pädagogik 19 (1973), S. 201-212; M. Funke, Kritische Friedenserziehung. Eine Problemanzeige, in: Beiträge zur Konfliktforschung 5 (1975), 3, S. 17-28.
45 Vgl. Lempert, a.a.O.
46 Daß gleichwohl, je nach Definition, die Begriffe Erziehung und Didaktik fließende Übergänge aufweisen können, ist in jüngerer Zeit in zwei Lexikonartikeln einleuchtend dargestellt worden. Vgl. dazu G. Auernheimer, Erzieher — Erziehung — Erziehungstheorie, in: Wulf, Wörterbuch, a.a.O., S. 187-192 und W. Klafki, Curriculum — Didaktik, in: Wulf, a.a.O., S. 117-128.
47 Als Einführung in den Problembereich eignet sich neben einer Vielzahl vornehmlich neuerer einschlägiger Handbuchartikel H. Blankertz, Theorien und Modelle der Didaktik, 9., neubearb. u. erw. Aufl. München 1975. Zu den nachfolgenden Ausführungen vgl. insbesondere W. H. Peterßen, Didaktik, in: Roth, a.a.O., S. 96-104.
48 Daß in unserer Zeit vielfach praktische Interessen sich verselbständigt haben und technisches Interesse dem emanzipatorischen Anliegen entlaufen ist, widerlegt nicht die Integrierbarkeit, sondern begründet die Wiederherstellung des Integrationsgefüges.
49 Vgl. auch V. Rittberger, ‚Frieden ist mehr als kein Krieg'. Gewaltpolitik als Problem der Friedensforschung, in: aus politik und zeitgeschichte (1977), 20, S. 19-29.
50 Dazu auch U. Hommes, Brauchen wir die Utopie? Plädoyer für einen in Mißkredit geratenen Begriff, in: aus politik und zeitgeschichte (1977), 20, S. 3-17.
51 Siehe Th. Leithäuser, Formen des Alltagsbewußtseins, Frankfurt/Main u. New York 1976.
52 R. Fatke, warum die Intelligenz-Debatte wieder aufgewärmt wird, in: psychologie heute 2 (1975), 9, S. 53-58, hier S. 57.
53 Die Begründung liegt sowohl in der Irrelevanz vieler Ergebnisse für die Pädagogik, aber auch in der Inkongruenz von Erkenntnisinteressen sowie in einer bisweilen geradezu unsinnig gewordenen Arbeitsteilung und Zersplitterung.
54 K. Horn, Politische Psychologie. Erkenntnisinteresse, Themen, Materialien, in: G. Kress/D. Senghaas (Hrsg.), Politikwissenschaft. Eine Einführung in ihre Probleme, Frankfurt/Main 1972, S. 185-229, hier S. 193.
55 A.a.O., S. 194 ff.
56 Vgl. M. Jay, Dialektische Phantasie. Die Geschichte der Frankfurter Schule und des Instituts für Sozialforschung 1923-1950, Frankfurt/Main 1976.
57 Siehe dazu auch die obigen Ausführungen zu den Grundlagen kritisch-emanzipatorischen Denkens.
58 Als Einführung: K. Hurrelmann, Kritische Überlegungen zur Entwicklung der Bildungsforschung, in: betrifft: erziehung 10 (1977), 4, S. 58-62.
59 W. Hilligen, Zur Didaktik des Politikunterrichts, in: Die Deutsche Berufs- und Fachschule 73 (1977), S. 163-180, hier S. 172; Kursivdruck wurde nur z. T. übernommen.
60 Kuhn u.a., a.a.O., S. 32.
61 Grundsätzlich ist gegen ein selbstorganisiertes Lernen ohne Funktion des Lehrenden (die sich ohnehin nicht im klassischen Dozieren erschöpft!) durchaus nichts einzuwenden. Unter dem Aspekt ökonomischer Organisation muß man aber auch den Wert von Experten und die Chancen der Vermittlung von Informationsvorsprüngen sehen, die besonders im Zusammenhang mit dem Generationsgefälle und der Notwendigkeit einer Befähigung zum selbstorganisierten Lernen evident werden.
62 Hilligen, a.a.O., S. 175. Zum Verhältnis von Aktion und kommunikativem Handeln vgl. auch K. Mollenhauer, Theorien zum Erziehungsprozeß. Zur Einführung in erziehungswissenschaftliche Fragestellungen, München 1972, S. 14 ff.
63 Hilligen, a.a.O.
64 Zu den Einzelheiten dieser Prinzipien vgl. auch B. Claußen, Medien und Kommunikation im Unterrichtsfach Politik. Didaktische und methodische Anregungen, Frankfurt/Main 1977.
65 Funke, a.a.O., S 18
66 Vgl. auch H. Nähring, Friedenserziehung. Analyse friedenspädagogischer Literatur und Konstruktion von Curricula, Diss. Hamburg 1976.
67 Andererseits muß allerdings fairerweise auch darauf hingewiesen werden, daß Optionen für Freiheit und Menschenwürde und die Ausrichtung der Politikdidaktik an Kategorien wie denen des

Überlebens und des guten Lebens eindeutig friedensrelevante Implikationen enthalten. Am deutlichsten wird dies bei *Hilligen,* Zur Didaktik politischen Unterrichts, a.a.O., S. 28 ff.
68 *Giesecke,* a.a.O., S. 207.
69 A.a.O., S. 208.
70 *J. Habermas,* Erkenntnis und Interesse, Frankfurt/Main 1973, S. 302.
71 *Rittberger,* a.a.O., S. 29.
72 *Hommes,* a.a.O., S. 17
73 *Hilligen,* a.a.O., S. 267.
74 Vgl. dazu die Kontroverse zwischen *B. Sutor,* Parteilichkeit politischer Bildung? Ein Diskussionsbeitrag in Auseinandersetzung mit Hermann Gieseckes ‚Didaktik der politischen Bildung', in: Materialien zur Politischen Bildung 2 (1974), 4, S. 85-91 und *H. Giesecke,* Wer macht den politischen Unterricht parteilich? Eine Antwort auf Bernhard Sutors Kritik, in: Materialien zur Politischen Bildung 2 (1974), 4, S. 91-97. —Während in diesem Beitrag die Begriffe Parteilichkeit und Parteinahme im Sinne der obigen Erläuterung als Arbeitsbegriffe für vorläufige Optionen synonym Verwendung finden, hat *Hilligen,* a.a.O., S. 52 ff., darauf hingewiesen, daß die Begriffe durchaus unterschiedlichen Inhalten genügen können.
75 Siehe auch *W. Gagel/R. Schörken* (Hrsg.), Zwischen Politik und Wissenschaft. Politikunterricht in der öffentlichen Diskussion, Opladen 1975.
76 *H. Nicklas/Ä. Ostermann,* Zur Friedensfähigkeit erziehen. Soziales und politisches Lernen als Unterrichtsthema, München 1976, S. 117.
77 *H. Giesecke,* Die Jugendarbeit, München 1971, S. 146.
78 Exemplarisch zu diesem Problem: *E. Eppler,* Ende oder Wende. Von der Machbarkeit des Notwendigen, überarb. Ausg. München 1976.
79 Vgl. *K. Lompe,* Wissenschaftliche Beratung der Politik, Göttingen 1972.
80 *Giesecke,* Didaktik, a.a.O., S. 233, Kursivdruck wurde nicht übernommen. Zu den Vor- und Nachteilen der Verfahren vgl. ausführlicher a.a.O., S. 230 ff.
81 *H. J. Giegel,* Reflexion und Emanzipation, in: *K.-O. Apel u. a.,* Hermeneutik und Ideologiekritik, Frankfurt/Main 1971, S. 244-282, hier S. 273. Zu den vorstehenden Ausführungen vgl. ebd.
82 Ebd.
83 Vorgelegt von *Nicklas/Ostermann,* a.a.O., S. 145 ff. Vgl. ergänzend *Funke,* a.a.O., 18 ff; *H. Lißmann,* Zur Ermittlung, Legitimierung und Realisierung curricularer Ziele der Friedenserziehung, in: *Wulf,* Friedenserziehung (Sammelband), a.a.O., S. 175-182 und *Ä. Ostermann,* Ziele, Inhalte und Voraussetzungen eines Curriculum der Friedenserziehung, in: *Wulf,* a.a.O., S. 182-187 sowie *H. P. Schmidt,* Frieden und soziale Gerechtigkeit als Lernziel und Lernstrategie, in: *Wulf,* a.a.O., S. 76-81.
84 Eine ausführliche Diskussion und Komplettierung des Katalogs muß anderen Arbeiten vorbehalten bleiben; sie können hier aus Platzgründen nicht erfolgen.
85 *Scarbath,* a.a.O., S. 196.
86 Nach *Galtung,* a.a.O., S. 66 und *Nicklas/Ostermann,* a.a.O., S. 45.
87 Nach *Galtung,* a.a.O., S. 88 und *Nicklas/Ostermann,* a.a.O., S. 46.
88 Die Tabelle folgt dem Schema aus Abb. 1 unter Verwendung einiger Anregungen einer ähnlichen Tabelle von *Nicklas/Ostermann,* a.a.O., S. 152.
89 Zur Konkretisierung vgl. *Giesecke,* a.a.O., S. 139 ff.
90 Dazu auch *Giegel,* a.a.O., S. 244 ff.
91 Als Einführung: *W. Hilligen,* Zur Klärung des Ideologiebegriffs, in: Gegenwartskunde 24 (1975), S. 71-93.
92 Ergänzend dazu: *A. Holtmann,* ‚Dialektisches Denken und Handeln in der politischen Bildung'. Vorüberlegungen zu einem Projekt: Absichten und Begründung, in: Politische Didaktik 2 (1976), 3, S. 2-23.
93 *Wulf,* Friedenserziehung (lexikalisches Stichwort), a.a.O., S. 219.
94 Ebd.
95 *H. Giesecke,* Methodik des politischen Unterrichts, 5. Aufl. München 1978, S. 41 ff. Beachtenswert dazu ist die Kritik von *W. Hilligen,* Gieseckes neue Methodik. Anmerkungen zum Verhältnis von Methodik und Didaktik im politischen Unterricht, in: Gegenwartskunde 25 (1976), S. 91-94.
96 Vgl. auch *Claußen,* a.a.O., Kap. 3 u. 4.
97 *J. Schwalm,* Zur Bedeutung der Medien für die Friedenserziehung, in: *Wulf,* Friedenserziehung (Sammelband), a.a.O., S. 188-204, hier S. 189.
98 Dazu *Giesecke,* a.a.O., S. 166: „Nur die sehr begrenzte Wirklichkeit, die unmittelbar individuell erfahrbar ist, kann ohne deren Vermittlung erfahren werden. Aber selbst das ist fraglich, weil diese individuellen Erfahrungen ohne die Thematisierung und Interpretation in den Massenmedien keine objektivierbare Qualität erhalten könnten. Die objektiven politisch-gesellschaftlichen Probleme jedenfalls sind nur auf dem Weg über die großen Massenmedien erfahrbar, verstehbar und zum Gegenstand eigener politischer Reaktionen zu machen. Man muß bei aller mehr oder weniger berechtigten Kritik an den Massenmedien sich vor Augen halten, daß gerade Funk und Fernsehen einen technologischen Fortschritt für die Herstellung einer demokratischen Öffentlichkeit sowie überhaupt für die Präsentation politischer Probleme und Lösungen

darstellen", der von der politischen Bildung „einfach nicht mehr unterlaufen oder ignoriert werden kann."
99 Siehe dazu das Verzeichnis der Unterrichtsmodelle bei *Nicklas/Ostermann*, a.a.O., S. 153. Über Neuerscheinungen informiert der regelmäßige bibliographische Dienst der Zeitschrift ‚Materialien zur Politischen Bildung'.
100 Vgl. auch *H. Markert*, Zur Konstruktion von Unterrichtsmodellen zur Friedenserziehung, in: *Ch. Wulf* (Hrsg.), Kritische Friedenserziehung, Frankfurt/Main 1973, S. 92-123.
101 Vgl. dazu im allgemeinen *B. Claußen*, Unterrichtsmodelle zur politischen Bildung: Praxisnahe Hilfsmittel emanzipatorischer Sozialisation? In: Gegenwartskunde 25 (1976), S. 45-54, und im besonderen *Tübinger Arbeitskreis für Friedensforschung* (Hrsg.), Funktion von Unterrichtsmodellen für die Friedenserziehung, Tübingen 1973.
102 *Wulf*, Friedenserziehung (lexikalisches Stichwort), a.a.O., S. 221.
103 Nach *Ch. Wulf* (Hrsg.), Handbook on Peace Education, Frankfurt/Main u. Oslo 1974.
104 *F. Nutz u. a.*, Friedensfähigkeit und politisches Lernen, München 1973, S. 12; Kursivdruck wurde nicht übernommen.
105 Ebd.; Kursivdruck wurde nicht übernommen. Vgl. auch a.a.O., s. 11: „Wer wirklich Verhaltensänderung und nicht nur ‚Einsichten' erreichen will, muß in der Überprüfung seiner Didaktik abrücken von einem ‚germanistischen' Selbstverständnis und nicht mehr (nur, d. Verf.) die ‚Sache', sondern das Bewußtsein der Schüler zum Inhalt des Lernprozesses machen."
106 *Wulf*, Friedenserziehung (lexikalisches Stichwort), a.a.O., S. 219, Kursivdruck wurde nur teilweise übernommen, Zur Einführung in das Problem der affektiven Erziehung vgl. auch *B. Claußen*, Affekte und politische Bildung. Stichworte zu einem ungelösten Problem, in: Die Schulwarte 27 (1974), 7, S. 1-25.
107 *R. Schmitt*, ‚Affektive' Erziehungsziele (attitudes) und Curriculumforschung am Beispiel der Entwicklungsproblematik, in: Schule und Dritte Welt (1972), 38, S. XI – XXIII, hier S. XIII f.
108 Vgl. die deshalb auch völlig berechtigte Kritik an dem Stilmitteln des sog. sozial-integrativen pädagogischen Führungsstils bei *Nicklas/Ostermann*, a.a.O., 95 ff. Ergänzend siehe *F. Bilzer*, Konfliktlernen. Informationsbedingungen und kommunikative Voraussetzungen von Konfliktbewußtsein, Konfliktfähigkeit und Konfliktbewältigung, Frankfurt/Main 1978.
109 Zur Wechselbeziehung von Diskurs und Aktion vgl. auch *Claußen*, Medien und Kommunikation, a.a.O., Abschnitt 2.3.
110 Vgl. ergänzend *G. Ammon*, Gruppendynamik der Aggression, Berlin 1971 sowie *J. Huber* (Hrsg.), Gruppendynamik und Gruppenpädagogik. Ihr Beitrag zur politischen Bildung, München 1976.
111 *Nicklas/Ostermann*, a.a.O., S. 117
112 *H.-J. Gamm*, Friedenserziehung unter den Bedingungen der kapitalistischen Gesellschaft, in: *Wulf*, Friedenserziehung (Sammelband), a.a.O., S. 24-29.
113 *Nicklas/Ostermann*, a.a.O., S. 118.
114 Emanzipation bliebe dabei auch auf die kämpferische Dimension beschränkt.
115 Der alte, dem römischen Recht entlehnte Emanzipationsbegriff enthielt diese Freilassung, die heute nicht unbedingt in patriarchalischem Gewande, aber der Sache nach auch benötigt wird.
116 Vgl. dazu auch die Ausführungen über den Unterrichtsstil bei *Hilligen*, Zur Didaktik des politischen Unterrichts, a.a.O., S. 243 ff., sowie über die Lehrerrolle bei *Giesecke*, a.a.O., S. 173 ff. Ergänzend siehe auch *F. Hamburger/H. Bosse*, Friedenspädagogik und Dritte Welt. Voraussetzung einer Didaktik des Konflikts, Stuttgart 1973.
117 Daß in der gymnasialen Studienstufe das Thema Frieden bereits häufig Kursgegenstand ist, während es im Lehrplan von Hauptschulen weitgehend bloß marginale Bedeutung hat, und daß Hauptschulen materiell schlechter ausgestattet sind als Gymnasien, läßt sich vernünftig kaum begründen.
118 Exemplarisch dazu: *P. Ackermann*, Politisches Lernen in der Grundschule als Beitrag zur Friedenserziehung, in: *P. Ackermann u. a.*, Politisches Lernen in der Grundschule. Unterrichtsentwürfe für Acht- bis Zwölfjährige, München 1973, S. 9-24.
119 Vgl. beispielsweise *J. Esser*, Gesellschaftskritische Friedenserziehung in Familie und Erwachsenenbildung, in: *Wulf*, a.a.O., S. 87-91 sowie *A. Holzbrecher*, Dritte Welt-Öffentlichkeitsarbeit als Lernprozeß. Zur politischen und pädagogischen Praxis von Aktionsgruppen, Frankfurt/Main 1978.
120 Siehe *K. Wünsche*, Die Wirklichkeit des Hauptschülers. Berichte von Kindern der Schweigenden Mehrheit, 2. Aufl. Köln 1974.
121 Vgl. *B. Claußen*, Zur Theorie der politischen Erziehung im Elementar- und Primarbereich. Eine Analyse neuerer Konzeptionen, Frankfurt/Main 1976.
122 Zur Einführung: *G. Schulze*, Jugend und politischer Wandel. Zur gesellschaftlichen Bedeutung politischen Lernens, München 1976.
123 Anregungen dazu durch *J. Gerritzen*, Praktische Friedensarbeit in der Bundesrepublik. Eine Dokumentation, in: Wulf, a.a.O., S. 245-257. Vgl. auch *Wulf*, Friedenserziehung (lexikalisches Stichwort), a.a.O., S. 220: „Friedenserziehung begrenzt sich nicht auf das *Lernfeld Schule*. Sie muß versuchen, darüber hinaus auch im Bereich der *Massenmedien*, der *Erwachsenenbildung* und im Hinblick auf *Politiker* wirksam zu werden".
124 *Scarbath*, a.a.O.

125 Siehe zusätzlich die Perspektivitäten bei *H. Schierholz*, Friedensforschung, a.a.O., S. 134 ff. Vgl. ergänzend *P. Heitkämper*, Friedenserziehung als Lernprozeß. Zur Theorie einer politischen Erziehungspraxis, Bad Heilbrunn 1976.
126 *Adorno*, a.a.O., S. 125.
127 *W. Klafki*, Probleme und Perspektiven der Didaktik, in: betrifft: erziehung 10 (1977), 3, S. 61-65, hier S. 65.
128 *H. Schweppenhäuser*, Zur Dialektik der Emanzipation, in: *Greiffenhagen*, a.a.O., S. 387-410, hier S. 410.
129 Vgl. dazu: *D. Duhm*, Der Mensch ist anders. Besinnung auf verspottete, aber notwendige Inhalte einer ganzheitlichen Theorie der Befreiung, Kritik am Marxismus, Beiträge zur Korrektur, Lampertheim 1975, S. 223 ff.
130 A.a.O., S 225; Hervorhebung wurde nicht übernommen. Vgl. auch a.a.O., S. 223: „Die Sackgasse des bürgerlichen Positivismus, exemplarisch dokumentiert durch die Entwicklung der modernen Physik, und die Sackgasse des erstarrten Marxismus erfordern heute eine wissenschaftliche Alternative, in der die Wahrheiten der alten Weltanschauungen einschließlich der religiösen und mystischen in einer Synthese aufgehoben sind".
131 Daß man sich solche Lernfelder anders als in den herkömmlichen Unterrichtsfächern vorstellen kann und muß, sollte dabei fast selbstverständlich sein. So können dann auch Ergänzungen (z. B. Meditationsformen) ihren ausreichenden Platz haben.
132 *H. M. Janowski*, Emanzipation vom Leiden? In: *Greiffenhagen*, a.a.O., S. 444-469, hier S. 467.
133 *E. Fromm*, Haben oder Sein. Die seelischen Grundlagen einer neuen Gesellschaft, Stuttgart 1976, S. 198. — An dieser Stelle soll noch ein vermeintliches Mißverständnis geklärt werden. Ganzheitlich-anthropologische Betrachtungen beinhalten selbstverständlich auch eine angemessene Würdigung menschlicher Aggressionen. Wenn oben trotzdem indirekt die Aggressionsthese als Erklärung der Ursachen von Friedlosigkeit andeutungsweise zurückgewiesen wurde, so deshalb, weil eine ganzheitliche Anthropologie die Aggression als Folge von Spannungen im Zusammenwirken personaler und sozialer Strukturen im Menschen interpretiert, während die Aggressionsthese einseitig destruktiv-aggressive Tendenzen im Ausstattungsgefüge des Individuums allein voraussetzt oder doch überbewertet. — Im Zuge einer ganzheitlichen Weltbetrachtung ist auch die Funktion unrealistischer Kritiker, deren Konsenswillen oben indirekt bestritten wurde, insofern differenziert zu betrachten, als ihre Kritik zum Nachdenken anregt und ihr Denken eine Herausforderung an die Vernunft darstellt. Verharmlost werden darf freilich nicht eine solcher Kritik folgende Praxis blinden (wenngleich oftmals präzise und kaltblütig kalkulierten) Aktionismus. Die Opfer solcher Praxis verdienen vollen Schutz; und sie verdienen Mitgefühl, wie auch die Aktionisten bei aller Abscheu vor dem Aktionismus bedauernswert sind. Vgl. auch *B. Claußen*, Terrorismus und Radikalität. Vermutungen über zwei von der politischen Bildung vernachlässigte Kategorien, in: Materialien zur Politischen Bildung 6 (1978), 1, S. 108-116.

Zur Strategie der friedenspädagogischen Arbeit der Studiengesellschaft
für Friedensforschung e.V.

> Sicherung des Friedens ist als Voraussetzung des Überlebens der
> Menschheit die wichtigste politische Aufgabe. Politische Orientie-
> rung im Sinn einer Friedenspolitik bedarf der Vorbereitung im
> öffentlichen Bewußtsein und muß von ihm mitgetragen werden.
> Erziehung zum Frieden kann dazu beitragen, dieses Bewußtsein
> als Grundlage politischen Handelns zu entwickeln.

1. Entwicklung der politisch-pragmatischen Strategie der Studiengesellschaft

Die Studiengesellschaft – damals (1958) noch unter dem Namen „Forschungsgesellschaft für Friedenswissenschaft" – versuchte zunächst durch Kontakte mit Institutionen und ansprechbaren Einzelpersönlichkeiten, durch Publikationen und Vortragstätigkeit das Bewußtsein für die Notwendigkeit des Friedens und seiner wissenschaftlichen Bearbeitung zu vergrößern. Ausgehend von der Überzeugung, daß alle Menschen in ihrer Verschiedenartigkeit unantastbar und gleichberechtigt sind, daß die Menschenrechte, vor allem das Recht auf Selbstbestimmung und gleichberechtigte Teilhabe an der menschlichen Gesellschaft für alle verwirklicht und gewahrt werden müssen, wurde Friede von ihr nicht allein in der Abwesenheit von Krieg und organisierter Gewalt als verwirklicht angesehen. Friede wurde von ihr als *Verhaltensnorm* für das Zusammenleben der Menschen verstanden, als ein Verhalten, das Kommunikation in Konflikten auf zwischenmenschlicher, innergesellschaftlicher und internationaler Ebene einschließt. Sie definierte Friede sowohl als anzustrebenden *Zustand der Menschheit,* wie auch als permanenten Prozeß geschichtlicher Veränderung des Menschen und der Gesellschaft auf eine Ordnung hin, in der die Beziehungen der Menschen untereinander auf der Basis der Menschenrechte geregelt sind.
Da der Rezeption der Friedensidee und der Friedensforschung in der Bundesrepublik Deutschland damals sowohl in wissenschaftlichen Kreisen wie auch in einer breiten Öffentlichkeit tiefgreifende historisch-politisch begründete Einstellungswiderstände entgegenwirkten, entschloß sich die Studiengesellschaft, einen *pädagogischen* Ansatz in der Friedensforschung zu suchen, um zur Überwindung dieser mentalen Hindernisse beizutragen. Sie beschränkte seit 1966 ihre Arbeit auf den Bereich der Pädagogik, um die Möglichkeiten der Erziehung für die Vorbereitung auf den „permanenten Prozeß Frieden" zu nutzen.
Der Ansatz der Studiengesellschaft in diesem pädagogischen Bereich war ein *politisch-pragmatischer*. Die Entscheidung für diesen Ansatz fiel sowohl im Hinblick auf die damalige politische und wissenschaftliche Situation, aber auch in nüchterner Einschätzung der eigenen begrenzten Möglichkeiten, die mit einer forschungsmäßigen Erarbeitung dieses Feldes, der zu berücksichtigenden fachwissenschaftlichen Dimensionen, der Praxisbedingungen von Lernstrategien innerhalb und außerhalb der etablierten Erziehungsinstitutionen überfordert gewesen wäre. Die Zielsetzung war zunächst: In der Friedensforschung, in der wissenschaftlichen Pädagogik und in der pädagogischen Praxis das *Bewußtsein zu wecken,* daß Erziehung einen Beitrag zum Frieden leisten kann und daß es wissenschaftliche Aufgabe ist, Möglichkeiten und Bedingungen einer solchen Erziehung zu untersuchen – ein Gedanke, der später im Zusammenhang mit dem Bedürfnis nach überzeugenden praxeologischen Möglichkeiten der Friedens-

forschung und durch die bildungspolitischen Impulse der Studentenbewegung von breiten Kreisen aufgenommen wurde.

Die 1967 veröffentlichten *Thesen zur Friedenserziehung* erbrachten die Erfahrungen, daß ein großer Teil der Wissenschaftler verschiedener Fachrichtungen die Anregungen positiv aufgriff. Die 1970 vorgelegte „*Grundlegung der Friedenserziehung*", die Darstellung der holländischen Bemühungen in der Schrift „*Friedenserziehung im Schulunterricht*" (1969), ein Tagungsbericht „*Der Friede im Blickpunkt der Pädagogik*" (1968) und ein erstes Gespräch mit Vertretern der politischen Bildung in der Akademie für Politische Bildung Tutzing (1969) erfolgten unter dem Gesichtspunkt der *Diskussionsanregung*. Gleichzeitig unterstützte die Studiengesellschaft eine wachsende Zahl interessierter Einzelpersonen, Gruppen und Institutionen, die versuchten, Friedenserziehung in praktische Versuche umzusetzen, durch Vermittlung von Informationen, Beratung und Unterstützung von Seminaren und Tagungen.

Im Unterschied zu den in dieser Zeit vorliegenden Arbeiten und Anregungen von Bollnow, Dirks, von Hentig, Rest, Robinsohn u.a., die von pädagogischen Fragestellungen ausgingen, sah die Studiengesellschaft — primär von der *politischen* Notwendigkeit des Friedens ausgehend — in der Friedenserziehung ein geeignetes und notwendiges friedenspolitisches Instrument. Sie suchte nach *möglichen Anknüpfungspunkten* für die Aufnahme dieser Idee bei in der Lehrausbildung tätigen Wissenschaftlern, bei Lehrern, Studenten, Erwachsenenbildnern und Vertretern der außerschulischen Jugendarbeit. Die vielstimmige Diskussion der folgenden Jahre, die eine Fülle von Konkretisierungen und Argumenten brachte, fand u.a. in den von der Öffentlichkeit kaum beachteten Seminaren, Arbeitsgruppen, Jugendverbänden, studentischen Gemeinschaften eine starke Resonanz.

Ein weiterer Schritt der Arbeit der Studiengesellschaft war, ausgehend von dem ihr immer wieder begegnenden Wunsch der Lehrer, Anregungen und Hilfe für die schulische Arbeit zu bekommen, die *Erarbeitung von Unterrichtsmodellen*, deren Themenwahl von der friedensrelevanten, politischen und gesellschaftlichen Dringlichkeit, von der Verfügbarkeit geeigneter Autoren und der Verwendbarkeit für verschiedene Altersstufen und Fächer bestimmt waren. Die Modelle wurden während und nach der Erarbeitung praktisch erprobt. Die wünschenswerte Evaluation nach wissenschaftlichen Kriterien und ein kontinuierliches feedback zwischen Herausgeber, Autoren und Benutzern der Modelle konnte bis heute wegen der begrenzten Möglichkeiten der Studiengesellschaft nicht geleistet werden. Der Erfahrungsaustausch während und nach der Erarbeitung der Modelle mußte vorerst die Funktion übernehmen, die pädagogische Tragfähigkeit der Friedenserziehung im Operationalisierungsprozeß zu erweisen.

Vermittlung in die Praxis durch Erarbeitung von Unterrichtsmodellen und Unterrichtshilfen besonders für die Schule, Beratungs- und Informationstätigkeit (Clearingstelle) sind bis heute die zentralen Aufgaben der Studiengesellschaft.

Diese Vorbemerkungen erscheinen hier nicht aus historischen Gründen notwendig, sondern weil die damalige Motivation zur Friedenspädagogik auch heute noch trotz der verbreiteten institutionellen Basis der Friedensforschung ihre Aktualität nicht eingebüßt hat. Vielmehr erhält sie gegenwärtig neues Gewicht.

2. Zur gegenwärtigen Strategie der Arbeit der Studiengesellschaft

Wenn nach einem theoretischen Konzept gefragt wird, so hat die Studiengesellschaft ihren Ansatz als einen normativ — handlungsorientierten entwickelt. Ihre Zielsetzung ist nicht so sehr eine abstrakte Theoriediskussion, sondern Einwirkung auf die pädagogische Praxis. Sie geht vom jeweiligen Stand der für die Friedenserziehung relevant erscheinenden Theoriediskussionen aus, der gegenwärtig dadurch bestimmt ist, daß einzelne Wissenschaftsdisziplinen von ihrem Forschungsinteresse her mit unterschiedlichen Ansätzen versuchen, das „Phänomen Frieden" in den Griff zu bekommen und daß die in den Anfängen stehende Diskussion zur Friedenspädagogik noch nicht zu Ansätzen *einer* Theorie mit einheitlichem Kategoriensystem geführt hat und wohl in der nächsten Zeit auch nicht führen wird. Dieser uneinheitliche theoretische Diskussionsstand darf jedoch nach Meinung der Studiengesellschaft *friedenspädagogisches Handeln im gegenwärtigen Zeitpunkt* nicht unmöglich machen. Die Studiengesellschaft versucht vielmehr, die in den Wissenschaften vorhandenen Ansätze trotz ihrer Vielfalt, Unzulänglichkeiten und noch ungesicherten theoretischen Ableitungen, in Praxiskonzepte zu übersetzen und die vorliegenden theoretischen Ergebnisse unter dem Gesichtspunkt der normativen Zielsetzung (im Sinne des obengenannten Friedensbegriffs) und der praktischen Umsetzbarkeit auf ihre Relevanz zu überprüfen und sie als Grundlagen praktischer Arbeit in die Unterrichtsmodelle einfließen zu lassen.

In ihrem *politisch-pragmatischen Ansatz* geht die Studiengesellschaft von der politischen Prämisse aus, daß jedes Konzept von Friedenserziehung, das keine Realisationschancen in der gegebenen politisch-pädagogischen Situation aufweisen kann, pädagogisch und politisch irrelevant ist. Wenn Friedenserziehung in diesem Sinn politisch sein will, muß sie, differenziert nach *Zielgruppen* und *pädagogischen Handlungsfeldern, heute* beginnen. Dabei muß beachtet werden, daß der innovatorische Anspruch friedenspädagogischer Initiativen die Fähigkeit der Lernenden, diesen Anspruch aufzunehmen und ihn in ihr Realitätsverständnis und ihre Verhaltensintentionen hinein zu verarbeiten, nicht überfordern darf. Denn jede derartige Überforderung blockiert den Lernprozeß, statt ihn zu fördern. Auch aus diesen lernpsychologischen Gründen ist von einer innovatorischen Pädagogik zu fordern, daß sie ihre Lernintentionen in Handlungsstrategien umsetzt.

Eine Friedenserziehung, die politisch sein will, muß also praktikable Konzepte zu erarbeiten versuchen, die bei den Angesprochenen den Prozeß realer Emanzipation in Richtung auf eine friedensfähige Gesellschaft weitertreiben, und zwar heute beginnend.

3. Grundsätzliche Bemerkungen zur Friedenserziehung

In die nachfolgenden Bemerkungen zur Friedenserziehung wurden vor allem solche Aussagen aufgenommen, die zur Erläuterung und Begründung der von der Studiengesellschaft für ihre Arbeit gewählten Strategie von Bedeutung sind und den Hintergrund aufweisen, von dem die Strategie dieser Arbeit bestimmt ist.
- Ziel und Aufgabe: Friedenserziehung will die *Zielvorstellungen* politischen und gesellschaftlichen Friedens durch erzieherische Einwirkung auf den einzelnen und auf Gruppen in verschiedenen Bereichen (frühkindliche und familiäre Erziehung, Schule und Berufsbildung, außerschulische Jugendarbeit und Erwachsenen-Bildung, Massenmedien) fördern und diese fähig machen, an den Bedingungen des Friedens mitzuarbeiten und zur politischen Verwirklichung von Frieden beizutragen.
- In der Friedenserziehung werden *aktuelle Erscheinungsformen* und *Ursachen von Gewalt und Friedlosigkeit* auf zwischenmenschlicher, innergesellschaftlicher und

internationaler Ebene und die Möglichkeiten ihrer Überwindung zum Gegenstand erzieherischer Reflexion und erzieherischen Handelns gemacht.
— Friedenserziehung geschieht in der *Dialektik von Individuum und Gesellschaft,* zwischen Frieden als einer in der Gesellschaft zu verwirklichenden Zielvorstellung (Makrobereich) und Erziehung bzw. politischen Handeln, wie sie von der Ebene des Individuums ausgehen (Mikrobereich), d.h. Friedenserziehung muß diese konfliktreiche Dialektik sowohl interpretieren wie als Kontext aller Handlungsfähigkeit pragmatisch vermitteln.
— Friedenserziehung kann u.a. nicht auf kurzfristige Ziele, auf sofortige Effektivität bezogen sein, sondern muß sehr *langfristige Lösungen* anstreben, die über den Weg der Bewußtseinsbildung, der Veränderung von Einstellungen, von Wert- und Handlungsdispositionen erreicht werden können.
— *Theoretischer Bezugsrahmen von Friedenserziehung* sind zum einen die interdisziplinär arbeitende *Friedensforschung,* die versucht, die vielschichtigen Ursachen von Friedlosigkeit zu analysieren, und zum anderen die *Erziehungswissenschaften,* die nicht allein Erziehungswirklichkeit analysieren und Bedingungen und Möglichkeiten erzieherischer Umsetzung friedensrelevanter Erziehungsziele erforschen, sondern friedensrelevante Bildungsgänge und -prozesse entwickeln und initiieren. *Friedenspädagogik* als wissenschaftlicher Aspekt der praktischen Friedenserziehung ist Bestandteil der Friedensforschung und nicht nur deren pädagogische Anwendung. Sie entwirft und überprüft für die verschiedenen Praxisfelder Lernstrategien in Richtung auf den Frieden.
— Friedenserziehung und die in den letzten Jahren erarbeiteten Konzepte zur *Politischen Bildung* haben einige Zielsetzungen gemeinsam, wie Aufklärung, Demokratisierung, Fähigkeit zur Ideologiekritik, Mit- und Selbstbestimmung, Emanzipation, Parteinahme für Unterdrückte, Fähigkeit zu solidarischem politischen Handeln etc. Die Friedenserziehung legt das Gewicht auf die Themenbereiche, die unter dem Aspekt ihrer Zielvorstellung „Frieden" von besonderer Bedeutung sind, etwa auf das Erkennen von unfriedensfördernden politischen und gesellschaftlichen Strukturen, auf Fragen der internationalen Beziehungen, der Rüstung und Rüstungsdynamik, auf Vorurteile, Konflikte und Aggressionen im Mikro- und Makrobereich.
— Friedenserziehung setzt nicht schon veränderte gesellschaftliche Strukturen voraus, sondern will selbst *langfristig zu deren Veränderung* beitragen, indem sie über den Erziehungsprozeß politisches Handeln mit dem Ziel der Veränderung auf Frieden hin anregt.
— Friedenserziehung muß in ihren auf eine friedensfähige Gesellschaft orientierten *Lerninhalten und Erziehungsideen* einen utopischen Vorgriff wagen und den einzelnen fähig machen zu einer kritischen Einstellung gegenüber den jeweils ‚herrschenden' Strukturen. Diese Fähigkeit muß unter Umständen auch die Möglichkeit des Loyalitätsentzugs einschließen. Sie muß jedoch in diesen *gegebenen Strukturen* ansetzen und den in der jeweiligen politischen und gesellschaftlichen Situation möglichen Spielraum für ihre emanzipatorischen Innovationen ausfindig machen und nützen, so sehr er auch begrenzt ist durch die normativen und institutionellen Soziostrukturen. Die Bemühungen der Friedenserziehung werden bei den gegebenen Bedingungen, z.B. der Institution Schule (hierarchischer Aufbau, Leistungs- und Konkurrenzprinzip, Zensuren, Disziplinarrecht, die „administrative Verstörung der Schule"), sehr oft an die Grenzen von deren Innovationsfähigkeit stoßen. Friedenserziehung sollte den tolerierten Freiheitsspielraum weder über- noch unterschätzen, drohende Sanktionen für abweichendes Verhalten und mögliche Normenkonflikte

mitreflektieren, damit die Angesprochenen nicht, wie es bereits oft der Fall ist, aus sozialkritischer Überforderung in resignative Anpassung oder unpolitische Protestreservate fliehen.

4. Bemerkungen zur Implementation

— Vermittlung (Implementation) ist ein von der Wissenschaft noch unzureichend bearbeitetes Problemfeld, dessen Bearbeitung aber wegen der zunehmenden Komplexität und Differenziertheit aller Bereiche eine immer dringendere Aufgabe ist. Für ein Konzept der Friedenserziehung, die praxeologisch der heute am ehesten konkretisierbare Teil der Friedensforschung und politisch-pragmatisch eine an heute beginnender Praxis und an politischem Transfer orientierte pädagogisch-politische Aufgabe ist, bekommt der Aspekt der Implementation eine zentrale Bedeutung, der in der bisherigen Theoriediskussion zur Friedenserziehung kaum bearbeitet worden ist. Wir bewegen uns in dieser zentralen Frage der Friedenserziehung heute noch in weitgehend unbekanntem und ungebahntem Gelände, so daß wir noch kaum über rationale Argumente für oder gegen die eine oder andere vorgeschlagene Strategie verfügen. Wir wissen zu wenig über die gesellschaftlichen und mentalen Strukturen und deren Verquickungen, die als Lernchancen, Anknüpfungsmotivationen oder Lernwiderstände usw. auf den Prozeß von Friedenserziehung innerhalb oder außerhalb der institutionalisierten Erziehungsinstanzen einwirken. Solches Wissen aber würde Grundlagen für eine konkretere Diskussion der Implementation von Friedenserziehung geben können.
— Die Studiengesellschaft hält ein Konzept der *Lernzieldifferenzierung* nach *Zielgruppen und* bildungspolitischen *Handlungsfeldern* für richtig.
Ein solches Konzept muß zunächst fragen, welche Zielgruppen pädagogisch erreichbar sind, welches die politisch effizienten Funktionen dieser Gruppen sind und welche negative oder positive Bedeutung sie unter dem Gesichtspunkt einer Friedenspolitik haben. Sie muß die Lernmotivationen und Lernwiderstände und die Transferchancen einzuschätzen versuchen und daraus die Lernstrategien bestimmen, die zur Erreichung eines effektiven Lernerfolges geeignet sein können (Motivationsanknüpfung, Verbindung von rationalen, emotionalen, konativen-pragmatischen Lerndimensionen, Handlungs- und Übungsangebote).
— Wichtige *Zielgruppenbereiche* der Friedenserziehung sind die Bereiche der primären Sozialisation und vorschulischen Erziehung (besonders Familie, vorschulische Einrichtungen), das allgemeinbildende Schulwesen, die außerschulische Jugendarbeit, die Berufsausbildungen, besonders für gesellschaftlich und politisch relevante Funktionsgruppen, die Erwachsenen- und Weiterbildung, Freizeiteinrichtungen und Werbung, therapeutische Einrichtungen, Kirchen, weltanschauliche Gruppierungen, politische und gesellschaftliche Aktionsgruppen.
— Auch die gesellschaftlich relevanten *Kommunikations- und Interaktionsstrukturen,* die in allen Gruppen und Strukturen der Gesellschaft bewußtseins- und verhaltensprägende Wirkung ausüben, sollten als Gegenstand erzieherischen Handelns erkannt und in die Reflexionen der Inhalte und Methoden der Vermittlung friedensrelevanter Lernziele einbezogen werden, wie z.B. Sprache, Sprachverhalten, soziales Redeverhalten, Kommunikationsstrukturen, politisches Informations- und Meinungsverhalten, Kontrolle gesellschaftlicher und politischer Instanzen, Arbeits- und Rollenteilung, Rollenkonflikte, Aggressionsformen, Streitmechanismen u.a.
— Jeder Lernprozeß, der Bewußtsein verändern will, muß vom *Bewußtseinsstand* und

von der realen Lage der Lehrenden und Lernenden ausgehen und nicht von theoretisch-pädagogischen Postulaten, aus denen heraus Lernziele oft so formuliert werden, daß sie den Lernprozeß eher irritieren als voranzubringen geeignet sind.
Die Erfahrung hat gezeigt, daß z.B. die Studentenbewegung mit ihren gesellschaftskritischen und -verändernden Ansprüchen und manche der gesellschaftstheoretisch umfassend begründeten utopischen Projektionen der Friedensforschung das gesellschaftliche Innovationspotential und den Bewußtseinsstand der Bevölkerung offensichtlich überfordert haben. Sie haben außer langfristigen Zielpostulaten keine kurz- und mittelfristigen strategischen Zwischenziele geboten und damit bei einem Teil der Engagierten Ratlosigkeit und Orientierungslosigkeit hervorgerufen; nicht selten waren ihre faktischen politischen Wirkungen andere als ihre Zielintentionen. Es konnten bisher noch keine Antworten auf die Fragen gefunden werden, wie angesichts einer komplexen, dem einzelnen unkontrollierbar erscheinenden Gesellschaft und deren politischen Institutionen dem Trend zur resignativen Flucht in die Privatheit (besonders bei Jugendlichen) begegnet werden kann; wie eine regressive Lernabwehr, eine Blockierung gegen jede Lernforderung, gegen alles Ängstigende, Überfordernde und Ratlosmachende, abgebaut werden kann. Daher sucht die Studiengesellschaft eine pädagogische Konzeption, die nicht, anstatt Lernprozesse zu initiieren, Lernwiderstände vergrößert, und die die Lernenden nicht ins gesellschaftliche Abseits führt; d.h. jedes friedenspädagogische Konzept sollte nach unserer Meinung versuchen, auch die Frage zu beantworten, welche soziale Gruppe oder Institution für die jeweiligen pädagogisch-politischen Zielsetzungen der Friedenserziehung zu öffnen ist.

— Soll Lernen verhaltensändernd und emanzipatorisch und nicht manipulativ sein, so müssen die *Lernziele* in der Lerngruppe offengelegt bzw. erarbeitet werden, d.h. Friedenserziehung aktiviert ein Lernen, das selbst entdeckt und zu entdecken befähigt, was Friedenspolitik ist. Friedenserziehung ist also eher als *motivierendes, strukturierendes*, als ein einübendes Lernen zu verstehen.

— Es hat sich aus der Entwicklung der Studiengesellschaft ergeben, daß sie sich bisher in ihrer praktischen Arbeit in hohem Maß der *Schule* als Feld der Friedenserziehung zugewandt hat. Die Schule ist eine der mächtigsten Sozialisationsinstanzen in unserer Gesellschaft. Sie ist wichtiger Knotenpunkt der in dieser Gesellschaft wirksamen Interessen und Konflikte, mit denen friedenspädagogische Intentionen sich konfrontiert sehen — insbesondere auch mit dem „geheimen Lehrplan", den institutionell und professionell verfestigten Interaktionsstrukturen zwischen Lehrer und Schülern, zwischen Schuladministration und Schule, zwischen Gesellschaft und Bildungspolitik. In diesem Raum Schule können viele der für die Friedensfähigkeit des Menschen bedeutsamen Einsichten in Situationen primärer Erfahrungen transparent gemacht werden.

— Die *Lehrer* sind von ihrer Ausbildung wie von ihrer Berufsrolle her oft weder motiviert, noch in der Lage, innovatorisch im Sinn der Friedenserziehung zu wirken. Auch bildungspolitische und curriculare Festsetzungen engen die Möglichkeiten der Realisierung friedenspädagogischer Intentionen nicht selten ein. Angesichts dieser Tatsachen ist es notwendig, nach Einstiegstellen im Lehrplan zu suchen, nach Anknüpfungspunkten bei Schüler- und Lehrerinteressen zu fragen und mögliche Lücken und Verknotungen in der fächerübergreifenden Unterrichtsplanung und Curriculumgestaltung zu finden, damit Friedenserziehung auch in der heute gegebenen Situation begonnen werden kann.

— Die *Methoden und Organisationsformen der Friedenserziehung* und die Handlungsweisen der Friedenserzieher müssen ständig daraufhin betrachtet werden, ob

gewaltförmige und autoritäre Interaktionsformen, die Friedenserziehung zu unterlaufen geeignet sind, durch sie nicht doch wieder in den Unterricht einfließen oder begünstigt werden. Der Übergang zu gewaltlosen Interaktionsformen beinhaltet einen *Lernprozeß,* der nur schrittweise vorangetrieben werden kann. Die zu entwickelnden Curricula sollen für Schüler und Lehrer ein hohes Maß an Partizipation und Selbstbestimmung ermöglichen.
— Der von der Studiengesellschaft vorgeschlagene Raster aus Zielgruppen und gesellschaftlich relevanten Interaktionsstrukturen soll auch der didaktisch-strategischen Orientierung bei der *Lernzielfindung* dienen. Im Hinblick auf die Lernzielbestimmung soll hier nur kurz darauf hingewiesen werden, daß Erziehung zum Frieden den individuellen, soziologischen, sozioökonomisch und sozialpsychologisch bestimmbaren *Interessenhintergrund des Unfriedens* transparent und bewußt machen muß mit der Absicht, Veränderungsnotwendigkeit und Veränderbarkeit der Gesellschaft aufzuzeigen und sie als Aufgabe praktisch-politischen Handelns zu thematisieren. Das weitverbreitete Gefühl der Ohnmacht beim einzelnen muß erzieherisch reflektiert und bei ihm eine Wandlung des politischen Bewußtseins weg vom „staatsbürgerlichen Privatismus", hin zu einer Öffnung gegenüber Problemen der Politik und Gesellschaft erreicht werden. Einzelne und Gruppen müssen dazu befähigt werden, sich für eine Veränderung sozialer Gegebenheiten in Richtung Frieden einzusetzen. Wer sich für den Frieden engagiert, kann mit Vertretern struktureller Gewalt in Konflikt geraten. Daher muß die Friedenserziehung zur Fähigkeit erziehen, latente Konflikte zu erkennen (soziale Sensibilität), sich auf sie einzulassen (sie nicht zu verdrängen) und Konflikte auf den verschiedenen sozialen und politischen Ebenen rational zu regeln und zu lösen (Erziehung zur Konfliktfähigkeit).
— Ein geschlossenes *Konzept für friedenserzieherische Praxis* vorzulegen, wäre schon deshalb sinnlos, weil es keine Realisierungschancen hätte.
Die Studiengesellschaft hält, solange über die Prämissen solcher Konzepte ein gesellschaftlich relevanter Konsens noch nicht vorliegt oder hergestellt werden kann, Schritte, die eine praktische, evtl. nur punktuelle Effizienz erlangen, für das Wichtige und Mögliche. Für dringend sinnvoll aber hält sie *Praxisinstitutionen* (Arbeitszentren für Friedenserziehung, Clearingstellen), die von Staat und gesellschaftlichen Machtgruppen unabhängig sind und wissenschaftsbezogen arbeiten, und die theoretisch und praktisch den Bezug zu den Zielgruppenbereichen herstellen. Die Studiengesellschaft versteht sich selbst als eine solche.

Schriften zur politischen Didaktik

Antonius Holtmann (Hrsg.)
Das sozialwissenschaftliche Curriculum im Unterricht
Neue Formen und Inhalte
Band 1. 2. überarbeitete Auflage,
246 Seiten, kart., 19,80 DM.
UTB 48
ISBN 3-8100-0157-0

Rolf Schörken
**Curriculum Politik
Von der Curriculumtheorie zur Unterrichtspraxis**
Band 2. 278 Seiten, kart.,
26,80 DM
ISBN 3-8100-0062-9

Walter Gagel / Rolf Schörken (Hrsg.)
Zwischen Politik und Wissenschaft
Politikunterricht in der öffentlichen Diskussion
Band 3. 132 Seiten, kart.,
16,80 DM
ISBN 3-8100-0030-2

Wolfgang Hilligen
Zur Didaktik des politischen Unterrichts I
Wissenschaftliche Voraussetzungen — Didaktische Konzeptionen — Praxisbezug.
Ein Studienbuch.
Band 4. 3. durchges. Aufl. 1978.
336 Seiten, kart., 30,— DM
ISBN 3-8100-0165-1

Wolfgang Hilligen
Zur Didaktik des politischen Unterrichts II
Schriften 1950—1975, kommentiert 1975. Ein Supplement,
Band 6. 192 Seiten, kart.,
19,80 DM
ISBN 3-8100-0004-9

Wilhelm Heitmeyer
Curriculum „Schule und aggressives Konflikthandeln"
Konzepte — Materialien — Praxisberichte — Einstellungsuntersuchung
Band 5. 272 Seiten, kart., 18,— DM
ISBN 3-8100-0162-7

Henning Schierholz
Friedenserziehung und politische Didaktik
Studien zur Kritik der Friedenspädagogik
Band 7, 176 Seiten, kart.,
19,80 DM
ISBN 3-8100-0168-6

Wolfgang Northemann (Hrsg.)
Politisch-gesellschaftlicher Unterricht in der Bundesrepublik
Curricularer Stand und Entwicklungstendenzen
Band 8. 303 Seiten, kart.,
26,80 DM
ISBN 3-8100-0225-9

Lutz-Rainer Reuter
Normative Grundlagen des politischen Unterrichts
Dokumentation und Analyse
Band 9. 176 Seiten, kart.,
19,80 DM
ISBN 3-8100-0258-5

Lehrerfortbildung zum Curriculum Politik
Zusammengestellt und bearbeitet von Raimund Klauser
Band 10. 245 Seiten, kart.,
36,—DM
ISBN 3-8100-0169-4

Christel Küpper (Hrsg.)
Erziehung zum Frieden
Eine Einführung
Band 11. 168 Seiten, kart.,
28,—DM
ISBN 3-8100-0255-0

Leske

MIX
Papier aus verantwortungsvollen Quellen
Paper from responsible sources
FSC® C105338

If you have any concerns about our products,
you can contact us on
ProductSafety@springernature.com

In case Publisher is established outside the EU,
the EU authorized representative is:
**Springer Nature Customer Service Center GmbH
Europaplatz 3, 69115 Heidelberg, Germany**

Printed by Libri Plureos GmbH
in Hamburg, Germany